谨以本书献给中国人民抗日战争

暨世界反法西斯战争胜利70周年

著名画家董辰生先生特为本书而做

我的父辈在抗战中

中国人民抗日战争纪念馆 编

中共党史出版社

图书在版编目(CIP)数据

我的父辈在抗战中/中国人民抗日战争纪念馆编．—北京：中共党史出版社，2015.8(2017.7 重印)

ISBN 978-7-5098-3267-7

Ⅰ.①我… Ⅱ.①中… Ⅲ.①抗日战争—史料—中国
Ⅳ.①K265.06

中国版本图书馆 CIP 数据核字(2015)第 194281 号

出版发行：中共党史出版社
责任编辑：韩冬梅
复　　审：潘　鹏
终　　审：汪晓军
责任校对：龚秀华
责任印制：谷智宇
责任监制：贺冬英
社　　址：北京市海淀区芙蓉里南街6号院1号楼
邮　　编：100080
网　　址：www.dscbs.com
经　　销：新华书店
印　　刷：北京汇林印务有限公司
开　　本：170mm×240mm　1/16
字　　数：288 千字
印　　张：19.75
印　　数：11342—12758 册
版　　次：2015 年 8 月第 1 版
印　　次：2017 年 7 月第 3 次印刷

ISBN 978-7-5098-3267-7
定　　价：35.00 元

此书如有印制质量问题，请与中共党史出版社出版业务部联系
电话：010—82517197

编 委 会

序

春雨纷纷，清明已至。在这个追宗溯祖、慎终追远的时节，人们思亲怀故、感恩先烈、寄托哀思……2014 年这个时候，王太和同志（王耀南将军之子）跟我提到，想以部分抗战将领后代集体的名义出一本纪念父辈英勇事迹的书籍，为抗战胜利暨世界反法西斯胜利 70 周年献礼。经过近一年的努力，《我的父辈在抗战中》终于付梓面世。翻开此书重温革命先烈的英雄故事，仿佛回到 70 多年前那烽火连天的岁月，心情久久不能平复。

2015 年是中国人民抗日战争暨世界反法西斯战争胜利 70 周年。70 年前，抗战先烈经过艰苦卓绝的浴血奋战，终于战胜了穷凶极恶的日本军国主义侵略者，取得了抗日战争的伟大胜利。当年抗战先辈英勇战斗的场面都永远定格在那个战火纷飞的年代，而更多感人的英勇事迹和战斗细节，都口口相传于他们的后辈当中。

七十载时光荏苒。如今抗战先辈的第二代、第三代都已步入古稀、耄耋之年，将他们关于祖辈父辈抗战故事的记忆搜集、整理、结集出版显得尤为重要。由 34 位抗战将领后代讲述的《我的父辈在抗战中》一书，正是记录了发生在 70 多年前 34 位将领鲜为人知的抗战故事。每一个故事都是抗日战争的一个缩影，每一个缩影都是对中华儿女铮铮铁骨的诠释。

作为将领的后人，他们怀着对祖辈、父辈抗战的那份感情，以娓娓道来的故事形式编写出版，既是留给他们自己的最好纪念，也为广大读者提供了学习历史的生动教材。34 位抗战将领后人在决定编写此书后，他们不顾年事已高，有的亲自动手，有的动员全家老少齐参与，开展搜集资料、查阅日记、翻拍照片等多方面工作。他们在较短时间内完成 34 篇稿件，总的来说：文章短小精悍、情节跌宕起伏、内容生动形象。

本书记载了 34 位抗战将领，讲述他们亲身经历的战役战斗，记录了他们的价值选择与责任担当。既有战死沙场的左权，也有血染忻口的郑廷珍；既有独臂将军贺炳炎，也有神勇军魂赵登禹；既有击毙阿部规秀的陈正湘，也有参与两次淞沪抗战的张治中……34 位将军 34 个英勇故事。这些文章虽然体例不一，风格特点不同，但都是抗战将领后人用心撰写的，用情铺就的，没有粉饰，只有真情。这 34 位抗战将领仅是众多抗战先辈中的一部分。由于组稿过程中受时间、手头资料和联系抗战将领后人难度所限，我们先期完成了这本书呈现给广大读者。如果以后有机会修订再版，我们将不断挖掘更多动人故事，不断补充和完善。

抗日战争是一场伟大的民族解放战争，是中华民族实现复兴的重要转折点。出版这样一本抗战主题图书，就是为了激励人们铭记历史、缅怀先烈、珍爱和平、开创未来。感谢您翻阅这本书，重温苦难辉煌的抗战往事，这是对历史记忆的唤醒，是对思想精神的洗礼，让我们接过历史的接力棒，为中华民族的伟大复兴努力奋斗。

沈 强

2015 年 4 月

目录

朱德总司令在抗战中的二三事

◇刘 建

朱 德【1886.12.1 ～ 1976.7.6】

原名朱代珍，后曾改名朱建德，字玉阶。四川仪陇马鞍场李家湾人。1909 年考入云南陆军讲武堂，同年加入中国同盟会。参加了辛亥革命。1913 年后在滇军任营长，副团长，团长，旅长。曾参加护国、护法战争。1922 年赴德国留学，同年加入中国共产党。1925 年到苏联学习军事，次年回国。1927 年在南昌创办国民革命军第 3 军军官教育团，参加领导八一南昌起义，任起义军第 9 军副军长。1928 年 3 月参与领导湘南起义，任起义部队第 1 师师长，4 月任工农革命军第 4 军军长，5 月任红军第 4 军军长。1930 年起任红军第 1 军团总指挥，红一方面军总司令，中央革命军事委员会主席，红军总司令。参加了长征。抗日战争时期，任中央军委副主席，八路军总指挥（后改称第 18 集团军，任总司令）。解放战争时期，任中央军委副主席，中国人民解放军总司令。协助毛泽东指挥全国解放战争。中华人民共和国成立后，任中央人民政府副主席，人民革命军事委员会副主席，中国人民解放军总司令，中华人民共和国副主席。1955 年被授予元帅军衔。是第一届国防委员会副主席，第二、三、四届全国人大常务委员会委员长，中国共产党第六、七届中央政治局委员、中央书记处书记，第八届中央副主席，第九届中央政治局委员，第十届中央政治局常务委员。1976 年 7 月 6 日在北京逝世。

抗战时期的朱德担任八路军总司令，居功至伟，举世公认。他曾豪迈宣誓："不能驱逐日寇出中国，何以为人！"他以年过半百之躯坚持战斗在抗日最前线，他为抗日民族统一战线的建立和发展做出了独特的贡献，他所表现出来的精神风范是对伟大抗战精神的生动诠释。撷取二三事，足以见一斑。

抗日战争时期，我的外祖父、时任八路军总司令的朱德，积极倡导并维护抗日民族统一战线，在太行山区率领八路军对日军作战，在延安组织开展大生产运动，留下了许多脍炙人口的佳话。

倡导并维护抗日民族统一战线

"九一八"事变后，日本帝国主义加紧侵略中国的步伐，我大片国土沦陷。国难当头，朱德以红军总司令的名义多次呼吁：停止内战，一致对外。1936 年 12 月 12 日，西安事变发生。毛泽东和朱德以政治家的博大胸怀，力主事变的和平解决。朱德对康克清说："反共亲日派正在调动大军准备向西安进攻，日本人正在巴望着我们打起全面内战。照我看，蒋介石非但不能杀，恐怕还要放。"1937 年 1 月，在中共中央政治局常委会讨论与国民党联合抗日谈判问题时，他主张：只要于抗战有利，就应当谈判。1937 年 5 月底，国民党中央考察团来到延安。出席第一次欢迎考察团早餐会的朱德说了这样一段发自内心的话："这是一个历史性时机，从此，牺牲了千百万中国儿女的十年内战结束了。如果民族统一战线能在几年前建立起来，中国的人力和物力就可以获得保全，我们的领土也不会丢失，我们今天就能够以对等的立场来和日本打交道。"并且郑重声明："中国现在正进入一个新纪元，红军和共产党愿尽一切力量来巩固和维持统一战线，以便进行国家和民族生死存

◇1937年8月，国民政府军事委员会在南京召开国防会议，进行抗战部署。应邀赴南京参加国防会议的中共代表周恩来、朱德、叶剑英与张群、黄琪翔、郭秀仪的合影(左起：张群、叶剑英、郭秀仪、黄琪翔、周恩来、朱德)

亡的战争。”经过努力，在抗日民族统一战线的旗帜下，以国共两党合作为基础，四万万各族同胞，实现了空前的大团结。在“七七事变”后第7天，朱德亲自为红军奔赴抗日前线写下了这样的誓言：“我辈皆黄帝子孙，华族冑裔，生当其时，身负干戈，不能驱逐日寇出中国，何以为人！我们誓率全体红军，联合友军，即日开赴前线，与日寇决一死战，复我河山，保我民族，保卫国家，是我天职！”

随着抗日民族统一战线的发展，八路军在敌后迅速壮大。朱德在率领八路军与日军浴血奋战的同时，始终秉持民族大义，坚持“有理、有利、有节”的政策，真诚团结友军，积极配合正面战场作战，有效维护了团结统一、共同抗日的良好局面。1940年4月，遵照中共中央指示，朱德与卫立煌在晋城进行了友好协商，解决作战区域划分等有关问题。八路军从团结抗日的大局出发，对国民党作出主动退让，缓和了双方关系。5月，他与卫立煌再次在洛阳会晤。对于前来参加会议的个别顽固派分子的挑衅和攻击，他一一加以驳斥,并进一步宣传了中国共产党建立抗日民族统一战线的主张。他指出:“全国人民需要这种团结,国民党的大多数需要这种团结,共产党、八路军坚决要求这种团结。只有日寇、汪精卫、汉奸、投降分子和摩擦专家害怕这种团结。这种团结必须建立在进步的基础上,只有这样才能克服困难,争取抗战的最后胜利。”朱老总开诚布公地同卫立煌商谈了制止摩擦、合作抗日问题,很快达成了划分作战区域的协议。最后,卫立煌高兴地说:“这次与朱总司令相见,又解决这么多问题,真令人高兴啊!”朱德答道:“是啊!消除摩擦,团结抗日,这是全国人民的共同愿望,希望今后我们进一步加强合作,相互支持,减少误会,团结一致,尽早打败日本帝国主义。”

跃马太行山

全面抗战爆发时,朱德已年过半百。但从1937年9月东渡黄河开赴山西抗日前线,到1940年春离开山西返回延安,他一直战斗在抗日的最前线,太行山区留下了许多他战斗和生活的身影。

◇八路军总指挥朱德(左)、副总指挥彭德怀(右)

在太行山地区领导华北抗战近三年时间里,朱德和彭德怀部署平型关战役,后又配合忻口会战,并指挥八路军各师实行战略展开,挺进敌后开辟抗日根据地,开展游击战争。他率八路军总部向太行山区挺进,指挥八路军和部分国民党军粉碎日军对晋东南抗日根据地的“九路围攻”,指挥各抗日根据地进行反“扫荡”斗争。1940年7月,他还和彭德怀、左权共同指挥了“百团大战”。

当时,朱德兼任第二战区副司令长官、东路军总指挥,在晋西南的国民党军队统归他指挥。一些国民党将领对坚持敌后抗战没有信心,陷入彷徨与动摇之中。朱德在东路军将领会议上饱含激情地说:“作为一个真正的中国人,就要为民族解放流尽最后一滴血,亡国论和速胜论都是错误的,我们的选择是战略上的持久战,战术上的速决战。”在他的激励下,东路军中的国民党军队,不仅没像有的部队那样仓皇逃遁,而且能与八路军配合作战。

朱德还十分注重发动和武装民众,派八路军去组织地方游击队,太行山上到处都是“母亲叫儿打东洋,妻子送郎上战场”的生动局面,人民抗日武装和群众性游击战争雨后春笋般在各地涌现。“敌后撑持不世功,金刚百炼一英雄”,朱老总的威名不胫而走,日军闻之心惊胆寒,群众听了斗志昂扬。如今在太行山区,老百姓依然传唱着歌颂朱老总的歌谣:“鼓儿敲,敲咚咚,朱德将军善用兵,战术最精通。既沉着又鲜明,中国红军总司令。率领八路军,世界都闻名,哪一个不说他是抗日将领头一名。”

朱德跃马太行山上,根据党中央关于坚持持久战和独立自主的山地游击战的战略方针,指挥八路军放手发动群众,组织群众,广泛开展游击战争,迅速打开敌后抗战局面,先后建立了晋察冀、晋冀鲁豫、晋绥、山东等抗日根据地。当他回延安时,八路军由3万多人发展到40万人,成为华北抗击日军的主要力量。

厉行勤俭节约

抗战初期,朱德行军时就只有一个从长征途中带来的旧公文箱,里面装着文件和几套已经穿了四五年的旧军装。每套军装的两膝、两肘及肩头上,都打了补钉,可他还在穿着。战士们看到总司令穿着这样破旧的衣服,心里都过意不去,几次提出要给他换套新的,都被他制止了。

一次,一位后勤部门的领导同志前来汇报工作,临走时对朱德身边的工作人员说:“小鬼,怎么能让总司令穿这么破的衣服?跟我去换套新的吧。”换回来的新军装被总司令看到后,他立刻让退回去,并指示说:“不要给我弄新衣服,旧衣服补补还可以穿嘛!”于是工作人员只好把这套新军装送了回去,又把那件破军装拿了回来。警卫员觉得这套军装实在太破了,就拿出针线,准备在原来的补钉上,再补上一层新补钉。朱德看到了,就走过来说:“补衣服不能着急,要先把旧补钉仔细拆下来,再补新补丁,这样新补上的补钉才板正。拆下来的旧补钉不要扔,要留作打袼褙纳鞋底用。”

为了节约用粮,朱德经常把榆树皮磨成面,掺在豆面里当粮吃;没有榆树皮时,则将野菜掺在粮里吃。有一次,战士们将采来的榆树皮、榆树花,一层层地掺在苞米面里,放在锅里蒸熟。开饭时,他表扬这顿饭做得既好吃,又省粮。他还打趣地给这种掺了树叶子的饭,取了个好听的名字叫“花糕”。为了防止自己的伙食费超标,他还经常检查伙食账目。

1938年的春天,朱德在山西武乡县王家峪村住的时候,战士们看他不分昼夜地连续工作,担心他累坏了身体,未经他允许,就用节省的伙食费买了一只母鸡。当警卫员把鸡肉端到朱德面前时,他认真地盘问钱是从哪里来的?警卫员回答是伙食费中节约的。他又严肃地说:“节约的也不能随便买东西。这里是新区,群众的生活都很苦,买了老百姓的母鸡吃,怎么生蛋?”为此,朱老总特意给身边工作人员规定了一条纪律,不准在新区买老百姓的东西,必须买时,得经他亲自批准。王家峪村外有很大一块河滩地,年年闲着不用,朱德就带领八路军植树造林。如今,那些小树苗都早已长大成材,其中朱德栽的那株杨树已长成参天大树。

始终与广大群众在一起

朱德终生不忘广大劳动人民,始终保持普通劳动者的阶级本色,密切联系群众,与群众同甘苦,共患难。许多同志第一次见到他就深深为他那平凡、朴素的“庄稼人”风度所感动。有些同志不知他是总司令,称他“老伙夫”、“老头”、“同志哥”,他都亲切应答,乐呵呵的,瞬间就和大家打成一片。他了解战士、了解人民,所以讲话生动实际,能把深奥的理论变成通俗易懂的语言,讲到群众心坎上,为群众迅速接受和掌握。

在武乡县砖壁村朱德住房的窗后,有一盘大石碾,他一有空闲就出去帮老乡们推碾磨粮。一边推碾，一边了解群众的疾苦，宣传党的减租减息和改善人民生活的政策。老乡们在碾子旁跟朱德唠着贴心话，听他讲抗日救国的道理，许多群众就是从这“连心碾”旁走上革命道路的。当时，砖壁村久旱无雨，吃水困难。朱德看在眼里，急在心上。他翻山越岭，勘察水源，最后带领八路军打了一口井，当地的老百姓取名为“抗日井”。砖壁村的老人们都记得这样一首民歌：“抗日井啊抗日井，红砂甜水清凌凌；吃水不忘八路军呀，日夜想念朱总司令。”

朱德虽然身为总司令，但他始终以普通一兵的身份严格要求自己，从来不搞特殊。上世纪 60 年代，一位意大利记者曾问朱老总：“您想在您身后留下什么样的名誉？”他淡淡地回答：“一个合格的老兵足矣。”在那烽火连天的抗战年代，不管时间多么紧张，他总是以一个普通党员和士兵身份参加组织生活，带头执行决议，关心支部建设。一次党小组开会，小组长看到他傍晚刚从外地回来，担心他年纪大过于劳累，就没有通知他。第二天上午，他知道后，告诉小组长：“以后开会只要我在家，就一定要叫我一声。”小组长说：“昨晚主要是党员们检讨前段工作中的问题，您没有检讨的。”朱老总却说：“毛主席早就说过嘛，除了庙里的泥胎不犯错误，活着的人哪个能十全十美？”后来他参加小组会，认真开展批评和自我批评，大家都很受教育。

组织开展大生产运动

1940 年至 1942 年，抗战进入最为艰苦的阶段，陕甘宁等根据地财政经济十分困难。为了克服严重的物资困难，坚持抗战，朱德根据党中央提出的精兵简政和生产自给的政策，大力提倡屯田垦荒，从 1941 年起，各根据地普遍开展了大生产运动。他亲自到南泥湾勘察，制订开发计划，指导 359 旅等部队开垦南泥湾，还亲自参加栽树、种菜、纺线等生产劳动，为指战员们树立了榜样。

1941 年 5 月的一天，他亲自前往南泥湾踏勘，组织部队开荒种地。一路上，他兴致勃勃，不时弯下腰抓起一把黑油油的泥土，用手攥攥，连声说：“这土好，这土好。”来到南泥湾中心地带，他站在高处，感慨地说：“南泥湾真是个好地方呀!”晚上,他和几个警卫员及向导在一个破旧的窑洞里休息。考虑到他年纪大,加上一天的劳累,战士们怕总司令夜间着凉,就让他睡在窑洞里面的床上,另一个战士小管睡在洞口的床上,这样下半夜招呼小管起来换岗也方便一些。安顿好后,大家就躺下睡了。换岗的时间到了,上半夜站岗的战士小康轻步来到朱德住的那个窑洞口,轻轻推一下靠洞口床上的“小管”说:“换岗了!”便回到自己的床铺上睡觉了。第二天清晨,向导跑过来问警卫员“首长怎么没休息?”警卫员急忙到总司令面前诧异地问:“首长怎么不睡觉?”朱老总微笑着反问大家:“你们夜间站岗放哨睡不睡觉呀?”这时,大家才发现警卫员小管还在床铺上睡得正香哩。原来,小康并不知道朱德在睡觉前和小管换了床位,结果下半夜总司令给大家站了半宿岗。

经过朱德的勘查,359旅在王震旅长的率领下,进驻南泥湾垦荒生产,把南泥湾变成了塞上江南。一年后,朱德再去南泥湾视察时,写了一首《游南泥湾》的诗,表达了喜悦之情。

去年初到此,遍地皆荒草。
夜无宿营地,破窑亦难找。
今辟新市场,洞房满山腰。
平川种嘉禾,水田栽新稻。
屯田仅告成,战士粗温饱。
农场牛羊肥,马兰造纸俏。
小憩淘宝峪,清流在怀抱。
诸老各尽欢,养生亦养脑。
熏风拂面来,有似江南好。

除了组织部队开荒生产外,朱德还亲自下地种菜。在延安,他有一块“自留地”。每天清晨起来以及晚饭后,大家经常看到这位年近六旬的总司令出现在菜园里,起早贪黑,拾粪浇水,辛勤管理。他种的菜从未发生过不出、不旺、焦死、冻死等现象,种出的西红柿个头特别大,经常分给大家一起吃,一时传为美谈。

今年是抗日战争胜利70周年,回顾老一辈无产阶级革命家在抗战时期的革命精神和丰功伟绩对于我们坚定理想信念,确保红色基因代代相传具有十分重要的意义。以毛泽东、刘少奇、周恩来、朱德、任弼时为代表的这一代伟大的革命者们历经艰辛，不懈探索，用鲜血和生命为我们开启了“中国梦”的第一章——“解放梦”，他们出生入死打天下，推翻了压在中国人民头上的三座大山，建立了新中国。以邓小平同志为核心的党的第二代领导集体率领我们走进了新时代，在以江泽民同志为核心的党的第三代中央领导集体、以胡锦涛同志为总书记的党中央领导下，经过 30 多年的奋斗，续写了“中国梦”的第二章——“富国梦”。当前，让我们紧密地团结在以习近平同志为总书记的党中央周围，继续为“中国梦”的第三章——“强国梦”而努力奋斗！

一路征战一路诗

——记父亲陈毅的抗战往事

◇陈昊苏

陈毅【1901.8 ～ 1972.1】

陈毅，字仲弘。四川乐至复兴场人。1919 年赴法国勤工俭学。1921 年回国。1923 年加入中国共产党。1927 年在南昌起义部队任第 11 军 25 师 73 团政治指导员。参加领导湘南起义。土地革命战争时期，先后任工农革命军第 1 师党代表，红军第 4 军 12 师党代表、师长，红 4 军军委书记、军政治部主任，红 6 军、红 3 军政治委员，中共赣西南特委书记，红 22 军军长，江西军区总指挥，西方军总指挥，中华苏维埃共和国中央政府办事处主任。南方三年游击战争主要领导人之一。抗日战争时期，任新四军第一支队司令员，江南指挥部、苏北指挥部指挥，新四军代军长。解放战争时期，任新四军军长兼山东军区司令员。1947 年起任华东军区司令员，华东野战军司令员兼政治委员。1948 年任中原军区和中原野战军副司令员。1949 年任第三野战军司令员兼政治委员。参与指挥宿北、莱芜、孟良崮、淮海、渡江、上海等战役。中华人民共和国成立后，任华东军区司令员兼上海市市长，人民革命军事委员会副主席，国务院副总理兼外交部部长，中共中央军委副主席。1955 年被授予元帅军衔。是第一、二、三届国防委员会副主席，中国人民政治协商会议第三、四届全国委员会副主席，中国共产党第七届中央委员、第八届中央政治局委员，第九届中央委员。1972 年 1 月 6 日在北京逝世。

陈毅元帅是闻名中外的军事家、政治家，也是充满革命乐观主义情怀的诗人。在抗战大棋局的博弈中，他领导铁的新四军一路征战凯歌行进，同时也书写了许多脍炙人口的诗篇。比如“十年征战几人回，又见同侪并马归。江淮河汉今谁属，红旗十月满天飞”，“安危身系何须说，斩得楼兰共举樽”……

1937年七七事变发生时，我父亲陈毅还在红色赣粤边开展游击战争。他和战友们在极端严峻的环境下浴血坚持，就是为了全民族抗日战争一旦爆发能把红色游击队拉上战场与日本侵略军进行拼杀，为民族解放事业贡献力量。他后来为新四军创作军歌时就写下诗句，反映当时的心情：“我们送出了抗日先遣的万里长征，我们留下来坚持斗争，招引那民族再团结，雄鸡破晓，伟大的抗日之声。”全国抗战的一天终于到来，他为红色游击队的集中整编又进行了艰苦的斗争，曾冒着生命危险到湘赣边区的游击队传达中央指示，争取这支部队顺利下山整编。在国共两党终于达成协议之后，新四军编成，他出任一支队司令员，率部东进，首先到达军部所在的皖南云岭，到1938年春开始部署东进江南敌后的战略行动。

那时候，江南已沦陷半年之久，大好河山正遭到日寇铁蹄的践踏和蹂躏。新四军一二支队派出先遣支队在粟裕副司令员率领下进入江南进行战略侦察，在镇江韦岗伏击日军，取得江南初战胜利。我父亲听到战斗胜利的消息，当即赋诗：“弯弓射日到江南，终夜喧呼敌胆寒。镇江城下初遭遇，脱手斩得小楼兰。”一二支队迅速跟进，在江南大地掀起抗战的风潮，连续取得胜利。消息所到之处，民众奋起，青年觉醒，各种爱国抗战的力量迅速整合，团结到新四军的周围。我父亲和粟裕、叶飞等同志，坚决贯彻党中央和毛泽东的指示，坚持独立自主的抗日游击战，放手发动群众，同时在军事上认真解决江南平原水网地带开展游击战争的战略战术问题，通过积极抗战的示范行动，推动全面抗战的大好局面形成。历史上曾有大隐于市的说法。新四军证明了只要深入到民众之中，依靠人民的支持，就能够获得充分的战略掩护，与日本侵略军进行周旋，不断取得打击敌寇的胜利。

1938 年底，茅山敌后根据地成功开创。1939 年 11 月新四军以一二支队为基础，整合在江南游击战发展壮大起来的队伍，成立了新四军江南指挥部，形成向长江以北发展的有力态势。

父亲喜欢下围棋，他在游击战争岁月中经常忙中偷闲，与战友同志在席上谈兵。实际上他和粟裕同志一起，从江南到江北，沿着苏南苏中苏北的发展方向，与反对新四军的各种力量进行了一场超级的博弈。在 1940 年之前，是这场博弈的初盘，主要任务是向苏南苏北的敌后战场开展战略力量的布局，抢金角、夺银边，整个江苏都成为新四军与日伪军拼死纠缠的战场。1940 年 7 月中旬，江南指挥部改称为苏北指挥部。10 月 10 日，由黄克诚率领的八路军在东台白驹镇与苏北新四军会师。11 月，为统一对华中八路军和新四军的领导，按照中共中央的指示，成立华中总指挥部，叶挺任总指挥，刘少奇任政治委员，陈毅任副总指挥（在叶挺抵达苏北前由陈毅代理总指挥）。为此，父亲写下了豪情喷涌的诗篇：“十年征战几人回，又见同侪并马归。江淮河汉今谁属，红旗十月满天飞。”这首诗标志着新四军抗战征程的第一阶段，即向华中敌后进行战略展开，取得了基本的成功。新四军（包括南下八路军部队）成为华中敌后抗战的主力，解放了广大华中敌后的人民，在他们的真诚拥护下，开始坚持长期抗战，为创造独立自由的新中国，进行艰难曲折而又坚决勇敢的斗争。

1941 年 1 月，皖南事变发生，新四军因为坚持敌后抗战竟然遭到国民党顽固派的“围歼”。党中央毛主席领导全国军民对反共高潮进行坚决反击。新四军军部在苏北盐城重建，我父亲临危受命担任新四军代军长，与刘少奇政委一起担负起华中敌后抗战的重任。这时新四军的作战进入了整个抗日征程的第二阶段，即中盘搏杀。新四军坚持对日作战，坚守华中敌后的抗日根据地，在迫不得已时，也进行反顽作战，但仍然以民族大义为重，维护对日作战的大局。这一阶段华中敌后的抗战斗争一度陷入极其困难的形势，日寇加紧对我根据地进行“扫荡”、“清乡”，千方百计消灭我之有生力量，最

◇1941 年陈毅（右一）、刘少奇（左一）与奥地利籍医生罗生特在苏北盐城。

大限度地压缩我抗日根据地。新四军还是依靠根据地人民群众的支持，坚持对日作战，创造出反“扫荡”、反“清乡”的胜利战果。我军自身建设、根据地建设、统一战线工作也都取得新的进步。在抗击日本侵略者的战争中，新四军涌现出大量英雄部队和英雄将士，例如繁昌大战、塘马战役、九女投江、刘老庄连等，永远为我们的人民所崇敬。父亲当时也写了很多诗颂扬新四军的革命英雄主义精神，“五年碧血翻沧海，一片丹心照汉旗”，这也是他报国情怀的自我写照。

1943 年 11 月，父亲奉党中央毛主席的命令，通过漫长的抗日根据地交通线赶赴党中央所在地延安，参加即将召开的党的七大。一路上走了半年左右时间，他说这是一次长征式的壮游。他从华中抗日根据地出发，历经山东、冀南、太行、太岳、晋绥等抗日根据地，最后到达延安。他与红军时期的老战友毛泽东主席、朱德总司令以及彭德怀、贺龙、聂荣臻、刘伯承、叶剑英、邓小平等都已十年不见了，再次相会于陕北、晋东南，共话中国革命的艰难征程，感到十分欣慰。我们党在全国范围内与日本侵略军的博弈进入到第三阶段，胜负的趋势已经判明，但终盘收官仍是艰难的使命。父亲在延安

◇陈毅(左)在延安与刘伯承(中)、聂荣臻合影。

参与党中央的领导工作,也继续对华中敌后新四军的抗战斗争进行指挥。1944年我军在敌后战场开始战略反攻,新四军取得车桥战役等一系列反攻作战的胜利,还派遣一师部队在粟裕同志率领下南下苏浙皖边创立根据地,这都是全局收官的妙招,为整个华中敌后的抗战斗争画下精彩的句号。同时,实现了从游击战向运动战的战略转变,为后来的解放战争准备了条件。

在整个抗日战争中,父亲对贯彻执行抗日民族统一战线政策十分用心,与国民党方面主张抗战的进步力量始终保持亲密合作的关系。到1945年8月抗日战争的最后胜利已经迫近,父亲在延安收到国民党左派王昆仑先生的来信,他对新四军寄予厚望,说“东南半壁,惟仗卿军”。父亲感受到战友同志的热望,决心不辜负他的期望之殷,乃题诗“安危身系何须说,斩得楼兰共举樽”。当时柳亚子先生也有诗寄给父亲“我喜故乡消息好,前锋直指雨花台”,这完全是对四年之后我军解放南京的大胆预言,我父亲荣幸地成为这一预言的执行者。

抗日战争是推动历史进步的伟大斗争实践,它改变了中国,也改变了世界。父亲在抗战开始时只是一支不到千人游击部队的指挥者,到抗战结束时却成为几十万军队的司令员。他有一首衷心赞美人民的诗:“靠人民,支援永不忘。他是重生父母亲,我是斗争好儿郎,革命强中强。”在这里,他道出了新四军作为抗战铁军发展壮大的秘密,那就是依靠人民支持,坚决打击日本侵略者,与一切阻碍社会进步的力量血战到底。

罗荣桓与『翻边』战术的提出和运用

◇罗东进

罗荣桓【1902.11 ～ 1963.12】

罗荣桓，湖南衡山(今衡东)寒水乡南湾村人。1927年加入中国共产主义青年团，同年转入中国共产党。参加了湘赣边界秋收起义。土地革命战争时期，先后任工农革命军第1军1师1团特务连党代表，红军第4军11师31团营党代表，第2纵队党代表，红4军政治委员。1932年起任红一军团政治部主任，江西军区政治部主任，红军总政治部巡视员、动员部部长，红8军团政治部主任，红军大学一科政治委员。1937年任军委后方政治部主任，红1军团政治部主任。参加了长征。抗日战争时期，任八路军第115师政治部主任，第115师政治委员，山东军政委员会书记，第115师代师长兼政治委员。1943年起任山东军区司令员兼政治委员，中共中央山东分局书记。解放战争时期，先后任东北民主联军副政治委员，东北军区副政治委员，东北野战军政治委员。1949年起任第四野战军第一政治委员，中共中央华中局第二书记，华中军区、中南军区第一政治委员。参与指挥辽沈、平津等战役。中华人民共和国成立后，任中央人民政府最高人民检察署检察长，中国人民解放军总政治部主任兼总干部管理部部长，人民革命军事委员会副主席。1955年被授予元帅军衔。是第一、二届国防委员会副主席，第一、二届全国人大常委会副委员长，中共第七届中央委员、第八届中央政治局委员。1963年12月16日在北京逝世。

毛泽东曾这样评价，罗荣桓的“翻边”战术，不是战术，是战略。他掌握山东局面以后，敌人越蚕食，根据地越扩大。正是因为“翻边”战术在山东的成功运用，连日本军人也不得不承认，共产党、八路军实力正扩大，根据地在不断发展。

“翻边”战术是1942年由父亲罗荣桓提出的对付日伪军“蚕食”和“扫荡”的一种战术，是“敌进我进”原则结合山东抗战实际的产物。八路军所以要采用这一战术是由敌后抗战的具体条件决定的。1941年，在日伪军集中重兵对抗日根据地进行反复“蚕食”、“扫荡”的情况下，山东抗日根据地进入最困难时期。鲁南根据地被“蚕食”得只剩下“南北十几里，东西一枪穿”的狭长地带。由于敌后根据地地域狭小，缺乏回旋余地。如果仍然照搬以前“敌进我退”的办法，那就退无可退，就难以突破敌人的包围。针对敌后的特点，当日伪军进行“扫荡”时，我军主力部队不是部署在根据地的腹部，而是部署在靠近一路敌人的根据地的边沿地区。当敌人“扫荡”时，不是“敌进我退”、“诱敌深入”；而是“敌进我进”，即在弄清敌人特别是当面之敌的动向后，趁敌人的包围圈尚未紧缩、尚有较大空隙时，选择敌之弱点，由根据地经边沿游击区，“翻”到敌人后方去，打乱敌之部署，粉碎敌之“扫荡”。我主力部队所以要部署在边沿地区，是为了便于较快地“翻”到敌人那里去；所以要靠近一路敌人，是为了便于弄清这股敌人的状况，避免同敌人遭遇或被敌人合围，同样是为了便于“翻”。所以父亲认为，由于日军是外来侵略者，在政治上处于劣势地位，即使在其占领区也是十分孤立的。加之其兵力稀少、后方空虚和八路军长期在敌占区的工作，八路军“翻”到敌占区仍可得到群众的支持而取得行动的自由权。

这一战术简单地说就是敌人打到我这里来，我打到敌人那里去。由此也可以引申为：敌人“扫荡”我甲处，我从乙处打出去。由于敌人兵力稀少，

◇1940 年在鲁南桃峪第 115 师高级干部会议合影。后排右四为罗荣桓。

当它集中兵力“扫荡”我一处时,其他处兵力往往空虚,因此也是其他处实行“翻边”战术的好时机。

父亲正式提出“翻边”战术虽然是 1942 年,但他在过去历次反“扫荡”中早就在实践这种战术。1940 年鲁南反“扫荡”和 1941 年的留田突围都是范例。

1940 年 4 月间,日伪军集中 8000 兵力,分别从邹县、滕县、峄县、临沂、费县等地出发,向鲁南抱犊崮山区进行春季大“扫荡”。父亲和 115 师代师长陈光叔叔决定:由陈光叔叔率主力部队绕到外线,从背后袭扰敌人,使其不能集中精力在根据地内“扫荡”。父亲则留在内线,带领师部和特务团的两个营,配合四县边联支队,与“扫荡”之敌周旋。随后,师司令部、政治部和鲁南三地委便化整为零,分散活动。父亲率政治部,带了一个连,同敌人周旋。他让组织部兼搞作战,敌工部和锄奸部兼搞侦察,宣传部负责组织群众、训练群众。他还把机关工作人员和剧社的演员编成游击小组,有的担任警戒,有的外出侦察。

一天拂晓,在父亲驻地北面的核桃峪发现敌情。此时父亲身边除政治部工作人员外，只有 4 个班的战斗部队。父亲命令一个班掩护政治机关转移，自己率领三个班爬上村北的山头监视日伪军行动，掩护机关转移。这时在东北和西北方向都发现敌人。正面被山挡住，敌情不明。突然，父亲发现自己正前方山下有几匹无人看守的洋马正悠闲地在山坡上吃草，便命令班长罗贵明带几个人下山看看。如果有敌情就赶快回来报告；如果没有敌情，就把那几匹马牵回来。罗贵明带两个人刚下山就发现山沟里有大队日军，急忙回来报告。父亲听了他们的报告后说："不要着急，山下的敌人还没有发现我们。两翼的敌人同我们之间直线距离虽然不远，但山路崎岖，一时还过不来。"他举着望远镜，沉着地观察着。两翼的日伪军缓缓地向前移动，右翼行动较快，距离越来越近了。500 米、400 米 …… 警卫排几名战士居高临下进行阻击，日军立即卧倒并开始打炮。迫击炮弹纷纷落在父亲面前的山坡上。他估计政治部已到达安全地带，才下令转移。

父亲面临强敌，沉着指挥，给大家留下深刻印象。政治部的许多干部都说："跟着罗政委最安全，用不着担心。"

父亲带领师直属部队留在内线同进行"扫荡"的敌人周旋，陈光叔叔则在外线指挥 686 团、苏鲁支队以机动灵活的战术打击敌人的后方，有力地牵制了在根据地中心进行"扫荡"的敌人。在内线和外线八路军的共同抗击下，5 月中旬，日军开始撤退，敌人的"扫荡"被粉碎。在这次反"扫荡"快要结束时，父亲在葫芦套干部会议上总结经验时说："敌人利用青黄不接、部队与群众粮食困难之际来'扫荡'山区，我们是有办法克服的。我们把主力运动到敌人后方去活动，很容易解决。再过一个月，青纱帐起，我们还可以到平原上去活动，去和敌人的坦克车碰一碰。"

父亲这一思想是他后来提出"敌进我进""翻边"战术的萌芽。

1941 年 11 月初，驻山东的侵华日军第 12 军司令官土桥一次中将纠集 3 个师团、4 个旅团的日军主力，再加上伪军，共 5 万余人，对沂蒙山区进行大"扫荡"。这是抗日战争时期日军在山东敌后发动的规模最大的一次"扫荡"，也是父亲主持山东军事工作以来面临的一次严峻考验。就在两个多月前的 8 月 19 日，父亲被中共中央和中央军委任命为山东军政委员会书记，主持山东军事工作。

11月4日，山东纵队机关遭到日军偷袭、合围，分散突围。由于情况紧急，他们砸了电台，烧了密码，以防落入日军之手，因而同友邻部队失去了联系。父亲和陈光叔叔得知山纵遭敌合围后用电台呼叫，得不到回音，又派出许多侦察员，也没有查明他们转移到什么地方。与此同时，日伪军正逐步向留田逼近的情报却不断从四面八方传来。这时，第115师师部、山东分局和山东战时工作推行委员会（简称战工会，相当于省政府）机关共2000余人就驻在留田一带，而战斗部队只有第115师的一个特务营和山东分局的一个特务连。

5日拂晓，临沂、费县、平邑、蒙阴、沂水、莒县的日伪军兵分11路，在飞机、坦克掩护下，从四面八方向留田合围而来。情况非常危急。到下午，日伪军最近的离留田只有七八里，远的也不过十几里。特务营已经在留田周围的山头、隘口，构筑工事，实施警戒。

下午，在留田东南面一个叫牛家沟的小村子里，父亲主持召开军事会

◇八路军第115师部分干部在鲁南合影。左起：陈光、赖可可、肖华、罗荣桓、梁必业、王秉璋、陈士榘、王立人、杨尚儒、苏静、张雄。

议，研究对策。参加会议的有陈光、朱瑞、陈士榘、肖华等领导同志和第115师司令部、政治部各部门的负责人，还有特务营的领导。

会议讨论的问题很集中，即如何突出重围。大家一面看地图一面讨论。概括地说，提出的方案有四：一是向东，过沂河、沭河，进入滨海根据地；二是向北，同山东纵队会合；三是向西，进入蒙山；四是分散突围。但是没有一个人是主张向南的，因为南面是临沂，是敌人的大本营。当时传说，日军的中国派遣军司令官畑俊六就在临沂。因此，人们在考虑突围方向时，自然而然地把南面排除掉了。

然而，父亲的主张却正是向南。他分析了敌情，综合了大家的意见。他的深思熟虑是：东面，沂河、沭河已被敌人严密封锁，日军在此集结了重兵，设下了埋伏，正张网以待。北面，敌人正疯狂南压，沂蒙山区在国民党军队手中。他们在皖南事变后，同八路军关系恶化，最近刚刚同山纵交了火。如北上，很可能遭到日、顽的两面进攻。西面，临沂通蒙阴的公路已经成为敌人戒备森严的封锁线。即使我们能通过这道封锁线进入蒙山，那里也正是敌人合击的目标。而南面呢？正因为是敌人的大本营，敌人就不会料到我们会向它的大本营进发，向南走，可以出敌不意。既然敌人把兵力都集中到了沂蒙山区，其后方必定空虚，那里倒可能要安全一些。至于分散突围，那只是应急措施。现在形势虽然紧张，但还没有到分散突围的程度。父亲主张，先向南突围，跳出包围圈，然后向西，进入蒙山南部。

同父亲一起开会的都是久经沙场的指挥员，自然是一点就通，大家一致同意父亲的主张。按照父亲的方案，这2000多将士，大多数是机关人员，未费一枪一弹，未损一兵一卒，硬是悄无声息地通过敌人的三道封锁线，突出了重围。同行的有一位德国记者叫希伯，突出重围后高兴得像个孩子，对陪同他的谷牧叔叔说："这是我一生中最难忘的夜晚，比在西方参加的任何一次晚会都更有意义，更值得怀念。我一定要把这一段奇妙的经历写出来，告诉全世界。"他写的文章发表在115师的《战士报》上，题目叫《无声的战斗》。

如果说1940年父亲在指挥鲁南反"扫荡"，是"敌进我进""翻边"战术的思想萌芽的话，那么1941年的留田突围，则是"翻边"战术的成功实践和经典战例。到了1942年，鉴于反"扫荡"的严峻形势和教训，父亲明确提出了

“翻边”战术，并以它来对付日伪军的“蚕食”和“扫荡”。

当时的背景是这样的。1942年8月1日，为了统一山东部队的指挥，中央军委决定将山东纵队改为山东军区，隶属第115师指挥。但是，这只做到了形式上的统一。这一年的秋季反“扫荡”暴露了这一方面的问题。

1942年9月，父亲看到情报部门送来的一份日军作战计划，说日伪军将集中强大兵力“扫荡”滨海根据地。这时，中共山东分局和山东战工会（相当于省政府）机关、115师师部和由山东纵队改编而成的山东军区都驻在滨海。这些部门显然都是敌人要捕捉的目标。中共山东分局和山东军政委员会相继发出准备反“扫荡”的紧急指示。

鬼子要来“扫荡”的风声越来越紧，老百姓都忙着坚壁清野，准备疏散。有些干部建议，党政军机关应迅速从滨海向外转移。父亲不赞成在没有弄清敌人的真实意图和动向就仓促转移，他反复地对照地图，审视各地送来的情报，进行周密的思考。他想，如果敌人真要合围滨海，滨海四面的敌情必有异常变化。可是在滨海北面的潍坊和南面的连云港，并未发现敌人的异常动向。他怀疑，所谓“扫荡”滨海可能是敌人施放的烟幕弹。他主张先不要急于转移，等看清敌人的动向后再行动。但是，山东军区、省战工会和抗大一分校等单位匆忙向鲁中沂蒙区转移，结果遭敌合围，损失惨重。对此，当时任山东军区政治部主任的江华叔叔回忆道：1942年10月，敌人以1.5万多人，对我沂蒙山区进行了拉网“扫荡”。“扫荡”之前，敌人扬言要“扫荡”滨海两个月，并通过特务机关将其“扫荡”滨海区的假情报、作战计划送到我军。同时，临沂敌人2000余人向沭河以东我滨海地区进犯，以迷惑我军。我山东军区（刚由山东纵队改建）驻在滨海。接到敌假作战计划后，罗荣桓同志主张先不忙行动，看一看再说，我也同意这个意见，但军区一位主要负责同志却主张转移到鲁中沂蒙山区去。于是正中敌之阴谋。敌见我转入沂蒙山区后，首先在预定合围地区进行多次合击，以迫我集中。10月27日，敌人分作12路，以我军区所在地南墙峪为中心构成直径35公里的包围圈，在飞机、大炮、骑兵的配合下，突然向我袭击。我军区机关迅速转移，未遭合围，转移到沂水以北的沂山山区。11月2日，敌人又组织8000余人分11路对我合围。我发现敌情后，于拂晓抢占了笛崮山，我方兵力只有一个特务营和鲁中二分区的一个团。敌人从清晨起向我进攻,先用炮火猛烈轰击,接着从三面发起一次比一次猛烈的冲击。我军从早上到黄昏,打退了敌人八次进攻。天黑后,军区机关在特务营掩护下分数路突出重围。这场战斗,团长、政委牺牲,特务营仅剩下14名战士,最后被压缩到笛崮山东端,他们战斗到最后,跳下悬崖,六名同志英勇牺牲,其余同志以后被救回。突围中,省战工会秘书长李竹如同志牺牲,黎玉同志也负了伤。我带着警卫班突围,最后只有警卫员滕代田和我冲了出来。

父亲对部队遭受的损失非常痛心,但敌人的疯狂和狡诈又使他更加冷静。他考虑,应当运用"翻边"战术,打到敌人那里去,搅乱其后方,迫使其撤出根据地,以掌握反"扫荡"的主动权。在这一思想指导下,当敌人集中力量"扫荡"沂蒙区时,父亲决定派主力由滨海区南下,组织海陵战役和郯城战役,打开滨海南部的局面。

海陵在滨海地区的东南端,是在赣榆、海州、郯城三县之间建立的新县,那里有一座马陵山,故取名海陵。这个县南面是陇海路,北面是郯城、临沭,是联结山东和华中根据地的要地。

当时,在这一带活动的伪军头子叫杨步仁,他就是在湖西"肃托"中血债累累、后来畏罪逃跑、投敌叛变的王凤鸣。他投靠日军后改名换姓,当了伪军的别动队队长,就驻在连云港一带。他经常带着伪军骚扰和"蚕食"根据地,把它的触角向北伸到了大兴镇、欢墩埠,距离115师师部长期住过的蛟龙湾、朱范只有二十来里,对滨海根据地南部形成严重威胁。不仅如此,他还倚仗着曾经在八路军里混过,对部队人员有所了解的条件,施展毒辣的政治阴谋企图瓦解八路军。绝大部分指战员对他自然是嗤之以鼻,但也有个别败类被他拉了过去。曾当过政治部协理员的罗保成就是这样的败类。

父亲早就想拔掉这个钉子。当日军反复"扫荡"沂蒙山区时,他把教二旅旅长曾国华、政委符竹庭请到师部,亲自部署这一战役。他要求教二旅从中央突破,向南直插到陇海路,然后逐一拔除铁路以北、郯城、赣榆之间的伪军据点。他要求做好战前动员,让指战员人人明白什么是"翻边"战术,进行海陵战役对于根据地反"扫荡"的意义,以提高指战员战斗的主动性和自觉性。他还要求在战斗中开展打"狗"运动,狠狠打击杨步仁、罗保成这一类癞皮狗。

按照这一部署，从 1943 年 1 月 3 日至 8 日，教二旅连克陇海路北日伪据点 16 处，把杨步仁 1200 多人的别动队打得七零八落，只剩下 200 余人。叛徒罗保成和伪大队长尹玉琢、李振东均被活捉。海陵六个区，原来被日伪军"蚕食"得只剩下两个，这次战役恢复到五个半。

海陵战役结束后，召开了祝捷和公审大会，枪毙了叛徒、汉奸罗保成。

正当八路军进行海陵战役时，日军第 32 师团师团长石井嘉穗中将由兖州至枣庄，指挥日伪军加紧对鲁南根据地进行"蚕食"，打通了从临沂经郯城到新安镇的公路，隔断了鲁南和滨海的联系，并在临(沂)青(口)公路上的重要集镇醋大庄等地修碉堡、安据点，妄图打通临青公路，并修筑由临沂东南面的重沟至郯城的堡垒封锁线，以纵横分割滨海南部。海陵战役结束后，曾国华和符竹庭写信给陈、罗，建议拔除醋大庄据点并要求把主攻任务交给他们。出乎曾、符预料，陈、罗交给他们的任务却是绕到日伪军的屁股后面，攻打郯城，进一步"翻边"，卡断醋大庄等据点的日伪军的归路，并策应当时正在进行的冀鲁边、清河的反"扫荡"斗争。

曾、符接受任务后，派人侦察了郯城的敌情，发现郯城经日军三年的经营，工事十分坚固但兵力不强，只驻有日军一个小队，还有伪军约一个连。郯城北距临沂、南到陇海路上的新安镇都不过百里。郯城西面的马头镇也驻有一个小队日军。为了防止这些地方的日伪军前来增援，曾、符首先动员群众彻底破坏临(沂)新(安镇)公路，并派一个连监视马头的日军。

1 月 18 日夜，曾、符率教二旅通过一道道封锁线，直扑郯城。19 日夜，总攻开始，八路军采用连续爆破，把日军一个个炮楼送上了天。经一天激战，20 日夜八路军攻进郯城，全歼守军。临沂和新安镇的日军得悉郯城被攻，由于兵力单薄，加上道路不通，无法援救，只能眼睁睁地看着他们的同伙被歼。

战斗结束后，曾国华、符竹庭等为了观察日军炮楼的结构和自己部队炸药的威力，便向炸塌的炮楼走去。这时突然从瓦砾堆里钻出一个蓬头垢面的鬼子。他跑到符竹庭面前，指指符胸前的望远镜，一面哇啦哇啦地说，一面竖起大拇指。看来他从胸前的望远镜已看出符是个当官的，于是用语言加手势表示自己的敬佩之情。符竹庭颇为感慨地对曾国华说:“看来鬼子现在也知道‘翻边’战术的厉害了。”

郯城战斗结束后,曾、符又乘胜率部打下郯城周围的马头等18个据点。随日军到处进行经济掠夺的日本商人看到他们存放的物资都成了八路军的战利品,不禁惊呼:“在山东再也没有保险的地方了。”在醋大庄等地设据点的日军看到后路被抄,被迫全部撤退。日军企图修筑纵横两道封锁线的计划彻底破产。

海陵、郯城战役彻底打乱了日军在1942年冬季继续进行“扫荡”的计划。随后,“翻边”战术陆续推广到山东各个根据地。在胶东,从1942年11月12日起,日军集中2万人,采用拉网战术,对根据地进行大“扫荡”。一开始,有的干部想在根据地内安几个钉子,来撕破敌人的网。所谓钉子,就是选择有利地形,修筑工事,进行坚固防守。父亲对他们说,在我们现有的装备和火力的条件下,这样做会给敌人以合击的目标,而丧失我军的机动性,陷入单纯防御的被动地位。后来,胶东军民拆掉工事,运用“翻边”战术,机动灵活地挫败了日伪军的拉网“扫荡”。日军独立步兵第20大队大队长田副正信大佐在叙述胶东拉网合围时承认:“在山岳地带内张网前进极为困难。由于包围网薄,容易被突破。特别是夜间有几次被敌人突围出去,我军很难接触和捕捉共军,感到中共实力正在扩大,其根据地建设正在不断发展。”

作为伟大的战略家,毛主席曾这样评价父亲提出的“翻边”战术:“敌人蚕食了,是面向根据地,还是背向根据地?罗荣桓的‘翻边’战术,不是战术,是战略。他掌握山东局面以后,敌人越蚕食,根据地越扩大。”

黄克诚与大胡庄战斗、刘老庄战斗

◇黄煦

黄克诚【1902.10 ～ 1986.12】

黄克诚，湖南永兴下青村人。1925 年加入中国共产党。在国民革命军任政治教官。参加了北伐战争和湘南起义。土地革命战争时期，历任中国工农红军第 4 军游击队党代表，红 4 军第 12 师 35 团党代表、团长，第 2 路游击队司令。1933 年起任红 3 军第 4 师政治委员、军政治部主任，红 3 军团代政治部主任，中央军委卫生部部长，红军总政治部组织部部长。参加了长征。抗日战争时期，历任八路军第 115 师 344 旅政治委员，八路军第 2 纵队、第 4 纵队政治委员，第 5 纵队司令员兼政治委员。1941 年起任新四军第 3 师师长兼政治委员，苏北军区司令员兼政治委员，中共苏北区委书记。解放战争时期，历任东北民主联军第 3 师师长兼政治委员，西满军区副政治委员、司令员，中共西满分局代理书记。1947 年起任东北军区副司令员兼后勤司令员，中共冀察热辽分局书记兼军区政治委员，中共天津市委书记。中华人民共和国成立后，任中共湖南省委书记，湖南军区司令员兼政治委员。1952 年起任副总参谋长兼总后勤部部长，中共中央军委秘书长兼总参谋长。1954 年任国防部副部长。1955 年被授予大将军衔。是第一、二届国防委员会委员，中国共产党第七届、第八届中央委员、中央书记处书记，第十一届中央委员。在中国共产党中央纪律检查委员会第一次全体会议上被选为中央纪律检查委员会常务委员、第二书记。1986 年 12 月 28 日在北京逝世。

82对1600的悬殊兵力，两军在一个村庄的遭遇，将会是一场怎样的战斗？82条破旧步枪对1000多把精良步枪及数十门火炮，将会演绎怎样的搏杀？英勇的新四军3师以惨烈的牺牲谱写了悲壮的战争史诗！

我的父亲黄克诚在世时经常给我们讲新四军3师的故事。他带3师将近十年，这支部队原来是八路军第5纵队（由115师344旅和115师的苏鲁豫支队组成）。皖南事变后，在新四军军部重建之际，这一支历史悠久的红军部队更名为新四军3师。该部队以土地革命战争时期1931年10月诞生于皖西的红25军、1932年诞生于陕甘的红26军和诞生于陕北的红27军为其第8、第10旅，大名鼎鼎的井冈山“28团”则是其第7旅，所以新四军3师战斗力极强，指战员英勇顽强，在抗日战争中出现许多可歌可泣的事迹和人物。

气吞山河大胡庄战斗

1941年春天，在江苏淮安县茭陵镇大胡庄发生了一场悲壮的战斗。3月底起，新四军3师8旅奉命在淮安（县）苏嘴地区集结，准备在五六月份配合兄弟部队拔掉风谷村、西青沟的日伪据点。在奉命集结的部队里，24团1营是一支刚从皖东北地区奉命东返盐阜区归建的队伍，于4月下旬到达苏嘴地区。根据团部命令，1营2连在新四军涟东大队的配合下，以茭陵镇为中心，在淮安北乡一带隐蔽，待机牵制和监视涟水、淮阴方向的日伪军动向。2连是该营的主力连队，下辖3个排，配有轻机枪2挺。每个战士除配备老套筒外，还配备4颗手榴弹和1把刺刀。

此时侵占淮海地区的是日军精锐部队21师团。面对日趋严峻的敌我

◇1941年11月，新四军3师8旅党代会期间，时任8旅政治委员的吴信泉（后排右）与黄克诚（前排中）、李雪三（前排左）、张天云（前排右）等合影。

形势，日军21师团疯狂推行“蚕食”、“扫荡”等措施，到处寻找我主力部队作战，企图尽快摧毁新四军的指挥机关和苏皖边区政府的各级民主政权。新四军在苏嘴地区的异常集结，引起了日军21师团的警觉。由于日伪奸细告密，4月25日驻守在涟水城的日寇获知新四军第3师8旅24团1营2连在距涟水城约9公里大胡庄宿营的消息，遂派200名日军和400多名伪军，连夜偷渡废黄河，于26日凌晨4时许突然冲进大胡庄。突袭的日伪军携带重机枪4挺、轻机枪9挺、50毫米掷弹筒9个，还有步炮2门和毒气手雷。

当时的大胡庄，由两个自然村落（俗称圩子）构成，大圩子有几十户人家；小圩子又叫“小西场”，只有9户胡姓人家，房屋60余间，大胡庄战斗就发生在“小西场”。这个小圩子整体房屋坐西朝东，东西较长，南北稍短。其北面、西面各有一条深约1.5米的圩沟。按照营部要求,2连隐伏待命必须每天换一个防地,以防止日伪军和敌特偷袭。26日拂晓4点多钟,2连正在准备转移。文书高建国到1、2排驻地检查部队转移准备情况。走出连部不远,他借着微弱的晨光,发现庄外有许多人影在移动,便连忙寻机向首长报告。几乎是与此同时,村口哨兵也已发现敌情,并鸣枪示警。当天2连的连部设在村民胡其华的家里。连长、指导员得到敌情报告后,立即命令全连进入防御态势。

此时前来突袭的日伪军已经分兵多路,完成了对2连驻地大、小圩子两个自然村的切割与包围。听到村前传来枪声,日军指挥官料知村内已有准备,于是便命令火炮、机枪一齐向庄内射击,顷刻之间,原本宁静的小村,鸡飞犬吠,瓦砾横飞,陷入阵阵浓烟飞土之中。眼见突袭日军的进攻火力异常凶猛,连长晋志云迅速指挥1、2排战士就地展开,利用院墙、猪圈和房屋作掩体阻击敌人。副营长巩殿坤迅速指挥3排抢占房屋,把住巷口,压住了敌人三次冲锋。素有平原村庄作战经验的战士们,将相连民房的山墙打通,使之联成一个整体,以便机动作战。2连战士的英勇还击,使敌人的多次进攻均被击退。此时,整个大胡庄淹没在烈火与硝烟之中。英勇的2连指战员面对穷凶极恶的敌人,凭借着残垣断壁继续抗击,手榴弹炸得日寇血肉横飞。庄户门前堆积起来的日寇尸体,成了战士们抵御枪弹的掩体。进攻受阻的日军,集中轻重武器,继续向庄内狂轰,并不断向我2连阵地施放瓦斯与燃烧弹。当鬼子连续扔出几颗毒气手雷,趁着烟雾发起第四次冲锋时,2连伤亡过半。巩殿坤副营长旋即命令各排:“坚守阵地,誓与来犯之敌决一死战!”面对日军的轮番进攻,我军战士弹药也逐渐要打光。

为尽快解决战斗,日军又抱来柴草,从庄北头上风处点起火来,一时间火借风势,不大的小村庄刹时间浓烟滚滚、烈焰冲天、一片火海。2连指挥员们原本以为,在离大胡庄十几里路远的龚营村,驻有我24团2营,他们听到枪声后必定赶来增援。可让人始料未及的是,26日当天的风特别大,而2连这里又处在下风头,这边的枪炮声,2营主力那边根本就无法听到。一些战斗力不强的地方武装听到枪声后,虽赶来增援,但却遭到日伪军的强力阻击,未达到救援的效果。这时,巩副营长命令各排:“上好刺刀,子弹尽量集中使用”。

战斗从凌晨4时进行到中午11时，庄外的日军眼见2连阵地枪声逐渐稀疏，便开始向庄内全面突击。2连官兵与日军展开了最后的拼杀。机枪手牺牲了，炊事班长端起机枪向敌人扫射；子弹打光了，战士们端起刺刀、抡起大刀与敌人肉搏；刺刀拼弯了，大刀砍折了，战士们用铁锹铲、用石头砸、用牙齿咬；负伤的战士拼尽全身力气、死死抱住敌人一起往烈火里滚；有的拉响最后一颗手榴弹，与敌人同归于尽。2连指战员靠刺刀、大刀、枪托和敌人进行肉搏，多次打退敌人。指战员们在烈焰中反复冲杀，浴血奋战，坚守阵地6个多小时，共毙伤日伪军100余人。终因众寡悬殊，除了1排2班重伤的小战士刘本诚被压在烈士遗体下幸存外，副营长巩殿坤、连长晋志云以下82人全部壮烈殉国。

当天下午，24团政治部主任李少元率警卫连和2营赶来增援，战斗业已结束，日寇趁着黄昏遁回涟水城。傍晚在地方政府和群众的协助下打扫战场，竟没有发现勇士们一具完整的遗体，连长晋志云的遗体已经无法辨认，副营长巩殿坤全身烧焦，只剩下一只穿着鞋子的脚尚可辨认。有的战士紧紧抱住敌人烧死在一起，有的还咬着敌人的耳朵。军民们悲痛欲绝，泣不成声。他们强咽着仇恨，含着热泪，连夜将烈士遗骨抬到庄子北边的旱沟里深埋了。英雄的2连指战员们，以压倒一切敌人的气概，沉重地打击了侵略者，为中华民族的解放流尽了最后一滴血。他们的浩然正气和视死如归的大无畏精神永垂青史。大胡庄战斗再一次暴露了日军的残暴与灭绝人性，使敌占区广大人民对侵略者燃烧起更大的仇恨，也使抗日的火种在盐阜大地上广为传播。

父亲时任新四军3师师长兼政委。他曾认为，这场战斗应和刘老庄战斗齐名。新四军一个连整建制被打光，在抗日战争史上也是较为罕见的。尤其是该连排长以上干部均是老红军战士，具有光荣传统和丰富的作战经验，最后全部牺牲，非常可惜。他在20世纪80年代就要求党史部门查清这场战斗始末，并与江苏省主要负责人说应该对英烈们给予大力宣传。1987年大胡庄战斗烈士纪念碑终于屹立在烈士牺牲的土地上，告慰了当年为国捐躯的英灵，纪念碑的东南两面是旧貌换新颜的大胡庄。2012年江苏省政

◇1942年3师领导层合影

府民政部门又拨款800万元，对烈士陵园进行整修，那里已经成为爱国主义教育基地。

浴血奋战刘老庄

1943年中国全国性抗战的第六个年头，中国共产党的武装——新四军的一个普通连队，竟以全连82名勇士全部殉国的惨烈，上演了战争史上极为悲壮的一幕！82对1600，兵力对比如此之悬殊，将会是一场怎样的战斗？82条破旧步枪对1000多把精良步枪及数十门火炮，将会演绎怎样的搏杀？对于独立支撑长江两岸敌后抗日的新四军而言，公元1943年，是生与死决斗的一年。这一年，面对太平洋战场每况愈下的战局，日军急于巩固中国占领区，集中兵力"扫荡"长江两岸的新四军。

1943年2月中旬，驻徐州的日军第65师团3000多人，由师团长川岛亲自指挥，对新四军苏北抗日根据地进行大规模"扫荡"，因屡屡扑空，回撤时又遭到新四军打击，于是又在 3 月间进行反扑，将其矛头指向淮海根据地领导机关所在地——淮阴六塘河一带。3 月 16 日，日军第 17 师团驻扎淮阴、涟水的步骑兵 1700 余人，分十一路突然合击在淮阴县六塘河沿岸一带的淮海抗日根据地党政领导机关，企图一举摧毁。日军行动迅速，领导机关尚未转移，形势十分紧急。新四军第 3 师第 7 旅第 19 团第 4 连，临危受命在刘老庄阻击日军，掩护领导机关和主力部队转移。刘老庄是淮阴北部的一个普通村落，而 4 连则是个英雄连队，具有南昌起义和红军长征的光荣历史。

18 日，连长白思才、指导员李云鹏接受战斗任务后，率领全连迅速进入纵横交错的交通沟，与 1000 多敌人在刘老庄展开激战。走在前面的 30 多名鬼子尖兵进入伏击圈时，受到 4 连出其不意的射击，一个个应声倒地。后面的鬼子见势不妙，抱头鼠窜。日寇指挥官川岛慌忙紧急纠合各路敌军迂回包围 4 连，切断前来增援的民兵。上午 8 点钟左右，鬼子步兵一个四五十人的小分队，在火炮、机枪的掩护下，向 4 连阵地发起第一次冲锋，4 连以猛烈火力扫射，击退了鬼子的进攻。在敌人面前，英雄的连队没有一个人胆怯，他们结成一个沉重的铁锤，向日寇的脑袋打去。在机关枪的咯咯声和手榴弹的咆哮声中，4 连打退了鬼子的五次冲锋，田野上留下了许多鬼子的尸体。指导员李云鹏仍和往常一样沉着，他站在大家的中央，放开嗓子，挥着拳头鼓动讲话："我们八路军、新四军是抗日的队伍，日寇是中国人民的死敌，我们要坚决打到底！""保卫根据地，保卫人民！"战士们的回答，像汹涌的波涛怒吼。"同志们！这是考验我们的时候了！我们要为党的事业战斗到底！为民族解放战斗到底！同志们！我们要坚持党的光荣传统，要做模范，要做英雄。一个也不做孬种，一个也不当俘虏！"指导员高亢的声音，盖过了敌人隆隆的炮火声。"保持党的光荣，不做孬种，不当俘虏！"同志们异口同声像雷鸣一样地响应。

充满着仇恨和愤怒，大家把一切伤痛和饥饿，都抛到九霄云外去了。徒手的炊事员们，也拿起了武器；司号员除了背着军号，也增加了一支长钢枪。他们是新的生力军，补充那些已经负伤或牺牲的同志。重伤员没有呻吟，没有哭泣，他们忍着剧痛，一个个怒睁着两眼，不愿意放弃自己战斗的岗位；有些轻伤的同志，一面流血，一面坚持战斗，不肯丢下自己的武器；卫生员把药袋放在地上，小心地为伤员包扎。药毛巾用完了，他们把棉衣里的棉絮撕下来用，战士们腿上的裹带也解下来当作绷带布用了。敌人恼羞成怒用重武器轰炸4连阵地，阵地上烟尘滚滚，烈火熊熊，4连遭受重大伤亡。黄昏时分，日军的进攻越来越凶。他们用机关枪对着路沟两头处打过来，迫击炮、掷弹筒像热锅炒的苞谷似的，前后左右到处爆炸着，有几颗炮弹落在了沟心里。敌人是想用猛烈的炮火毁灭4连这个坚强的堡垒。"同志们，赶快用背包堵起来！"白连长嘶哑的声音叫喊着。大家立即拿起背包拼死地推上去，几分钟堆起了两段短墙头，挡住了敌人的炮火。突然，李指导员的头部中弹，他一声不响地跌倒地上，鲜血喷涌，淌满了脸。战士们惊叫起来："指导员！指导员！"指导员惨白的脸上被鲜血染红了，但他不感到一点痛苦似的，嘴角、眉间露出笑影。他慢慢地摇着右手，喃喃着，意思叫大家不要管他。白连长跑过来，抓住李指导员的手，哽咽着说不出话来，仇恨的烈火冒上了他的头顶，烧干了他满眶的眼泪。敌人又冲锋了！白连长跳起来，将驳壳枪一丢，端起一根上着刺刀的长枪，鼓着血红的眼睛，喉咙里迸出粗哑的声音："同志们，上起刺刀拼呀！"敌人第六次冲锋又被打下去了。战士们雪亮的刺刀上染上了日军的血。可是在敌人猛烈炮火下，突围还没有成功。子弹打完了，怎么办？连长发话了："我们决不让敌人抓住一个活的，也不让敌人得到一支好枪。这都是我们用鲜血换来的。同志们，把机关枪和多余的步枪统统破坏掉！"战士们握紧上好刺刀的钢枪，决心同日军肉搏！日军借着夜幕降临，一窝蜂似的涌到4连阵地前沿，4连战士们手端刺刀一跃而上，与日军展开白刃格斗，刀枪撞击之处，发出日军的惨叫声。战士们的刺刀捅弯了，就用枪托砸，枪托砸碎了，就用铁锹砍、牙齿咬，一场悲壮的白刃战，终因敌众我寡，81位勇士壮烈牺牲。战斗结束后，当地群众打扫战场发现，还有一名身中三枪战士活着。但这名24岁的战士伤势太重了，讲述完那场惨烈战斗后，就永远地安息了。

战后第三天，19团举行了隆重的追悼大会，淮阴县党政机关和人民参加了公葬仪式，安葬了英灵并树立了纪念碑，碑上刻着他们的英名。父亲黄克诚悲痛不已，称赞82勇士"为国尽忠、为民族尽孝的精神可歌可泣"；并题词曰:“八十二烈士殉国纪念。英勇战斗,壮烈牺牲;军人模范,民族光荣。”朱德总司令称赞“全连 82 人全部殉国的刘老庄战斗 …… 是我军指战员英雄主义的最高表现”;新四军军长陈毅撰文表彰:“烈士们殉国牺牲之忠勇精神,固可以垂式范而励来兹。”苏北行署主任李一氓亲笔题写挽联:“由陕西,到苏北,敌后英名传八路;从拂晓,到黄昏,全连苦战殉刘庄。”淮阴人民日夜怀念这些英雄的子弟兵。不久,新四军 3 师重建 4 连并命名为“刘老庄连”。很长一段时间,这个连队一直保持着 82 人的特殊编制。

张云逸与新四军的初创及发展

◇张晓龙

张云逸【1892.8 ～ 1974.11】

张云逸，原名张运镒，又名张胜之。广东文昌(今属海南)上僚村人。1909 年加入中国同盟会。参加了辛亥革命和讨袁护国战争。1926 年加入中国共产党。参加了北伐战争，任国民革命军旅长，师参谋长。1927 年大革命失败后，在广州、香港做党的秘密工作。1929 年参与领导百色起义。土地革命战争时期，历任中国工农红军第七军军长，中央革命军事委员会副参谋长兼作战局局长。1933 年任粤赣军区司令员兼政治委员，红军总司令部作战部部长，中央纵队先遣队司令员，中革军委副参谋长。参加了长征。抗日战争时期,历任新四军参谋长兼第 3 支队司令员。1939 年任新四军江北指挥部指挥。1941 年任新四军副军长兼第 2 师师长,后兼任抗日军政大学第 8 分校校长。解放战争时期,历任山东军区副司令员,司令员,华东军区副司令员兼山东军区司令员及华东军政大学校长。中华人民共和国成立后,任中共广西省委书记,广西省人民政府主席,广西军区司令员兼政治委员,中共中央华南局第二书记,中南行政委员会副主席,中共中央监察委员会副书记。1955 年被授予大将军衔。是第一、二、三届国防委员会委员,第一、二、三届全国人民代表大会常务委员会委员,中国共产党第七、八、九、十届中央委员。1974 年 11 月 19 日在北京逝世。

张云逸参与领导了新四军的组建、整编等工作，又奉命开辟皖东、发展淮南抗日根据地，做了大量开创性的工作，他还亲自指挥了多次战斗，为新四军的创建和发展做出了卓越贡献。

1937 年 7 月 7 日，抗日战争全面爆发。国共两党就南方红军游击队改编问题进行了艰苦谈判，经协商最终达成共识。10 月 12 日，国民党江西省主席熊式辉转发蒋介石 6 日电令："任命叶挺为新编第四军军长"，新四军正式成立。我的祖父张云逸当时正在南方开展统战工作，根据中共中央的指示，在中央派往新四军工作的大批干部尚未到来时，他于 12 月 19 日第一个赶到汉口与叶挺军长会合。祖父和叶挺在大革命时期曾一起参加过北伐战争和广州起义，彼此了解。祖父的到来令叶挺喜出望外，祖父也为能再次见到叶挺并与其一道工作而感到高兴。在武汉，祖父还见到了周恩来、王明、博古、叶剑英等，随后，在中共中央和长江局的领导下，祖父投入到新四军的筹建工作之中。关于祖父在新四军中的任职，中共中央综合各方面的因素，最后决定并经国民政府军事委员会核准，由他担任新四军参谋长兼第 3 支队司令员。

1938 年 1 月 6 日，祖父同项英等从汉口到达南昌，将新四军军部设在书院街高升巷张勋公馆内，9 日，新四军军部正式办公。祖父同项英等一面建立健全新四军军部各机关，一面接待来自南方各游击区的人员，与其一起研究部队的集结和改编问题。同时还研究确定了新四军各个支队的编制序列并决定迅速将长江以南的各地红军游击队集中到皖南歙县岩寺一带整训。为此，祖父同陈毅、项英等分赴各游击区集中部队。

1938 年 2 月 2 日，祖父离开南昌赴闽北、闽西、闽南游击区，指导红军游击队的具体改编工作。2 月底，三支队所属 5 团与 6 团在浙江开化县华埠镇

◇1937年12月,新四军军部领导人在武汉合影。左起:周子昆、张云逸、叶挺、项英、曾山。

会师。两团会师前后,祖父也赶到这里在华埠开始着手组建第三支队司令部、政治部机关,并对部队进行了短期整训。3月中旬,祖父同项英率三支队由浙江开化向皖南歙县的岩寺开进并于月底抵达岩寺。

4月5日,新四军军部由南昌迁至岩寺,各支队陆续集结完毕。至此,南方八省的红军游击队主力胜利完成了下山、改编和向皖南、皖西集结的任务。完成改编和集结后,新四军共辖有4个支队、10个团、1个特务营共一万余人,各类枪支6200余支(挺)。

由于新四军处于初建阶段,祖父以新四军参谋长的身份兼任第3支队司令员,工作十分繁忙,很是辛苦。他协助叶挺、项英督导集结在岩寺的新四军三个支队进行了半年左右时间的军政整训，收效明显。同时，新四军军部从三个支队各抽调一部，组成一支400余人的先遣支队，由皖南向苏南敌后挺进，执行战略侦察任务。6月17日，先遣支队在江苏镇江西南韦岗成功伏击了日军车队，毙伤日军21人，击毁军车4辆，缴获长短枪20余支及军用品一部。首战告捷，祖父等军部领导人都非常高兴。各部队经过整训逐渐形成战斗力，陆续开赴抗日前线，取得了蒋家河口、马家园等战斗的胜利。

在新四军面临着中共中央赋予的“发展华中”战略任务的形势下，祖父于1938年11月10日接到通知，准备率新四军一部由皖南到江北地区活动。11月17日凌晨3时，祖父北渡长江，经无为、庐江，下旬抵达皖中舒城，组织当地的新四军部队东进皖东，深入敌后，发展游击战争。为壮大抗日武装力量，他恢复了第4支队第9团、挺进团两个团的编制，陆续组建了江北游击纵队、第3游击纵队、新四军第5支队。在他的推动下，部队进入皖东后，于次年春季迅速进至淮南铁路和津浦铁路之间地区，为江北新四军开辟皖东敌后抗日根据地创造了有利条件。1939年5月，新四军江北指挥部成立，祖

◇1939年5月，叶挺、赖传珠、罗炳辉、张云逸在江北指挥部合影（从左到右）。

父担任江北指挥部指挥，负责对新四军第四支队、第5支队和江北游击纵队等部的统一指挥。在他的领导和指挥下，新四军江北部队实行战略展开，经过几个月的艰苦奋战，在皖东敌后初步站稳了脚跟。至1939年12月，第4支队在皖东津浦路西地区开辟了以定远藕塘为中心的抗日游击根据地，亦称淮南津浦路西抗日游击根据地；第5支队在皖东津浦路东地区开辟了以盱眙半塔集为中心的抗日游击根据地，亦称淮南津浦路东抗日游击根据地；江北游击纵队在安徽省长江北岸开展游击战争，保持和皖南军部的联系。

1939年末，随着新四军江北部队和抗日游击根据地不断发展壮大以及对津浦路南段东西两侧广泛开展对日伪军的打击，引起华中日军高层的严重不安。日军第6师团师团长谷寿夫抽调南京、明光、蚌埠等地日伪军2000余人于12月中旬集结于滁县、沙河集、全椒等地，兵分三路从东、南和北面，对皖东地区进行首次大规模“扫荡”，企图乘新四军在皖东立足未稳而一举加以歼灭，同时驱逐和消灭这一地区的国民党军。这次“扫荡”之敌，一路700余人从全椒出动，20日拂晓进占大马厂；另一路300余人，于21日中午占领周家岗；又一路400余人于20日从滁县进至施家集和周家岗。为配合日伪军对周家岗的“扫荡”，驻巢县日军于21日出动近千人的兵力经含山县向全椒西南国民党军李本一部驻守的古河镇发动进攻，并于21日占领古河镇。

面对气势汹汹的来犯之敌，为彻底粉碎敌人的大“扫荡”，祖父与中共中央中原局书记刘少奇针对敌情，认真研究了我军反“扫荡”的战法，制订了“避敌锋芒，击其弱翼，精心捕捉战机，充分利用有利地形，出其不意在运动中给以歼灭性打击，以缩小‘扫荡’范围，缩短‘扫荡’时间，减少人民的损失”的方针，同时召开指挥部作战会议，商讨部署作战计划，命令新四军第四支队根据江北指挥部的决心和部署做好各项战斗准备。

从12月19日夜起，日伪军由全椒、滁县分别出动，向以全椒县、周家岗为主要目标的新四军第4支队发动进攻。21日起，双方展开激战，敌人的进攻在新四军顽强阻击下寸步难行，增援之敌又遭我伏击，伤亡惨重，进退维谷。次日，日军夺路溃逃，再次遭到我军伏击。国民党军的作战虽然失败了，但在新四军的英勇抗击下，日伪军于23日开始全线撤退。新四军乘胜追击，将周家岗、大马厂、复兴集、古河等地一一收复。到这时，李本一又带着他的随从返回古河。为团结其共同抗日，祖父和刘少奇等研究决定，新四军部队撤出古河。

经过三昼夜的战斗，新四军第 4 支队在江北指挥部和 4 支队司令员徐海东的指挥下，共毙伤俘敌人 160 余人，击毙日军中队长毛高千穗，生俘日军小队长一人、伪军四人，缴获大量武器弹药和军用物资，胜利粉碎了日军对皖东地区的第一次大"扫荡"。

周家岗战斗的胜利狠狠打击了日军的嚣张气焰，此后日军龟缩滁城、珠龙桥等据点长达半年之久，不敢轻举妄动。与此同时，新四军江北指挥部第 4 支队和第 5 支队由原来的 7000 余人发展到一万余人，地方武装发展到 5000 余人，使皖东抗日根据地在艰难的环境中巩固和发展起来。

对于这次作战，祖父回忆道："我们的装备比较差，但因为在战斗中采取了敌进我退、敌驻我扰的战术，战士们作战又勇敢，所以最后在周家岗一带粉碎了敌人'扫荡'，并乘胜追击到古河。此战政治影响很大，给群众的印象很好。群众从国民党部队和我们新四军对日军'扫荡' 两种不同的态度上认识到，新四军是真正打日本人的部队。"

新四军创建三年间来，在战斗中不断发展壮大，由最初的 1 万余人，到 1939 年底，已有近 5 万人，1940 年底，扩大到 8.8 万多人，成为华中抗击日寇的主要武装力量。

王宏坤『四二六』脱险记

◇王伟伟

王宏坤【1909.1 ～ 1993.8】

王宏坤，原名王宏春。湖北麻城乘马岗石槽冲人。1927年参加黄麻起义。1929年加入中国共产党。土地革命战争时期，任中国工农红军第1军排长，红四方面军第4军10师28团连长、副营长，30团营长。1931年任红四军第10师30团团长。1932年起任第10师师长，第4军军长、军政治委员，红四方面军直属纵队司令员。参加了长征。抗日战争时期，任八路军第129师385旅旅长，冀南军区副司令员，冀鲁豫军区副司令员。解放战争时期，任晋冀鲁豫军区副司令员兼第六纵队司令员。1947 年起任晋冀鲁豫野战军第十纵队司令员兼桐柏军区司令员。1949 年任中共湖北省委第一副书记、湖北军区第一副司令员。参加了邯郸、邓县、陕南等战役。中华人民共和国成立后，任中国人民解放军海军副司令员。1966 年任海军第二政治委员。1955 年被授予上将军衔。是第一、二、三届国防委员会委员，第一、二、三、四届全国人民代表大会代表，中国共产党第九、十届中央委员。1993 年 8 月 20 日在北京逝世。

在抗战进入最困难时期的1942年，时任八路军129师385旅旅长的王宏坤4月26日在冀南地区遭遇了敌人的惊险追击。结果他们一行人不仅绝处逢生，还顺带端掉了敌人的指挥所，堪称一段颇具传奇色彩的经历。

我的父亲王宏坤(原名王宏春)，1909年出生。湖北省麻城市乘马岗人，王树声之堂弟。1927年参加黄麻起义，1929年参加中国工农红军，同年加入中国共产党。土地革命战争时期，先后任中国工农红军第1军红11军排长，30团团长，第10师师长，第4军军长等职。

1937年7月7日，抗日战争全面爆发。为了挽救中华民族的危亡，中共中央立即发表通电号召全民族实行抗战，抵抗日寇的侵略，不久又郑重宣布

◇1941年5月，左一为王树声(时任晋冀豫军区司令员)、左二为王婧、左三为王宏坤(时任冀南军区副司令员)、左四为徐向前(时任山东八路军第1纵队司令员)合影。

将中国工农红军改编为国民革命军第八路军。红四方面军的红 4 军和红 31 军奉命改编为八路军第 129 师 385 旅和 386 旅，父亲王宏坤被任命为 385 旅旅长。

1938 年 10 月中旬父亲离开延安，奉命到日军占领区的敌后开辟根据地，被任命为冀南军区副司令，开始了他七年在敌后艰苦卓绝的抗日战争。当时的冀南军区初建不久，父亲一上任就参与和领导了军区机关及下属七个军分区的组建和武装部队的建立。冀南抗日根据地和军区所管辖为河北南部地区的邯郸、邢台、巨鹿、南宫、威县，后来还包括了山东西北地区的德州、高塘、夏津、安县、平原等县，有 30 多个县市，面积 20 余万平方公里，人口 700 多万，随着斗争的形势而变化根据地的大小，有较大伸缩性。冀南地区的敌情是相当严重的，日寇为了消灭我抗日力量和根据地，大肆挖封锁沟、建据点碉堡，布成梅花型网状。仅在冀南地区就建起了 500 余处据点，妄图把根据地割裂开来，步步蚕食并不断的"扫荡"。 仅 1941 年敌人对冀南军区几个分区就进行了多达 611 次的大小"扫荡"，妄图把敌后抗日根据地彻底摧垮。为了消灭抗日武装，日寇不断向冀南地区增兵。到 1942 年夏，日军就从 1941 年 12 月的 4970 余人，增至 6290 余人，伪军从 1.4 万人增加到 2.7 万人，冀南的形势更加严峻了。

由于日寇的凶残，平原地区的游击战和根据地的创建与坚持异常艰难，给父亲留下了深刻而难忘的记忆。他生前就曾给我讲过，他在抗日战争中最惊险的一个故事："四二六" 脱险记。

1942 年中国的抗日战争进入到最困难的历史时期。这年春天，也是冀南地区抗日战争最严峻的时期。

4 月中下旬，父亲在六分区指挥工作时，在驻枣强附近的新 7 旅 19 团住了一夜，计划过德石铁路到五分区。因当时形势恶劣，部队都换上了便衣，但父亲还穿着黄军衣，目标太明显，为了他的安全，19 团的领导一定要他换上便衣。为此，团政委周发田找来了一套银灰色的绸面灰衣，是 19 团前些时袭击临清城缴获的。

4 月 25 日，父亲同五分区原军区政治部宣传部长李尔重、五分区政委杨树根和他的未婚妻张凤琴等一行六七人带着几匹驮着文件和子弹的牲口出发了。

第二天凌晨1时，到了龙华镇以南约15里处的堡店村，打算在这里宿营，准备明天过路。

堡店村庄不大，只有八九户人家，在它东西二三里处是前马镇，西面七八里处是杨木镇，敌人在该镇建有据点。村庄的东北面是秦旺镇，德石铁路从中穿过。

父亲经过多年的战斗，养成了一个习惯，无论是他行军、住宿、作战，每到一地，必先了解观察驻地的人文及其附近的地形和地理环境，特别注意情报的搜集，在没有敌情报告时，他随时注意发现敌情，而有了敌情时，他又能去伪存真，准确分析出真正的敌情，不受敌迷惑，他的心思缜密，完全不像是一个大字识不了几个的大老粗。正是他这一指挥特性，才能保证在发生敌情时，临危不惧、处惊不乱、沉着指挥、进退游刃有余，保全部队。这也是他指挥作战的一大特点。

住下后，父亲马上就问房东大娘："有什么消息没有？"

"听说敌人要来'扫荡'，都传了好几天了。"大娘回答道。

父亲又问："这一带有八路军活动没有？"

大娘说："前天他们还在东面的镇上开过大会。"

在这看似不经意的回答中，父亲得到和掌握了他要的最有价值的情报。父亲马上警觉了，心想坏了，立即判断出他们一行人已进入了日本鬼子的合围中心了。

为了防止意外，父亲忙叫随行的训练参谋高希曾，速去东面的前马镇，寻找在那里活动的部队，那里原有驻扎着19团的一个连，父亲知道他们在这一带活动。因为去年他路过五分区时，曾让19团一个连利用敌人在这里的空隙过来活动，这说明父亲一是记忆力好，二是心细，对他的部队活动了如指掌，他的麾下有一百多个连队，他居然都能知道个大概，实在不容易。

由于他们这一行人连续行军了九个小时，大家虽十分疲劳，但鉴于可能发生的敌情，父亲没让他们脱衣，只是让大家和衣躺下。很快，大家都睡着了。父亲则在敌人可能出现的方向又加派了哨兵，一切都布置完毕他才和衣躺下。

刚睡了一会儿，突然响起了枪声，住龙华的敌人直奔他的驻地而来，根据枪声父亲判断西面杨木的敌人也来了。父亲当初的判断得到了应验，这时，大家也都爬了起来准备战斗。

父亲叫大家不要慌，并告诉大家，他估计敌人很可能会偷袭，所以早有应对，趁你们休息时已派了高参谋去联系部队来支援了。

父亲想看看敌人的实际情况，但因天色朦胧看不太清楚。他只感到敌人离他们也很近，目的就是来消灭他们一行的，日军的掷弹筒弹直在他们身边爆炸，父亲命令用机枪堵路西边那股敌人，让部队迅速集合，向东面前马镇方向靠去。

大家刚进前马镇，与高希曾在镇子上找到的19团那个连会合，日军就跟过来了。父亲遂决定立即撤退，他判断向东不远是铁路，很可能有敌人堵截不能走，向南是一片坟林，可以作掩护，便命令大家向南行动。

镇子南面是一条东西向的堤埂，日军顺堤埂向他们猛扑。来增援的部队及护送排在前面牵制着敌人，掩护父亲他们一行人向南突围，敌人火力很猛，我阻击部队依托一座破庙顽强阻击。

一条小路向南伸去，路东南有个湖，湖水基本干涸，但湖中的荷叶、芦苇仍很茂密，冲上来的敌人在我掩护部队的猛烈扫射下，被打得直往地上趴，利用这个机会，父亲领着大家猛地冲上小路往南跑，然后再转向西南。

李尔重跟父亲在一起，他毕竟比父亲年轻，跑起来更轻快，他的身边还跟着掩护的五六十人。杨树根的未婚妻张凤琴个不高，作为一个女人，体力自然比不过男人，逐渐要落下，跟着大家跑很危险，父亲一看这样不行，忙让她转到荷叶与芦苇丛中藏起来，由他们把敌人引开，等安全了再找她回来。

敌人不肯放过他们，在后面拼命地追，没有留意躲起来的张凤琴。敌人有四五百人，近一半是日本鬼子兵，其他是伪军。就这样一个在前面拼命地跑，一个在后面紧紧地追，连续跑了七八里。

再往前面不远就是日寇为了封锁八路军武工队活动挖的封锁沟了。敌人越追越近，那条封锁沟宽约两米，深两米多，开沟挖出的土筑在沟两边成了沟墙。通往封锁沟没有路，是一片刚犁过的松软的土地，脚一落上去土松的就淹了脚背，松软的泥土使他们越跑越慢，越跑越累。敌人追得越来越近，双方相距缩小到不足200米，敌人边追边向他们射击，父亲他们只好边跑边回身还击。

本来为了减少目标，父亲听从劝告才换上了便衣，可现在适得其反，这套银灰色的褂子在阳光的照耀下格外醒目，成了他的累赘。吸引了敌人的注意，敌人一看他穿这么好的褂子，认为这一定是八路军的大官，几支步枪盯着他打。

父亲明显感到敌人的子弹对着他呼啸飞过，一阵阵地热气灼人。敌人打来的子弹在他身旁的土地上冒起很多尘烟。在这危急时刻，久经沙场的父亲毫无惧色，异常冷静，把他的军事技能也发挥到极致。他不管敌人怎么追打，只管采取蛇形路线跑，偏不按敌人的想法办，使得敌人瞄不准、打不上，双方不经意间玩起了你打我跑的游戏。

李尔重在父亲的附近看到这个情况，很替他担心，问道："怎么样？"父亲说："没事儿。"

当他们跑到离封锁沟还有200米远时，敌人认为他们跑不动也不打枪了，成扇形向他们围过来，挺着刺刀步步向他们紧逼，准备抓活的。

父亲他们转过身来，端着枪，镇定地环顾了一下四周，才发现跟着他们突围的不是19团那个连，也不是警卫排，一问却是武邑县大队。父亲也不知县大队什么时候与他们跑到一起来了。这真是该来的没来，不该来的却来了。当时，在敌后打游击，大家虽然穿的都是便衣，但父亲依然还是能辨认出县大队的人是自己人，与他们正规部队一样。

在当时那种紧急情况下，父亲也顾不得多问详情。只见眼前有一条小地埂，可以利用，马上指挥大家在地埂后面趴下。用机枪向敌人扫过去，大家也随着一起朝追敌猛烈开火，武邑县大队的指战员十分勇敢，面对强敌喊杀声震天动地。

这一招出乎敌人的意外，他们原以为八路军只有束手就擒了，没想到死而不僵，居然还来了个反击，一下被打傻了，吓得急忙趴在地上。乘敌人愣住的短暂时机，父亲又指挥大家赶紧跃起，朝着封锁沟猛跑。敌人醒过神来又开起枪来，县大队一个通讯员被打伤了腿，父亲拽起他，拿过他的枪扶着他跑。

小战士很顽强，对父亲说："首长，你快走，别管我，我自己走。""不行，咱们一起走，有我在就不会落下你。"父亲扶住他，很快过来两个战士架起他就跑，父亲他们很快跳进封锁沟，敌人也拼命赶来，父亲叫部队停下来，命令把机枪架起来，步枪子弹上膛准备好手榴弹，等敌人靠近再打。

此时，突然北面枪声大作，并夹杂着手榴弹的爆炸声，父亲他们面前的敌人被这突如其来的情况震惊了，认为八路军的援兵来了，抄了他们的后路，慌乱中扭头拼命地向北奔逃。

原来是19团那个连从前马镇向东突围后，没见敌人追来，又听到南面枪声一片，知道敌人向南追父亲他们去了，于是又杀了一个回马枪，打回前马镇，顺着街道向西猛攻。这一攻实在出乎敌人意料，不知又从哪里杀了一支八路军，因为敌人占领了前马镇，部队都派到南面追父亲他们去了，以为这边没有八路军，大意了，便在西街上只留下了日军的一个指挥所，没留下护卫部队。

这个连打前马镇的本意，原是想借此把敌人追父亲的部队牵制回来，没想到由于日军的大意倒成全了他们，他们乘隙向日军指挥所发起猛攻，一举将其端掉，毙敌指挥官等十余人，毙伤一批伪军，缴获一批枪支弹药，几匹战马和其他军用物资。

敌人撤了，父亲他们脱了险，终于有机会喘口气了。他们坐在封锁沟边休息，利用这个机会，父亲才发现，他全身上下的衣服被子弹穿了六七个洞，神奇的是他除了手上有一点皮肤擦伤外，身上其他地方连皮毛也没伤着。

脱离了危险，父亲率领大家向西南转移，来到李家庄，这一带有好几个大村庄，是六分区的一小块根据地。他们工作搞得很出色，村与村之间都挖了交通沟相连接，有了情况就能很快转移、疏散，也可以据此迎击敌人与敌人周旋。

他们住的李家庄就是一分区政委李力的家乡。在这里父亲遇到了李力原来的警卫员，他是本地人，在这里做交通员工作，以前父亲来过这里好几次，与他多次打交道，19团那个连也经常来这里活动。

到了李家庄，父亲他们就像到了家里一样，老乡们热情得不得了，给他们安排住处。弄饭烧菜杀鸡宰鸭忙里忙外不亦乐乎，民兵则替他们在村庄周围放哨警戒让他们放心休息。

老乡们的热情搞得父亲他们很过意不去，一再劝说："别搞这么多吃的了，喝点热粥，弄点简单的，吃饱肚子就行了，给你们添的麻烦太大了，不能这样。"

但乡亲们就是不听，说你们来一次不容易，我们见到八路军就亲。还一再安慰父亲他们道："到了这里你们就到了家，放心休息好了，村里有别人来了，也不要紧，我们可以安全转移。"

乡亲们的热情，待他们比亲人还亲，使他们十分感动，感到无比温暖和安全。

父亲他们安顿下来，马上派了两人到前方，去寻找杨树根的未婚妻张凤琴。不久就传来好消息，张凤琴被找到了，已约好在镇南面等待会合，等得知她安全了，大家就放下心来，张凤琴躲到苇塘里之所以能脱险成功。也得益于父亲他们在前面跑把鬼子都吸引过去了，忽略了苇塘，而顾不得去搜索她。

一会儿，19 团那个警卫排也来了，他们是从南面绕过来的，到下午父亲他们快出发时，19 团那个连也赶来了，他们整齐的队伍，牵着马，驮着战利品，全连情绪饱满，满面春风雄赳赳的。

父亲见他们胜利归来非常高兴，和他们热情握手表示慰问和欢迎。父亲问了他们战斗的情况，关切地询问有无损伤，战士们高兴地回答："报告首长，我们无一伤亡，这次完全是赚钱的生意。"听了他们的回答父亲很满意，认为这个连队很不一般，打游击很拿手。

下午 4 时父亲他们和武邑县大队、乡亲们告别，带着警卫排继续向北行动，在前马镇与张凤琴会合，张凤琴见到了她未婚夫杨树根和大家伙，激动地流下了眼泪。

虽然大家分别才十几个小时，但在这场生死浩劫中，觉得经历了好长时间，虽然惊险，但老天爷很眷顾他们，在敌人密集枪弹的追杀中居然没有一人受伤失踪，全部又回到了一起，真是奇迹，大家高兴得跳着唱着。

这次遇险给当事人都留下了不可磨灭的回忆，几十年后，在 20 世纪 90 年代，当有人采访杨树根、张凤琴夫妻时，他俩还激动地说起，当时要不是父亲在遇险时沉着冷静地应对，指挥大家，还不知道什么下场。

多亏了父亲的机智和勇敢才使张凤琴躲过了一劫，为此他们十分感谢父亲，而且念念不忘父亲这个救命恩人。

父亲他们与张凤琴会合后继续北进，从龙华以东，靠秦旺处越过铁路，于次日凌晨一时左右，到了苗村附近的一个村庄。这里是五分区的辖区，当日他们便在这里宿营。

27日下午4时，父亲他们从宿营地出发，同时让19团负责护送部队返回六分区。

他们一行上路后，为了要避开鬼子的据点和炮楼，只能弯弯绕绕地向前行，就是这样还是防不胜防，不时地遭到炮楼上敌人的射击，好歹还没出什么大事故。只有一次他们在经过鬼子炮楼附近时，张凤琴又遇了一次险，她的坐骑因日军的枪声而受惊，一下把她掀了下来，但她的脚还被套在马镫上，给拖出去好几米远，幸亏被众人挽住缰绳，把马拦下才未受伤，虚惊了一场。

经过了这一番生死风险与波折后，父亲他们终于在当夜9时，来到了静县西北的一个村庄，这里是五分区司令部临时驻地，他们终于胜利到达了目的地。

这就是父亲在抗日战争中一段神奇的经历，本来是遇险被敌人追杀，危在旦夕，结果不但成功脱险，人员和部队却奇迹般地无大损伤，居然还有不小的缴获，消灭了追兵的指挥所，敌人不但啥也没捞着，真是赔了夫人又折兵。

邓华率八路军第四纵队解放兴隆

◇邓 欣

邓华【1910.4 ～ 1980.7】

邓华，湖南郴州永宁人。1927 年加入中国共产党。1928 年参加湘南起义。土地革命战争时期，历任工农革命军第 7 师政治部组织干事，中国工农红军第 4 军 11 师 33 团宣传中队长、连党代表，第 3 纵队政治部组织科科长，红 12 军教导队政治委员，36 师政治委员。1934 年起任红 1 军团第 1 师 2 团政治委员，第 2 师政治部主任，第 1 师、第 2 师政治委员。参加了长征。抗日战争时期，任八路军第 115 师 685 团政治处主任，晋察冀军区第 1 军分区司令员，平西支队司令员，八路军第 4 纵队政治委员，挺进第 11 纵队司令员，晋察冀军区第 5 军分区司令员兼政治委员。1944 年任陕甘宁晋绥联防军教导第 2 旅政治委员。解放战争时期，任东北保安副司令员兼沈阳市卫戍司令员，辽西军区司令员，东北野战军第 7 纵队司令员。1949 年任第 4 野战军 44 军军长，第 15 兵团司令员。参加了辽沈、平津、湘赣、广东等战役。中华人民共和国成立后，历任广东军区第一副司令员，第 13 兵团司令员。1950 年起任志愿军第一副司令员兼第一副政治委员，志愿军代司令员兼代政治委员。1954 年起任沈阳军区司令员，副总参谋长兼沈阳军区司令员。1977 年任军事科学院副院长。1955 年被授予上将军衔。是第一、二届国防委员会委员，中国共产党第八届中央委员，第九、十、十一届候补中央委员。1980 年 7 月 3 日在上海逝世。

1938 年年中，邓华与宋时轮率八路军第 4 纵队向冀东挺进，连克延庆、永宁、四海等城镇，以秋毫无犯的模范行动感染当地群众，广泛宣传了抗日救国的主张。特别是攻克被日伪统治五年之久的兴隆县城，震动了日伪当局，他们惊呼“延安触角伸进满洲，打乱了满洲的秩序。”

我的父亲邓华是抗日战争的参与者、亲历者。我小时候曾无数次听他讲抗战时期的战斗经历，从那时起心中对父亲及父辈们用生命和用鲜血打败侵略者，捍卫了中华民族的尊严产生无限的敬仰。近年退休之后，有了充裕的时间，翻阅了许多关于父亲抗战时期的资料，2013 年 8 月，原晋察冀军区老干部的后代 16 人组团，踏着父辈战斗过的足迹走了许多地方，12 日来到河北省兴隆县。走进兴隆烈士陵园，看到林立在陵园里为民族的解放、为捍卫国家的尊严而牺牲的烈士墓碑，我的泪水不禁夺眶而出，我们向前辈深深地鞠躬，表达对他们的无限敬仰之情。回忆起父亲的战友，父亲战斗过地方的知情人，讲述父亲有关抗战时期的往事，我的思绪万千，想念父亲的情感难以释怀，特别是父亲率领八路军第 4 纵队解放兴隆的一段往事，给我留下了难忘的记忆。

组建八路军第 4 纵队

1937 年 7 月，全面抗战开始后，父亲率部在晋察冀一带活动。1938 年 2 月，根据毛泽东主席指示，八路军总部命令晋察冀军区开辟平西（主要是指房山、昌平、宛平、涞水、涿县、宣化、怀来等地区），作为向冀东挺进的基地。晋察冀军区抽调骨干较多、战斗力较强的第 1 军分区部分军政干部和第 3 团，组成冀热察挺进军第 11 支队，父亲邓华任司令员兼政委，李钟奇任参谋

◇1939年晋察冀军区部分干部合影。前排右二起肖克、聂鹤亭，二排中为肖克夫人蹇先佛、左一为孙毅，三排右一为邓华。

长，林铁任政治部主任。11支队下辖三个大队，分别是31大队(团级，大队长季广顺、政委杨克武)、32大队(大队长王效国，后为赵文进，政委刘慎之)、33大队(大队长肖思明，政委李致远，副大队长陈群，总支书记包森)。此外，还有一支教导队，总兵力2500余人。2月20日，父亲率部从涞源出发，先行开辟平西根据地，做挺进冀热边的准备。4月，中共中央在《关于巩固与扩大晋察冀根据地的指示》中，要求晋察冀军区再分出一部分兵力，“向冀东、热边发展”。是月底，又从八路军120师和雁北支队抽调一部较强的干部和部队组成冀热察挺进军第12支队，宋时轮任司令员兼政委，伍晋南任政治部主任。宋时轮12支队下辖34大队(团级，大队长易耀彩，政委王再兴，总支书记张汉民)、36大队(大队长唐家礼，政委王季龙)、骑兵大队(大队长王正川，政委李炳勋)。此外，还有一个独立营，总兵力2800余人。随后由宋时轮率部，从山西大同一带出发，分两路挺进平西。

从2月到5月，父亲的第11支队和宋时轮的12支队在开创平西抗日根据地中，各大队均派出大批工作组，向人民群众开展广泛的宣传活动，建立了抗日政权和群众组织。经过几个月的工作和艰苦的战斗，解放了平西十

◇1939年平西根据地党政军领导合影。左三为邓华(任冀热察军政委员会委员),右一为马辉之,右二为肖克。

余万人口的广大区域,建立了房(山)涞(水)涿(县)、宣(化)涿(鹿)怀(柔)、昌(平)宛(平)等抗日联合县(工)委、县政府,大部分区村建立了工、农、青、妇抗日组织和游击队、自卫队等地方武装,初步建立了平西抗日根据地,为第4纵队挺进冀热边区奠定了基础。

5月25日,经八路军总部批准,宋、邓两支队合编为晋察冀军区第4纵队(军级),5300余人,父亲任政委,宋时轮任司令员,李钟奇任参谋长,伍晋南任政治部主任,苏梅任副主任。

第4纵队东征,解放兴隆

1938年6月1日,第4纵队主力集中在宛平斋堂,誓师东征。兵分三路:一路由宋时轮率34大队和独立营,沿途打南口,出居庸关,克昌平,直进兴隆边境;一路由父亲率31大队和33大队,夜袭康庄,连克延庆、永宁、四海、沙峪,进入密云重镇古北口;一路由伍晋南率36大队和骑兵大队,从青龙桥附近,经永宁、千家店,直到丰宁县的大阁。第4纵队东征十余日,行程250公里,共毙伤敌600多人(其中日军322人),缴获大批枪支、物资。但第4纵

◇1940年3月，邓华（左）即将赴晋察冀五分区任司令员时与晋察冀军区司令员聂荣臻（右）合影

队也伤亡200余人，其中纵队参谋长李钟奇受重伤，31大队党总支书记郑良武牺牲。

6月12日，聂荣臻致电毛泽东、朱德、彭德怀、刘少奇，请示第4纵队下一步行动的电文指出："为执行创造新的根据地之任务，拟乘敌空虚迅速进驻冀东，首先袭取兴隆，以该处为中心。现决定分两路进攻，宋支队进袭密云以东平谷、三河、蓟县，以便相机进占各县城；邓支队进逼兴隆成功后，则继续向东南地区发展。"

兴隆，位于河北省东北部，距北京140公里，长城北侧的雾灵山南麓，其东、南、西三面环长城185公里。这里山高路险，沟壑纵横，被日伪当局划为满洲国西南"国境线"之重地。县城驻有日军、伪满军、警察、日本宪兵司令部和特务机关等。打开兴隆县城这个大门，就能震撼整个热河，给日伪以沉重打击。第4纵队不顾十数天边行军边打仗的疲劳，在数百里的河段上抢渡潮白河，再越平（谷）、古（北口），兵分数路迅速行进至密云境内南田各庄、北庄，平谷境内镇罗营、将军关、靠山集一带。

6月14日，宋时轮司令员率34大队和独立营从将军关翻越狗背岭，来到黄鱼坑、小西天、朱家沟一带，指挥所设在黄鱼坑东山一个山洞里（后来当地称此洞"将军洞"）。第二天，父亲率领的31、33大队行进至密云县境潮河以南，接近明长城一带。此时，活动在兴隆县城周围的原遵化县委书记岳雨田，步行近百里，迎接第4纵队出关。当夜，父亲向33大队队长肖思明、政委李致远交代奔袭兴隆的具体作战方案。

6月17日凌晨,33大队1200余指战员,在大队长肖思明、政委李致远的指挥下,由岳雨田做向导,一举攻克墙子路、六道河日伪据点。六道河警察分驻所长高亦民在仓皇逃走前把第4纵队东进的消息,用电话通知了伪兴隆县长李济五、县警务科长崔国富,日军砻奶联队少佐冈本。与此同时,34大队从朱家沟一带进至杨树沟村的南火道;31大队出靠山集,经陡子峪、思家岭进北坎子村的马圈子。在第4纵队路经将军关时,原孙永勤抗日救国军中队长年焕兴(蓝旗营人)加入第4纵队行列,参加了攻打兴隆县城战斗。中午,31、33、34大队等集结到前苇塘一线。宋时轮司令员和我的父亲确定攻城方案后,命令33大队从西面进攻;34大队进入大小黄岩川,向雾灵山进发,从北面包围县城;31大队绕道南面进行包围。下午6时,33大队急行军十公里,翻过青灰岭梁,从县城西面冲破日军在黄酒馆、十四顷战壕阻击防线,击毙日军下级军官秋元丰等30余人后,包围县城。晚9时许,34大队大队长易耀彩率二营到达兴隆县城北山西部山脚下,31大队大队长季广顺率部绕道到达预定地点红石砬、小汗沟一带山谷之中。

6月17日晚10时,围城部队从四面向兴隆县城发起总攻。20多分钟后,33大队先头部队先后攻克县城南、北山的日伪军炮楼九座(共有14座)。33大队攻入县城后,与日军砻奶联队和伪军展开巷战,歼敌1部。1营攻入日本宪兵司令部时,日军司令上野和伪县长李济五、副县长正田四三男、县警务科长崔国富等人已潜逃大灰窑村的山中躲藏。午夜零时,33大队占领县城后,首先打开留置场(监狱),放出被日伪长期关押的苦难同胞,烧毁了伪县公署和警务科的部分档案。攻打兴隆县城战斗共毙伤日伪军300余人,其中,中、小队长军官十余人,俘敌40余人,缴获轻重机枪两挺,步枪500余支。至此,被日军侵占五年之久的兴隆县城被解放了。

6月18日上午8时许,从承德调集增援的800多名日伪军分乘18辆汽车到达县城东面的小东区西山湾处时,遭到33大队的伏击。双方激战到9时许,三架日军飞机(大肚子黑色飞机),出现在城区上空,进行狂轰滥炸,这是日军飞机第二次入侵兴隆领空。33大队占据有力地形,向日军反击。县城里的居民、商户自动组织起来,到阵地送饭送水,鼓励指战员英勇杀敌。东北山的一条山沟里,战斗异常激烈,日军飞机投下的一枚炸弹落在日军阵地，引起日军一片慌乱，副大队长陈群见此情景，从阵地站起来，扬手一挥，高喊："冲啊！"此时突然被日军冷枪击中，陈群手臂负重伤；一营营长赖汉仁，在向日军阵地冲锋时，被日机投下的炸弹击中不幸牺牲，年仅 23 岁。33 大队经过激烈战斗，歼灭地面日军 200 余人，击落日机一架（坠落在小汗沟村北口处），33 大队也伤亡百余人。在日军增援部队不断增加的情况下，33 大队为保存实力，在不影响战略意图的前提下，于中午前后撤出兴隆县城。在大苇塘北山沟举行赖汉仁营长追悼大会，掩埋了烈士的遗体。

6 月 21 日，第 4 纵队一部路经茅山的北三岔口、雨淋川、雁门关时，因沟河水猛涨，强渡河水时，被洪水卷走十数人，绕行至前干涧西山时，与日伪遭遇，4 纵队战士英勇还击，毙日伪军百余人。当日下午，31 大队到达平谷县境靠山集一带，34 大队到达蓟县马伸桥一带。

6 月 22 日，晋察冀军区聂荣臻司令员电贺宋邓支队，赞扬东征取得重大胜利，并指示 4 纵队："现既到达兴隆，就应在此开创根据地工作，依雾灵山向四周发展，并应以一部出黑峪关，破坏承德、滦平通往兴隆马路"。按照聂荣臻司令员电示，4 纵队向雾灵山四周进军。

同日，33 大队到达将军关、靠山集、镇罗营一线尚未站稳脚，23 日下午便遭到蓟县、邦均、平谷、承德、兴隆之敌 3000 余人（内有一个日军中队）的四面合围，在靠山集，因警戒疏忽，33 大队的一个营被冲散，敌遂攻进该镇。与此同时，承德、兴隆方面的日伪军从六道河九神庙方向组织进攻，第 4 纵队处在日伪军的四面包围之中。此时 4 纵队正在将军关开会，几名大队长坚持把靠山集夺回来。父亲当即决定，在军情骤变，情况不明时，应考虑保存实力，避其锋芒，只击一侧，突出重围，而后在回旋区作战消灭敌人。随即令 33、34 大队向狗背岭以北的朱家沟、赵家台一线出击，首先消灭六道河方面的日伪军，然后南进；31 大队向平谷县境镇罗营一带突围。当日夜，33 大队的一个营袭击九神庙，击毙日军 72 人。24 日，33、34 大队分别袭击六道河、五道河、马圈子日伪军据点，300 多名日伪军躲进北山。

第 4 纵队挺进冀热边区，并攻克兴隆县城，使日伪当局惊恐不安，惊呼："延安触角伸进满洲，打乱了满洲的秩序。"兴隆县城的解放，使沦陷五年之久的兴隆人民第一次看到共产党领导的八路军正规部队，受到极大的鼓舞，提高了抗日的勇气和坚定了抗战的信心。兴隆县城的解放，像一声惊雷，震撼了冀热大地，从此日伪军弃暗投明之举时有发生。

夜袭九神庙，打破日伪军二次合围，建立抗日民主政权

1938 年 6 月 23 日（农历五月二十六）上午，从古北口方向开来一部日军（丰田中队），行进至距兴隆 25 公里处的九神庙时，因天气炎热，便去河里洗澡。这一情况被住在朱家沟村小西天、黄鱼坑一带的第 4 纵队 33 大队两名侦察员探明。是夜，33 大队便出动一个营的兵力，冒着蒙蒙细雨，在当地农民范山林、贾为力、谢云廷三名向导的带领下，鸦雀无声地包围了日军的宿营地，袭击了九神庙。九神庙村，位于六道河镇境内，四道河东、五道河西，是兴隆通往北京的必经之路。全村只有 30 多户人家，村东面有个九神庙，庙旁边有所小学校，有正房三间，东厢房四间，西面操场与伪乡公所相连，前面院墙有个门楼。两名战士从村东头的青纱帐里匍匐前进，趁其不备，挥动大刀砍掉站在学校两侧的两名日军哨兵。随后 10 名轻装突击队员翻墙而入，悄悄把大门打开，紧跟在后面的战士入院。时值炎热季节，各屋门窗都敞开着，日本兵个个赤裸裸地熟睡。33 大队战士迅速悄然进入屋内，抡起大刀，对准日本兵的脑袋连连砍了起来，那些被惊醒的日本兵还没弄清怎么回事，便已身首异处，整个战斗只用了20 多分钟。天亮后，兴隆增援的日伪军和当天晚上从后深峪出沟也宿营在九神庙村西面农民家里的日军一起打扫战场，就地火化 48 具尸体，运往县城的 24 名重伤员，到兴隆后全部死去。不久，日军在九神庙南山立一个四方木桩，上写“大日本帝国关东军丰田部平冢少尉以下七十二人战死之地”。

这是第 4 纵队挺进兴隆后，第一次成建制的歼灭日军的一次战斗，这次战斗的胜利，震慑了日伪当局，坚定了当地民众的抗战意志，兴隆人民欢欣鼓舞，奔走相告。

25 日，第 4 纵队由墙子路转移到兴隆境内清水湖、肥猪圈（地名）附近，打破了日伪军的第一次包围，并在肥猪圈和马圈子两地召开了纵队党委扩大会议。父亲决定先建根据地，并采取分散活动的办法行动，各部队活动

区域是：31 大队以兴隆境内车河口为中心活动，伺机向承德、平泉发展；33 大队以兴隆县半壁山为活动中心，向遵化、迁安发展；34 大队在平谷、密云、蓟县地区；36 大队调至兴隆，骑兵大队由纵队控制，在 31 和 33 大队沿长城之间活动；独立营仍在雾灵山周围开辟根据地。这次会议，是第 4 纵队东进以来一次关键性的会议，统一了全军的行动指挥思想。

在第 4 纵队召开会议的同时，日伪军沿盘道岭进至兴隆境内红梅寺、密云县境内曹家路、新城子一线，进行第二次合围。为打破日伪军的围攻，第 4 纵队决定：在转移前先行突击敌人，配合地方抗日群众抓汉奸，开展破坏交通线大战。令 34 大队奔袭密云县境的纪家营、新城子据点；以一个营的兵力协同当地民众破坏承德至兴隆、承德至板古岭、古北口至兴隆的汽车路，在横穿雾灵山东山腰的盘道岭上，卡敌人物资，砸敌人汽车，并把这几条路拦腰挖断数节，砍倒数十里电话线杆；抓捕处决上窝铺铁杆汉奸。令独立营突袭石匣、古北口之敌；33 大队再度袭击六道河据点数十人。

路断了，日伪军的车不能通，兵不能行；汉奸被除掉了，日伪军失去了耳目，处于被动挨打的处境。4 纵队趁机迅速分头向预定的区域转移。34 大队趁敌人北调，旋回蓟县、平谷等地区；36 大队和骑兵大队向南水峪、北水峪、熊耳寨、狗背岭一带穿插；独立营则在雾灵山周围活动；直属部队及 31 大队、33 大队东进大水泉一带。至此，打破了日伪军的第二次合围。

1938 年 7 月初，宋时轮率 34 大队由兴隆撤出后，开进蓟县马伸桥，第 4 纵队政治部主任伍进南率 36 大队和骑兵大队进入怀柔县境内头道梁一带，建立了滦(平)昌(平)怀(柔)抗日联合县，第 4 纵队政治部民运科长刘国梁任地方工作委员会主任(县委书记)民运干事张书砚任县长。随后转入兴隆、密云、承德等县交界处的潮河川和大小黄岩一带活动。8 月，大队长唐家礼、政委王季龙率 36 大队一、二营 600 余人，攻占承德县警察局，毙俘警察署长以下 80 余人，缴获机枪两挺，步枪 60 多只。

7 月中旬，独立营开辟雾灵山地区，首先攻克鹰手营子伪警察署和东梅寺据点，毙伤敌 50 余人，缴获机枪一挺，步枪 30 余支。随后在兴隆大小黄岩及兴隆与滦平交界地区，建立兴(隆)滦(平)丰(宁)抗日联合县，杨春圃任县长。

7月15日,33大队和直属队,经红梅寺涉柳河进至寿王坟、双庙、糜子地、大水泉一带。这里日伪统治已有四五年之久,长期推行奴化教育,有些伪村公所甚至是农户家门上贴上写有"服满洲风调雨顺,拥皇军国泰民安"的对联,不允许买卖粮食给八路军,八路军住过的地方被乱杀乱烧,当地民众见到八路军只得违心地躲避起来。33大队和直属部队在此休整数日,南进横河、黑河、潵河,因连日阴雨,山洪暴发,涉水未成,又向北折。31大队到滦河与柳河、车河汇合处的车河口,因河水猛涨也难以过河,两个大队均不能到达预定的作战位置,暂集中车河口。其中一个大队进入车河川,袭击一个小村子,一个连四面攻击,没有半个小时结束战斗,打死打伤日伪军十数人。此时西部鹰手营子和兴隆之敌尾追,南面和北面承德方向调集三个团的兵力进行包抄,而东面则是数米深的滚滚滦河。此时,4纵队面临险境。

根据当时实际情况,父亲决定立即转移,令31大队孔令英连夜袭承德飞机场;令一个营就地接收伪满洲军的投降,并召开代表大会,建立承(德)兴(隆)平(泉)抗日联合县,赵振忠任工作队长(县委书书记),王巍(维)任县长(即朴一禹,朝鲜人。1945年9月回国,曾任朝鲜邮电相)。

临近7月下旬,33大队和31大队先后经双庙向半壁山前进,预定经罗文峪向遵化、迁安进发。但是,河水仍在猛涨,潵河不能通过,两个大队受阻于潵河、横河西北三角地带半壁山附近。

一天下午,负责殿后的33大队第3营完成牵制敌人的任务,正向半壁山主力部队靠拢之际,敌人又尾追到半壁山以西。大队主力立即配合三营进行反击,从下午5时许,一直打到黄昏时刻战斗才结束,历时3小时战斗,歼敌100余人,半壁山伪警察署长妹尾辰二等逃跑,33大队伤亡30多人。

33大队南进至潵河受阻之后,又返回西折。7月21日经茅山抵蓟县下营,此时蓟县地下党负责人李子光派王书武、王蕾与33大队接头。当日下午到达靠山集与主力会合,并一举击溃当地的伪军千余人。7月31日,在地方抗联配合下,33大队攻占蓟县县城。8月13日,33大队奉命东进,在遵化、丰润、玉田边界处,建立丰(润)玉(田)遵(化)联合县,刘慎之任县长。

7月22日,直属队与31大队到达将军关附近,与主力部队汇合,然后奉命东进。8月初,父亲率31大队全部渡过滦河,4日夜攻占迁安,缴获步枪百余支，汽车两辆及大批物资。

第4纵队在不断与日伪军作战的同时，还经受了艰苦生活的考验。被日伪统治5年之久的兴隆，因日伪严密控制和宣传，诬称共产党、八路军是"胡子"、"马猴子"，"杀人放火"、"共产共妻"，造成有些群众躲进山里不敢接近，有时部队数天进不了村庄，经常是几天几夜不能睡好觉。此时正值阴雨连绵，山洪暴发，河水猛涨，指战员们只能整天穿着湿淋淋的衣服，跋山涉水，冒雨行军，不少战士的草鞋都已磨破，腿和脚被石碴划破，被柴茬扎出血，只能赤脚行军作战。33大队长肖思明也光了七八天的赤脚，腿脚泡烂，仍坚持一手扶枪，一手拄棍行军。骑兵大队的战马蹄子被泡软，不时脱臼，仍在艰难行军作战。在这种非常时刻，战士们每到一地，大多数露宿在居民屋檐下，山野砬棚壁根，常常不能安锅做饭，饿了吃一把炒米，渴了喝一口雨水。即使这样，第4纵队指战员仍坚持做好群众工作，以秋毫无犯的模范行动影响群众，他们对年迈的老人称呼大伯大娘，对同龄人称大哥大嫂，对年龄小的称弟弟妹妹。第4纵队纪律严明，作战英勇，联系群众，使兴隆人民赞叹不已。说："从古至今，开天辟地，就没看见过不欺压老百姓的军队。他们不拿群众一针一线，真是救国救民的好军队。"这样一传十，十传百，很多民众报名参加队伍，同时冀热边地方党组织发动群众参军参战，出现了许多父送子、妻送夫的动人场面。广大民众踊跃报名参军，不仅使正规部队的兵源得到补充，同时扩大了地方抗日武装，为第4纵队西撤后，在兴隆建立巩固抗日根据地，奠定了坚实的基础。

杨得志血战平型关

◇杨秋华

杨得志【1911.1 ～ 1994.10】

杨得志，湖南醴陵南阳桥人。1928 年参加工农革命军，同年加入中国共产党。土地革命战争时期，历任中国工农红军第 4 军 11 师排长，连长，第 45 师管理科科长，第 93 团团长。1933 年起任红 1 军团第 1 师 1 团团长，副师长，第 2 师师长。参加了长征。抗日战争时期，历任抗日军政大学队长，八路军第 115 师 343 旅 685 团团长，344 旅副旅长，代旅长。1939 年起任冀鲁豫支队支队长，八路军第 2 纵队司令员，冀鲁豫军区司令员。1944 年任陕甘宁晋绥联防军教导第 1 旅旅长。解放战争时期，历任晋冀鲁豫军区第1纵队司令员，晋察冀野战军第1纵队、第2纵队司令员。1947年任晋察冀野战军司令员。1948年任华北军区第2兵团司令员。1949年任第19兵团司令员。参加了邯郸、正太、青沧、清风店、石家庄、平津、太原、西北等战役。中华人民共和国成立后，任第19兵团司令员兼陕西军区司令员。1951年起任志愿军第19兵团司令员，志愿军副司令员、司令员。1954年任军事学院战役系主任。1955年起任济南军区司令员，武汉军区司令员，昆明军区司令员。1980年起任国防部副部长，总参谋长，中共中央军委副秘书长。1955年被授予上将军衔。是第一、二、三届国防委员会委员，中国共产党第八、九、十、十一届中央委员，第十一届中央书记处书记，第十二届中央政治局委员。1994年10月25日在北京逝世。

平型关大捷永载抗战史册。亲率115师685团参加此役的杨得志曾这样写道:平型关是英雄关,因为她是先烈们用鲜血洗染过的!平型关是难忘的关,因为她记载着中国人民抗击日寇的第一次伟大胜利!

1937年8月25日,中央军委根据中国共产党同国民党达成的协议,将中国工农红军红1、红2、红4方面军及陕北工农红军主力改编为国民革命军第八路军。9月11日,按全国统一的战斗序列,改称为第18集团军,朱德任总司令,彭德怀任副总司令,叶剑英任参谋长,左权任副参谋长,任弼时任政治部主任,邓小平任副主任,下辖第115、第120、第129师和总部直属队,总兵力4.6万人。但八路军的称呼仍被广大指战员和人民群众习惯地沿用下来。

◇1937年7月至8月,第115师第343旅第658团团长杨得志(中)与战友合影。

这时我父亲杨得志正在抗日军政大学学习,为了抗战,他们提前结业。父亲被聂荣臻要回了老部队任命为115师685团团长。

第115师由红1方面军第1、第15军团和陕南第74师编成,师长林彪,副师长聂荣臻,下辖第343、第344旅和独立团及三个直属营等。

9月21日,八路军总部命令第115师在晋东北地区活动,第120师挺进晋西北抗日前线,第129

师准备开赴晋东南地区。

9月下旬，日军已兵分两路向太原方向推进，一路由大同进犯雁门关；一路由蔚县、广灵前进，企图突破平型关攻占太原，从而迫使国民党军撤退，达到不战而取华北五省的目的。阎锡山深感日军此举威胁山西的腹心地区，多次要求八路军尽快向灵丘方向开进，阻滞日军的攻势。正是在这种情形下，第115师急驰华北前线。父亲率先头部队途经介休时，接到通知要他到太原后进城去见师长林彪。林彪询问了部队的情况，交代他要加快北上的速度，把部队开到平型关一线。

9月23日，八路军总部向第115师下达向平型关开进的命令。聂荣臻率部火速赶到上寨同林彪会合。林彪告诉聂荣臻，日军的大队人马正向平型关方向运动，这里的地形不错可以大打一仗。聂荣臻同意林彪的意见，并说不仅要打，还要考虑怎样打好，这是八路军同日军的第一次交锋，全国人民都看着呢，必须打好，打出八路军的威风，给全国人民的抗日情绪来一个振奋！

林彪同聂荣臻研究决定，在辛庄至小寨村一带设下"八里埋伏"，居高临下伏击日军。并命令独立团和骑兵营绕到平型关东北截断日军的交通线，阻敌增援；第343旅的第685团、第686团、第687团为主攻；第344旅的第688团为师预备队；攻击部队全部在南侧山地设伏。林彪布置完任务后，提高嗓门说："八里埋伏之计，就是在小寨村至老爷庙一段长八公里的狭沟，集中兵力伏击敌人。第685团埋伏在老爷庙以南一带，这是袋底。杨得志，不能让鬼子把口袋捅破。"

平型关位于山西东北部古长城上，自古以来是晋、冀两省的重要隘口。关内关外，群山峥嵘，层峦叠嶂。关前有一条公路，蜿蜒其间，一直通向灵丘、涞源，地势险要。这也是日军坂垣师团第21旅团侵占平型关的必经之路。从关前至东河南镇之间的十余里公路，路北侧山高坡陡，极难攀登，路南侧山低坡缓，易于出击。

9月24日，第115师在上寨村召开连以上干部动员会，会上林彪宣布了作战部署：独立团、骑兵营绕到平型关东北截断日军交通线，阻止日军增援，以第343旅两个团为主攻，第344旅一个团到平型关北面断敌退路，一个团作师的预备队。攻击部队全部在平型关东侧山地设伏，准备给日军以猛烈打击。聂荣臻进行了政治动员。

当晚，各部队冒雨向预定阵地开进。当时大雨倾盆，狂风不止，加上天黑路滑，行动十分困难。指战员们个个浑身淌着雨水和泥水，冒着风雨前进。

9月25日拂晓，雨过天晴，曙光初照，部队经过一夜的风雨行军，按预定时间赶到了目的地。在十里长沟埋伏的，是由父亲率领的第685团和由李天佑率领的第686团；第687团奉命隐蔽地穿过沟，占领了东河南以北的高地，以便切断敌军后路；第688团因山洪阻隔停止强渡，作为师预备队暂未进入阵地；杨成武的独立团和刘云彪的骑兵营已分别向平型关东北和以东开进，配合主力作战。

大战在即，父亲对打好这一仗信心十足，他的三个营个个都很过硬。第一营是朱德从南昌起义带出来的；第二营是跟毛泽东参加秋收起义上了井冈山的；第三营是黄公略领导的红三军的底子。这三个营的许多战士都是参加过长征的老同志，三位营长都当过团一级领导，可以说是身经百战了。但这毕竟是第一次同日军作战，要非常谨慎。父亲回到团指挥所后，再三提醒三位营长，要认识到这次战斗非同一般，政治意义更加重大，并要求他们告诉所有的同志。他还强调，人民把希望寄托在八路军身上，党中央和中央军委首长在等待着胜利的好消息。这一仗一定要发扬我军敢打敢拼，不怕流血牺牲的传统作风，彻底消灭日本侵略者！打出八路军的威风来！打出中国人民的志气来！

三位营长刚走，邓华就冒雨回到团指挥所，他刚分头到各连作了战前动员，邓华对父亲说："一句话，劲头都集中到刺刀尖上了，就等吹冲锋号了。"

将近7时，山沟里便传来日军汽车的马达声，日军人马已隐约可见。日军坂垣师团第21旅团的辎重和后卫部队，共4000余人，前面是100余辆汽车，接着是200余辆骡马大车，车上坐满了日本兵，再后面是驮着九二式步兵炮的骡马和骑兵。车马连成一线，马达声、马蹄声充斥在山间里。他们得意洋洋，大摇大摆地走着，犹入无人之地。

战士们的枪膛里压满了子弹，机枪射手们已经在瞄准了，他们都时不时地望望团长。父亲感觉到大家的心都在剧烈地跳动，双眼紧盯着公路的拐弯处，当日军的头几辆汽车开到预定的射击位置时，正好师部的三颗红色信号弹腾空而起。父亲鸣枪命令：“全体冲锋！”

顿时，号声、枪声、手榴弹爆炸声响彻长空，整个山谷怒吼了！最前面的几辆日军汽车已被一营炸翻着火，随后的车马相撞，乱作一团，鬼子嗷嗷乱叫，惊恐万状，纷纷跳车四处散开准备顽抗，有的凭借车体掩护进行还击，还有部分日军拼命地往山上爬。

父亲见状，判断日军是想占领制高点，立即传令各营；“附近的制高点一个也不准鬼子占领！”正在指挥全营在公路上阻击日军的一营长接到命令，马上命令一、三连向公路旁的两个山头冲去，先敌一步冲到山顶，紧接着反冲下来，一顿猛打，将冲上来的日军全部歼灭。四连抢占的山头，被日军抢先一步占领，连长负伤，一排长主动指挥，采取两面夹击夺回山头，并将日军逼到沟底消灭。

就在部队同日军争夺制高点时，日军的飞机来了。父亲再次传令：“让战士们尽量靠近敌人拼杀!”敌机见此情景，既无法扫射，更无法投弹，绕了几圈只好飞走了。

激烈的肉搏战早已在第二、第三营的阵地上展开。第二营五连连长曾贤生率先向日军突击，20 分钟内，带领全连用手榴弹炸毁日军 20 多辆汽车。在白刃格斗中，曾贤生一人刺死十多个日本兵，他自己也多处负伤，成了一个血人，当一群日本兵再次向他逼近时，他拉响了最后一颗手榴弹与日军同归于尽。曾贤生的壮烈举动激励着

平型关是英雄关，因为她是先烈们用鲜血洗染过的！

平型关是难忘的关，因为她记载着中国人民抗击日寇的第一次伟大胜利！

杨得志

◇父亲为平型关大战题字

身边的战友前仆后继，英勇杀敌，最后全连只剩下30多人，仍坚持与日军顽强拼杀。

这的确是一场血战，是意志的搏斗，也是毅力的考验。日军简直是一群亡命之徒，即使负了重伤仍然顽抗，只好将之击毙。激战一直持续到下午，进入伏击圈内的1000多日军被全部歼灭。

平型关大捷，震惊中外！打破了“皇军”不可战胜的神话，打出了中华民族的志气，打出了中国共产党和八路军的声威，极大地鼓舞了全国人民抗战的决心和信心。平型关，已经成为中国人民不畏强敌、无坚不摧的伟大民族精神的象征。

父亲曾写下了这样的词句：

平型关是英雄关，因为她是先烈们用鲜血洗染过的！

平型关是难忘的关，因为她记载着中国人民抗击日寇的第一次伟大胜利！

平型关已经载入光荣的中国人民革命的史册！

宋时轮支队战斗在雁北

◇宋百一

宋时轮【1907.9 ～ 1991.9】

宋时轮，曾用名际尧，别名之光。湖南醴陵黄村人。1926年入黄埔军校学习，同年加入中国共产主义青年团。1927年转入中国共产党。1929年参加中国工农红军。土地革命战争时期，历任湖南萍醴游击队队长，湘东南第2纵队政治委员，红军学校第四分校校长，红35军参谋长，独立第3师师长，红21军参谋长兼61师师长，红军大学第2大队大队长，红15军团作战科科长。1936年任红30军、红28军军长。参加了长征。抗日战争时期，历任八路军第120师716团团长，雁北支队支队长兼政治委员。1938 年任八路军第 4 纵队司令员。1940 年入中央党校学习。解放战争时期,历任津浦前线司令部参谋长,驻北平“军事调处执行部”中共代表团执行处处长。后任山东野战军司令部参谋长,渤海军区副司令员。1948 年任华东野战军第 10 纵队司令员。1949 年任第三野战军九兵团司令员。参加了泰蒙、淮海、渡江、上海等战役。中华人民共和国成立后,任兵团司令员。1950 年起任志愿军副司令员,兵团司令员。1952 年起任总高级步兵学校校长兼政治委员,军事科学院第一副院长兼计划指导部、外军研究部部长,1972 年任军事科学院院长。1955 年被授予上将军衔。是第一、二、三届国防委员会委员,中国共产党第八、十届候补中央委员,第十一届中央委员。在中国共产党第十二、十三次全国代表大会上被选为中央顾问委员会常务委员。1991 年 9 月 17 日在上海逝世。

八路军120师挺进晋西北后，派出宋时轮率900余人编成雁北支队，兵出雁门关，深入敌后开展独立自主的游击战争，四处袭扰日军，同时做好统一战线和群众工作，取得一个又一个的胜利，打开了雁北抗日斗争的局面。

七七事变之后，为实现全民族抗战，中国工农红军遵照中共中央关于主力红军迅速改编的决定，于1937年8月25日改编为国民革命军第八路军，辖第115师、第120师、第129师和总部特务团。第120师以红2军团和红28军编为358旅，辖715、716两个团，红2军团四师改为715团，红2军团六师和红28军编为716团；以红6军团和红32军编为359旅，辖717、718两团，红6军团改为717团，红32军和红军总部特务团一个营合编为718团、教导团；以红27军军部警卫营改编为师直属炮兵营、辎重营，以独立1师及陕北独立团改为师直属特务营，以独立2师改为师属工兵营，以骑兵第1团改为师直骑兵营。父亲宋时轮任第358旅第716团团长、廖汉生任副团长、曾来古任参谋长、伍晋南任政训处主任。

1937年9月2日，父亲带领部队在陕西富平县庄里镇参加了第120师抗日誓师大会。3日，全师启程，经韩城县芝川镇向山西抗日前线开进。9日，从芝川镇外黄河渡口渡河。11日，进入山西。下旬，进至晋西北宁武、神池地区。

9月底，日本关东军察哈尔派遣兵团突破国民党军茹越口、下社村内长城防线，直逼繁峙，威胁平型关、雁门关侧后。贺龙主持第120师军政委员会在神池县义井镇召开紧急会议。会议决定由父亲率领716团2营为骨干，组成独立支队，北出长城，到雁门关以北敌占区打游击，迟滞日军向神池、宁武的进攻，想办法拖住日军的后腿。师军政委员会会议的第二天，父亲就带领由900余人组成的支队，从晋西北向雁北朔县、平鲁、山阴、右玉等地区进发。

一、兵出雁门关

◇1938年5月,120师宋时轮支队由雁北到达平西,与邓华支队合编为八路军第4纵队。挺进中的第4纵队。

日军侵占山西的战略企图是以此作为华北作战的补给基地,特殊的地理位置决定了雁北地区成为了日军抢占的重点地区。雁北地区位于雁门关外,古长城以南,同蒲铁路以西,北接绥蒙,东连晋察冀边区,辖左云、右玉、山阴、怀仁、平鲁、朔县和大同的一部分;西雁北由于地形的毗连,一直与绥蒙的清水河、和林、凉城、丰镇等县连接在一起,统称雁北地区,属晋绥第五分区。晋西北是中共中央所在地陕甘宁边区的门户,西雁北则是这一门户的屏障,也是中共中央和晋绥边区联系绥蒙的通道,在对日作战和保卫陕甘宁边区方面有着极为重要的战略作用。

父亲率部北上进军途中,遇到败退南撤的国民党东北军骑兵第2军。其军长何柱国见到他说:"日本人不好对付,我们的炮弹落在他们的坦克上毫无作用。我自已也几乎送了命。"他企图说服父亲命令部队停止北进,与东北军一道南撤。面对国民党军的"恐日病",父亲说:"我们是共产党领导的八路军,我军的根本任务是解除人民群众的疾苦,现在雁北的父老姐妹正在遭受日本人的屠杀、蹂躏,我们不能置若罔闻。国家兴亡,匹夫有责,只要紧紧依靠和团结广大人民群众,积极开展山地游击战争,任何强大的敌人都是能够被消灭的。"

10月1日,父亲率领支队攻占了井坪镇(今平鲁县)。3日,他将支队兵分两路：一路袭击马邑、安荣桥，击溃部分守敌；另一路进攻岱岳镇，予敌以重创。4日，又率队折行向西，收复了平鲁县城。几天之内，完成了贺龙师长计划占领井坪、收复平鲁的第一步任务。6日，朱德命令"宋支队背靠岱岳镇以西山地后，应即向岱岳镇、怀仁、山阴活动，破坏公路交通"。7日，父亲率支队袭击岱岳，攻占该镇以南榆林、马邑，破坏桥梁数座。

二、袭扰日军补给线

日军为准备忻口会战，日夜不停地运送武器、弹药、给养和其他物资。南辛庄是敌汽车队由北向南的必经之路。父亲在支队作战会议上介绍情况：南辛庄的公路上有一座木桥，在桥的北侧，有个二三十米高的土坎子，支队如果在土坎子后面设伏，居高临下，敌人的运输车队就会完全控制在我们的火力网内，能打一个漂亮的伏击战。

10日，父亲带领支队进入预伏阵地设伏。傍晚，日军的运输车队满载着武器、弹药和给养向大桥驶来，车队的第一辆车行至桥下，见桥板都被拆了，便停了下来，后面的汽车则一辆接一辆全部堵塞在我伏击圈内。时机成熟，父亲一声令下，急促而密集的子弹，如瓢泼大雨般向大桥、公路倾泻而去，很快多辆汽车便着火了，车上的弹药因起火而爆炸，负责运输的日本兵顿时被打得乱成了一团。

13日，国民党正面战场忻口会战拉开战幕。日军向雁门关以南忻口运送物资的线路有两条：一条是从大同经雁门关至忻口；一条是由张家口至蔚县、广灵、灵丘、平型关、繁峙至忻口。交通线是日军供给保障的生命线，贺龙认为：断敌运输线，使忻口前线日军断粮断弹，是配合友军正面作战的最好手段。

父亲当时得到情报：日军每天由大同经雁门关，不断向忻口前线运送弹药，这条线路是敌人重要的运输线。根据这一情报，他指示陈仿仁率两个连在当地游击队的配合下，于山阴县的北周庄伏击日军运输队。依据地形，陈仿仁计划，机枪放在路南大沟附近，部队埋伏于大沟以北公路两侧，以土墙和地埂作掩体，敌人由北向南行驶，车队进入伏击圈内，南边机枪迎头痛击，两侧伏兵向敌夹击，力争速战速决。16日黄昏，部队按时进入伏击阵地，指战员听到命令，沿公路两侧埋伏的战士们立即向敌人车队投掷手榴弹，顿时火光冲天，烟雾滚滚，随车押运物资的日军兵力不多，最终13辆运送物资的汽车全部被炸毁，日本兵30多人被打死，3人被俘。从这以后，日军大同经雁门关到忻口的交通线被父亲率领的支队切断了。23日，父亲又率领支队伏击了由大同至岱岳的日军运输队，击毙了敌军100余人，炸毁了汽车十余辆。

父亲率领支队在不到一个月的时间里，主动出击、积极作战、连续获胜，初步打开了雁北地区的抗日局面，为中共陕西省委派驻雁北工作的干部立足于平鲁县，发动群众开展抗日武装斗争创造了十分有利的条件。

三、立足雁北　开创敌后游击根据地

10月21日，毛泽东在给朱德、彭德怀、周恩来的电报中指出："宋时轮团全部（分割之部分应归还建制）准备长期活动于长城以北大同、雁门以西地区，东与杨成武，西与一二〇师主力相呼应。"

父亲率领支队东进洪涛山区。支队进驻洪涛山区腹地时，他发现各村都很少见到村民。经过了解才知道：洪涛山腹地十分落后，国民党反共宣传对这里的百姓影响很大，加之侵华日军实行的"三光"政策和当地土匪的抢劫骚扰，当地人民群众对军队存有严重的怀疑和恐惧，见到部队来，就立即外出躲避，八路军到达的时候也是这个样子。在支队干部会议上，父亲对大家说："失掉了群众就等于灭亡了自己，反侵略战争需要动员整个民族的力量，我们要用实际行动来感动人民群众。"

他严肃了支队的政治纪律，官兵一致，忍受了十一天没有吃油盐及一天只吃一餐的痛苦，无论多么艰苦不动群众一草一木，积极打击日寇汉奸，并肃清为群众所痛恨的山野散匪，当地人民群众看到八路军坚决抗战，纪律严明，特别是解决了他们切身利益相关的安全问题，终于打破了他们的恐惧和疑虑。

父亲带领支队官兵，在雁北敌后广泛开展游击战争，打得日军厚宫师团惊恐不已。为了巩固后方、确保交通运输线的安全,1938 年 1 月上旬,日军集中 2400 多人,分 5 路向我军实施大规模的“围剿”。父亲率部采取了声东击西的战术,指挥支队主力在大同附近袭击车站、仓库,破坏道路交通,迫使“围剿”的各路日军无功而返。

2 月底,日军又集中 3000 多兵力,对父亲的支队实行第二次围攻,结果又宣告失败。

3 月,日军又进行第三次围攻。支队在占据有利地形的条件下,同敌人激战一昼夜,日军被全部击退。

父亲率部不断打胜仗的消息在群众中传开,极大地鼓舞了当地人民的抗日热情。父亲组织支队作战和开创抗日根据地,每走一步都得到了地方党组织的大力支持。支队根据党中央毛主席的指示精神,紧紧依靠广大人民群众,宣传我党抗日救亡主张,积极开展统一战线工作,发动、组织人民群众参加抗日游击战争和各种抗日救亡团体。这一行动很快赢得了当地广大人民和各阶层人士的拥护,使我们在晋西北地区站住了脚跟,使党的组织和人民抗日武装力量迅速发展壮大起来,使西雁北地区的人民抗日局面逐渐形成。

早在 1937 年 11 月,父亲接到贺龙同志指示:在统一战线原则下,要独立自主地放手发动群众,壮大自己的力量,自力更生,在雁北敌后的广大乡村普遍建立起抗日游击根据地。

父亲率领支队在洪涛山区站稳脚跟后,派出一批干部、战士组成武装工作团(队),分头深入洪涛山区各个村庄宣传、组织、武装群众。他在支队动员大会上说:“做群众工作是人民军队的三大任务之一。只有使广大群众把我军看成是自己的子弟兵,从人力、物力、财力等各方面支援我军对敌作战,才能形成陷敌于人民战争的汪洋大海。”

羊圈沟村是个煤矿工人居住比较集中的村庄,工人阶级有着朴素的阶级觉悟和民族意识,父亲亲自带工作组深入到这个村,以羊圈沟的矿工为主,联络周围各村的矿工,很快成立了矿区工人抗日救国会。在这个基础上,又以矿区工人为主体组织了一支矿工抗日自卫队,配合我父亲的支队开展了站岗放哨、传送情报、锄奸反特等活动。他在指导地方党组织做好工作的时候提出:“当前你们的主要任务,一是实行合理负担,为抗日部队筹集资金、粮食;二是宣传和动员农村青年参加八路军,为我们的主力部队输送兵员;三是组建抗日游击队、锄奸队、自卫队,坚持就地开展游击战争。”

按照总政治部“努力发展地方党员成立支部”的要求,父亲率领支队在不长的时间里,先后在山阴县的口前、史家屯、偏岭、芍药沟,平鲁县的双碾、柳沟、东巷,怀仁县的吴家窑、鹅毛口,左云县的下山井、水窑、冯家窑、羊圈沟等40多个村庄,发展党员100多名,建立党小组和党的基层支部20多个。

抗日武装力量的建设,是根据地建设和发展的重要任务。1937年10月底,父亲派支队民运股长刘国梁帮助地方组建武装,同时收编杂牌部队。这一行动不但发展壮大了支队,也巩固了以洪涛山为中心的抗日游击根据地。

1938年1月,八路军第120师进行整训,整训中雁北游击队编入父亲的支队,同时支队改名为雁北支队。

在成立地方县级政权组织中,中共晋绥边工委和雁北支队都十分注重吸收当地的开明绅士和知识分子等各方面的代表人物参加抗日救国会的工作,并且有的还被委以领导职务。大(同)怀(仁)左(云)抗日救国会后来经上级批准,改组成民族革命战争战地总动员委员会,就是为了便于抗日统一战线工作顺利开展。这个战地总动员委员会吸收长流水村地主曹家的子弟曹和担任副主任。西雁北地区各县的救国会或战地动员总会政权组织成立后,各区、乡、村基层的党组织和基层政权组织也自上而下地建立起来,还有农民救国会、妇女救国会、青年救国会等群众组织相继成立。这些组织在成立过程中,积极贯彻共产党的统一战线政策,广泛联系和团结各阶层人士,调动他们的积极性,以各种方式支援抗日战争。

左云、右玉、凉城地区,虽然是贫困山区,也还是有不少的富户、大户,他们有钱、有粮,又有影响,其中的大多数,不愿意做亡国奴,是愿意支持抗战的。为此,中共晋绥边工委和雁北支队在这一地区的武装工作队按照党的《抗日救国十大纲领》的精神,上门去做富户、大户人家的工作,促使他们积极地为抗日出钱、出粮、出力。二窑子村有一家富户,七七事变前当过甲长,听说游击队缺少武器,一次就交出步枪十余支。厂汉营有两家富户为扩大地方的抗日武装,捐出大洋5000块。还有几家富商号联合起来提供各种物资，解决了医疗药品和日用品的困难。不少富户的子弟参军参政，直接加入到抗日斗争的行列中。

中国共产党在《抗日救国十大纲领》中指出：动员全国陆海空军，实行全国抗战。在洛川会议上，毛泽东强调：在国共两党合作的基础上，建立全国各党各派各界各军的抗日民族统一战线，领导抗日战争，精诚团结，共赴国难。父亲认为，毛泽东的这些关于统一战线的指示，落实到支队必须做到两条：一是国共两党合作抗日，反对共同的民族敌人，说明在这个方面两党具有共同点，这是思想认识方面的一条；二是在实际工作方面要团结友军、团结一切可以团结与联合的武装打击日寇。在攻打平鲁城的时候，国民党骑兵第2军何柱国的一部分兵力配合父亲的支队作战，父亲马上找来第7连指导员钟辉琨交待：一定要尽我们的可能照顾好骑兵部队，这是我们支队做好党的统一战线工作最实际的事。

1937年10月至1938年5月，雁北支队在同蒲线以西、京绥线以东，同日军进行大小战斗百余次，击毁日军汽车390余辆，歼灭日军2000余人，缴获各种武器1000余支（挺）；使自身得到了扩充和发展，组建了司令部机关，由开进时五个连扩建为三个营、一个骑兵大队、八个挺进队（挺进队相当于连），总兵力达2000余人。

1938年5月14日，八路军总部致电第120师和晋察冀军区，指示：宋时轮支队与邓华支队会合后，组成一个纵队，以宋时轮为司令员，邓华为政治委员，李钟奇为参谋长。该纵队受聂荣臻指挥，任务是挺进冀东、热南、察东北，以雾灵山区为中心，开辟并创建抗日根据地。自此，父亲转战冀东，投入了新的斗争。

陈再道在冀南的抗战

◇陈江平

陈再道【1909.1 ～ 1993.4】

陈再道，湖北麻城乘马岗程家冲人。1927 年参加黄麻起义。1928 年加入中国共产党。土地革命战争时期，历任中国工农红军第 4 军 1 师 3 团排长、连长，11 师 12 团营长，11 师 31 团团长。1935 年任红 4 军 11 师师长。1936 年起任红 4 军副军长、军长。参加了长征。抗日战争时期，任八路军第 129 师 386 旅副旅长，独立旅旅长。1938 年任东进纵队司令员。1940 年任冀南军区司令员。解放战争时期，任晋冀鲁豫野战军冀南纵队司令员，第 2 纵队司令员，中原野战军第 2 纵队司令员。1949 年任河南军区司令员。参加了上党、邯郸、羊山集、进军大别山、淮海等战役。中华人民共和国成立后，任中南军区副司令员兼河南军区司令员，武装力量监察部副部长。1966 年起任武汉军区司令员兼湖北省军区司令员。1972 年任福州军区副司令员。1977 年任铁道兵司令员，后任中共中央军委顾问。1955 年被授予上将军衔。是第一、二、三届国防委员会委员，第五届全国人民代表大会常务委员会委员，中国人民政治协商会议第六届全国委员会副主席，中国共产党第十一届中央委员，在中国共产党第十二次全国代表大会上被选为中央顾问委员会委员。1993 年 4 月 6 日在北京逝世。

全面抗战初期，陈再道奉命率部挺进冀南开辟抗日根据地。面对敌人在冀南的一次次“扫荡”、“蚕食”、“铁壁合围”，他率部采取运动战、阵地战、游击战相结合，顽强战斗在敌人后方。靠的是什么？因为始终依靠人民群众，因为始终坚持必胜信念。

一

1937年12月，根据18集团军朱德总司令电报指示，129师抽调三个步兵连、一个机枪连和一个骑兵连，组成八路军东进抗日挺进纵队，由我父亲陈再道任司令员，晋冀豫边区省委书记李菁玉任政治委员，出太行山，跨平汉路，开赴冀南，创建平原抗日根据地。

东进纵队挺进冀南，是129师首次以规模建制部队开赴平原地区作战。父亲也开始了他军事生涯中独当一面，领导开辟一个独立新区的历史性征程。

冀南地区，是晋冀鲁豫根据地的一部分。冀南西倚太行，东临齐鲁，北望北平，南叩中原，是我华北、山东、华中各抗日根据地来往连接的枢纽，控制冀南，便能直接威胁日军津浦、平汉和德石铁路等南北交通命脉，战略位置十分重要。

1937年10月，日军侵占邯郸。11月，国民党军在冀南与日军第14、108师团苦战，官兵虽不惜牺牲，英勇战斗，但终因指挥不当，战术呆板，实力不济，最后如山倒水泻般败下阵来。冀南被日寇侵占。

当时的冀南，局势十分混乱，面对日军的大举进攻，国民党军队和政府官员闻风而逃，整个冀南陷于无政府状态。而土匪、游杂武装、会道门打着“抗日”、“保家自卫”的旗号，乘机蜂拥而起，大大小小的司令多如牛毛，他们各霸一方,有的与日伪勾结,破坏抗战,有的为扩充自己的势力,抢地盘,竖山头,互相火拼。他们到处烧杀抢掠,无恶不作。而当地党组织早在1935年即遭到严重破坏,许多共产党员或转入地下或离散外地。全国抗日战争爆发后,我军虽曾派孙继先、胥光义等同志率数十人组成的挺进支队来冀南,但要在如此广袤的大平原上完全打开抗战局面,尚感力量不足。

国破家亡的危险迫在眉睫。就在人们惶恐绝望的时候,1938年1月中旬,东进纵队跨过平汉路,进入冀南地区。于是,辽阔的大平原出现了一个奇特的现象,一群又一群国民党军溃散南逃。而穿着同样军服的另一支小部队,却迎着敌军向冀南平原腹地奋勇挺进。曾几何时,冀南的老百姓亲眼目睹几十个日本兵就把上千号国民党军队追得四处乱跑,当一个日本兵在街上行走时,所有的中国人都得向他鞠躬。而父亲率领的这支小部队刚到冀南,就在平乡县设伏,重创日军一个中队。冀南大地,到处回响着这样的声音:“我们是共产党领导的八路军,是奉党中央的命令来冀南抗日的!”

冀南人民闻声而起,汇聚在共产党八路军的旗帜下,掀起了平原抗战的洪涛巨澜。

二

由于正确执行了党的抗日民族统一战线政策,很短时间内,冀南根据地得已建立和发展。部队迅速扩大,仅仅三个月的时间,东进纵队就从最初500人发展到2万余人。整个抗战时期,父亲辖主力部队达到四个野战旅,实力雄厚。

父亲说,1938年10月,侵华日军占领武汉后,对国民党改以政治诱降为主、军事打击为辅的方针,逐渐回师华北。11月,日军3700余人在大批伪军的掩护下,分四路对冀南抗日根据地进行了第一次大“扫荡”。父亲指挥冀南党政军领导机关及时转移,并率主力部队在地方武装配合和广大群众积极支援下,采用袭扰和伏击等手段打击敌人。经半月作战,毙伤日伪军600余人,迫使“扫荡”的日伪军撤出冀南根据地的中心区。

1939年月1月,日伪军三万余人,由平汉、津浦两线,分11路对冀南进行

◇1938年，八路军各部分别挺进冀中、冀南、冀鲁豫、冀东、冀鲁边等地区，广泛开展平原游击战争。图为活跃在冀中大清河上的八路军第三纵队。

大规模围攻。父亲率部在东线阻击。2月24日，驻宁晋日军出动200余人，在大杨庄一带“扫荡”，父亲集中三个团兵力，以迅雷不及掩耳之势，将敌包围。敌凭借村屋顽抗，我军逐屋争夺，最后将敌压缩至一个小院里。这时，敌派大批兵力出援，父亲抢在敌援兵到达之前命令部队火攻，将敌占房屋点火烧着，敌逃命无路，大部葬身火海之中。5月中旬，敌对冀南发动的11路围攻被粉碎。我军共毙伤日伪军5315人，俘日军七人、伪军79人，缴获大批枪炮，击毁敌汽车49辆，破坏铁路103公里、公路48公里。

1940年5月，根据抗日斗争形势不断发展的需要，冀南军区部队实行整编，冀南军区和东进纵队的领导机构合并，父亲出任军区司令员，宋任穷任军区政委。冀南军区所辖主力部队按照129师统一编制序列，分别编为新4旅、新7旅、新8旅和新9旅等四个野战旅。后来军区还向其他根据地兄弟部队输送了五个建制团。

同年7月，为打破日军对抗日根据地实行的“囚笼”政策，冀南抗日军民开展了声势浩大的破击德石路战斗，连续十余天时间，破坏公路180华里，铁路25华里。在此期间，军区所属第25团在苏村地区设伏，仅经10余分钟战斗，即歼日军数十人，缴获枪炮战马一批。129师首长高度评价这次战斗“是创造了平原地区迅速、干脆消灭敌人设伏战的范例”，并受到第18集团

◇抗战时期，宋任穷、李聚奎和陈再道合影

军总部的通令嘉奖。

1941年8月至9月，在半个月的时间里，冀南军区的部队又进行了大规模的秋季破击战役。父亲将部队分成南北两线，发动群众，破击敌交通线，并伺机攻克、摧毁沿线敌据点和碉堡，致使北线南宫大高村至清河王官庄的王高路，南线成安至大名的公路陷于瘫痪，从而隔断了敌人在成安、临漳、大名各县之间的联系。这次战役，冀南军区部队作战百余次，歼敌近2000余人，攻克据点、碉堡128处，有力打击了敌人分割"蚕食"冀南抗日根据地的阴谋，大大鼓舞了全区抗日军民坚持斗争的决心。

三

1941年12月8日，太平洋战争爆发。日寇为了扩大侵略战争，迫切需要有一个巩固的战略后方以及更多的战争资源，为此提出了"变华北为大东亚作战兵站基地"、"建立华北参战体制"的新方针，并首先在军事上，集中优势兵力对各个抗日根据地展开连续的、毁灭性的大"扫荡"。

接踵而来的1942年，是冀南抗日战争最困难的时期。日伪军不断向根据地进行"扫荡"和"蚕食"。1月至3月，敌人出动千人以上兵力的"扫荡"就有五次，其中三路以上的"合围进剿"、"捕捉奇袭"、"铁壁合围"、"纵横扫荡”、“辗转抉剔” 等达十余次，到 4 月份，已经出动百人以上兵力“扫荡” 了 68 次。一部分根据地变成了游击区和“无人区”。

4 月 29 日，敌人开始对冀南实施又一次大规模“铁壁合围”。这是日军华北作战纲要的重要组成部分。据日本防卫厅战史室编写出版的《华北治安战》一书披露，1942 年 2 月，日军华北方面军在所属兵团参谋长会议上制定了《关于肃正作战计划实施纲要》，为消灭冀南、冀中和晋冀豫地区的抗日力量，分别制订了“12 号作战”、“3 号作战”、“C 号作战” 计划。在冀南地区实施的“12 号作战计划”，由华北方面军直接指挥，不仅要彻底消灭冀南地区的抗日力量，同时，“兼起佯攻牵制的作用”，以掩护 5 月开始的冀中作战（3 号作战）和晋冀豫作战（C 号作战）。为了实施“12 号作战” 计划，日军调集了三个独立混成旅团和一个师团一万余人，及伪军二万多人，由华北方面军司令官冈村宁次坐镇德州统一指挥，企图一举消灭冀南党政军机关和主力部队，彻底摧毁冀南抗日根据地。

日军把这一行动策划得十分诡秘，以“假计划、假命令、散布流言” 等迷惑、欺骗八路军，要求各部队作战命令一律用口头传达，不准见诸文字，同时对各级指挥官、参谋事先集中进行教育、训练，研究“清剿”、“合围” 的战役战术以及搜索捕捉的办法；要求参加合围的各部队，进行准备工作时，选择距离合击目标较远不宜被发现的地方进行；准备就绪后按统一命令，夜间迅速而隐蔽地接近八路军驻地，然后发起突然进攻。

敌人经过充分准备后，于 4 月 29 日凌晨开始，采取突然行动，总共搞了两个合围圈：一个是以武城北武官寨，十二里庄一带为中心，重点合围冀南军区机关、7 旅、群众团体、学校等等；另一个是以邱县东目寨、摇鞍镇一带为中心，重点合围第 4 军分区和新 4 旅、四区地委和专署等地方机关。当时在临西、邱县一带活动的还有执行接新兵任务的 385 旅 769 团政委鲍先志率领的一个连和部分新兵，以及军区押送货币的两个骑兵连。

当日上午 10 时左右，军区机关和区党委、行署机关及新 7 旅旅直、21 团、特务团、骑兵团等部队，汇集到十二里庄一带。这时，日军已经占领了十二里庄北面的几个村庄，并在坦克、装甲车的掩护下，向我军前沿部队冲击。敌人的包围圈越来越小，形势异常严峻。各部队实施紧急突围。

当时父亲在一分区检查工作，军区及地方机关由军区参谋长范朝利和政治部主任刘志坚指挥，在部队的掩护下，大部冲出合围圈，小部分非战斗部队及地方机关人员被冲散，牺牲 300 多人。

与军区被合围的同时，四分区及新 4 旅也在威县南和邱县北东目寨、摇鞍镇一带遭敌合围。是日，狂风大作，尘沙飞扬，平原大地，天昏地暗，借天时之利，771 团及 11 团的几个连，及时跳出合围圈，未受损失。其余部队与敌激战后，分路突出重围。在突围战斗中分区司令员杨宏明、政治部主任孙毅民等壮烈牺牲。

此次“铁壁合围”式的 大“扫荡”，直到 5 月 7 日才结束。冀南区的抗日斗争形势从此进一步恶化。根据地缩减了五分之三，敌人大修、增修据点和公路，短时间内据点、碉堡星罗棋布，公路、沟墙纵横交错。我党政军群机关和部队活动的范围大大缩小。

在对冀南抗日根据地进行“4·29” 大“扫荡” 的同时，敌人调集五万多日伪军，由敌酋冈村宁次亲自指挥，从 5 月 1 日起，对与冀南接壤的冀中抗日根据地进行拉网式大“扫荡”，也就是日军华北方面军 1942 年《肃正作战计划实施纲要》中的“3 号作战” 计划。父亲根据各方面情报汇总分析，认为敌人可能会有大的行动，于是先动于敌，6 月 9 日晚，父亲指挥军区及党政机关由枣强西南的里祥转移至南宫、新河和冀县之间的三角地带，鉴于对当前地形和敌情的分析，第二天机关和部队又转移至枣强西南的刘村，当时四面已经均有敌情，敌人就在我眼皮底下乘汽车行动。究竟应当从哪个方向突围？按以往反合围经验，应该是向枪声稀疏，相对平静的地方突围。可父亲凭借丰富的作战指挥经验所形成的“下意识”，逆向思维，认为敌人这次可能会有一些诈术，因此决定向枪声密集的枣强东北方向秀屯突围，他命令军区特务团以部分兵力阻击敌快速部队，自己带机关和特务团主力沿路沟行动。他一马当先，亲率骑兵冲锋，在敌合围圈撕开了突破口，指挥机关和大部队迅速冲了出去。战后得知，日军果然在那些表面平静的地方伏下重兵，等待我军自投罗网。12 日我军在流常镇一带，距公路上的数千敌军仅几华里，竟未被发觉。当晚我军又转移至枣强东南，彻底摆脱敌合围。此次反合围，情报及时，先敌行动，以枣强县城为轴，通过不断转移“绕圈子”，在机动中寻求主动，主要指挥员分析判断准确，指挥果断，身先士卒，冲锋陷阵，再次粉碎了敌人妄图将我冀南军政领导机关一网打尽的梦想。

敌人于心不甘，经过三个月的策划与准备，又于9月12日出动日伪军10000多人，乘汽车400辆，战马600余匹，飞机三架，重点合围活动在枣南的我冀南军区领导机关和六分区部队。在这次合围与反合围斗争中，敌我双方斗智斗勇，都竭尽全力要击败对手。日军早在七八月间就派出大批特务，搜集我军情报，散布谣言，封锁消息，有的据点还撤退示形，制造假象，企图麻痹我军。同时又暗中大量调运、囤积粮秣、弹药。而我军则广布情报站，加强敌情侦察，派遣武工队、小部队以及地方武装，主动出击，破坏敌交通干线，袭击炮楼据点，扰乱敌人行动计划。军区还提前在9月1日发出专门指示，要求党政军机关和各部队做好充分准备，迎击敌人的合围“扫荡”。敌军行动诡秘、突然，我军则持重待机，后发制人。直到9月11日下午，确认各路敌军均已出动，并无法更改行动计划时，父亲才命令军区机关从驻地向南移动20余里，当晚又转移至合围圈的边沿大寺庄待机。正当几路敌军合围我军区机关原驻地时，我军则在父亲指挥下越过邢（台）临（清）公路的封锁沟墙，转移到了威县以南的香城固地区，安全跳出了敌人的合围圈。敌人煞费苦心策划的“9·12”铁壁合围，连我军影子都没有看见，就以失败告终。而我军在打破合围“扫荡”后，还在外线主动出击，不断打击敌军。

冀南区1942年的斗争比过去任何一年都尖锐、复杂而残酷，敌对我大块根据地施以“蚕食”、分割，对小块地区则企图鲸吞消灭。到1942年底，日寇在冀南修公路9000余里，挖封锁沟、筑封锁墙就达3192华里，修筑碉堡据点780多个。一年中对我冀南区“扫荡”、合围、袭击共737次，其中2000人至1万人以上兵力大合围13次。我军主力部队一年减员6000余人，其中伤旅级干部七人、团级干部十人，牺牲旅级干部六人、团级干部11人。

四

父亲说，现在很多人习惯用正面战场堂堂之阵地战做模板，去衡量八路军、新四军的作战方式。实际上，我军以最初区区数万的兵力，采取运动战、阵地战、游击战相结合,并以游击战为主的作战方式,在全国从东北到华南,从西北到华东的广袤国土上,特别是在敌后地区开展武装斗争,有效地牵制和打击侵略者,这正是中国抗日战争最大的亮点,也是世界战争史上的一大奇观。

1943 年 6 月,日本中国派遣军司令部在一份报告中写道:“从今年 1 月到 5 月与共产军交战次数为 5524 次之多,其兵力达 567424 人之众。”……“在我方所收容的 19.9 万具敌遗体中,中共军也占半数。但与此相比较,在我所收容的 7.5 万俘虏中,中共军所占的比例则只占一成五。这一方面暴露了重庆军的劣弱性,同时也说明了中共军交战意识的昂扬……”

8 年全面抗战,冀南人民和全国各地区各民族人民一样,浴血奋战,取得了最后胜利。如果说有什么必须铭记的经验,那就是两个字:坚持。

1943 年 4 月,父亲奉命前往太行山中共中央北方局党校学习。期间,他向前来探望他的彭德怀副总司令汇报了冀南的斗争形势,彭德怀对冀南军民不畏艰险,坚持斗争,勇于胜利的英雄气概,表示钦佩和嘉许,并动情地向父亲敬了一个庄严的军礼。

聂荣臻元帅在回忆录中总结冀中“5·1”反“扫荡”的教训时,也称赞了冀南根据地的顽强坚持。

事实是,14 年抗日战争,特别是八年全面抗战,在所有已经沦陷的国土上,始终都有中国共产党领导的抗日武装在坚持战斗。面对凶恶的日本侵略者,在中国共产党和八路军、新四军的字典里,没有崩溃,唯有坚持。靠坚持渡过难关,用坚持赢得胜利。

我们能够坚持,是因为有共产党这个中流砥柱。在整个抗日战争中,人民军队没有败退,即使在最艰难的时刻,他们也没有抛弃人民,而是异常坚定地紧密地和人民在一起,同舟共济,生死相依。他们的每一个牺牲,都感动着人民,每一次胜利,都鼓舞了人民。有人说,国民党军抗战牺牲了上百位将军,我军仅牺牲了左权、彭雪枫两位。这是极不准确的。我军没有军衔。如果比照国民党军职级标准授衔,我军旅以上干部均是将军。1942 年仅冀南就牺牲了六位旅以上指挥员!如果按军队编制人数计算,我军高级指挥员损失比例并不低于国民党军。

我们能够坚持，是因为始终依靠战争最伟大的力量——人民。我们的每一个胜利，都是依靠人民取得的。当时我军没有国家资源可用，但每次重大的战役战斗行动，都获得了人民的有力支持。为迟滞和阻止日军快速部队行动，冀南抗日军民开展了大规模挖路沟运动，把大路挖成深三尺、宽五尺的道沟，全区共挖路沟长达五万里，被称为平原上的“马奇诺防线”。

父亲对我说，我们能够坚持，是因为始终秉持必胜的信念。信念，是我军强大凝聚力和战斗力的源泉。为了驱逐日本侵略者，争取中华民族独立自由，无论遇到什么样的困难，无论做出怎样的牺牲，广大军民必胜的信念从未动摇。当根据地缩小了，部队严重减员，加上数十年未遇的自然灾害，部队近乎断粮，但是绝大多数指战员始终保持高昂的斗志。“4·29”反“扫荡”，新7旅宣传队十几名年龄仅十六七岁的小战士深陷重围，面对敌人的威逼，拒不投降，他们手挽手，昂首挺胸，高唱国际歌，全部壮烈殉国。

父亲又说，我们能够坚持，是因为我军指战员有着无比坚强的毅力、无比巨大的勇气和智慧。坚持不是消极的等待观望，而是通过无数不懈的奋斗牺牲，灵活主动的打击敌人。在对日作战中，冀南军民创造了民族战争史上奇迹。冀南我军首创武工队，截至1942年7月，冀南军区共组织了21个武工队，队员达438人。冀南军民在平原建立“人山”，改造村形，把地道的生存功能和战斗功能都发挥到了极致。当敌人残酷“扫荡”时，我军敌进我进，内外线结合，主动出击。1942年，针对敌人不断合围、“扫荡”、“蚕食”，我军采取集中与分散、公开与隐蔽等多种形式，灵活机动地向敌人展开进攻。全年共进行大小战斗2400余次，其中进攻战斗包括破击1767次，攻克城镇五座，据点碉堡72个，毙伤日军千余人，毙伤俘伪军7000余人，缴获长短枪5000余支、轻重机枪50余挺及大批军用品。

我们能够坚持，是因为有正确的政策和方针。通过适时制定有效的政策方针，最大限度地动员和组织抗战力量，最大限度地增强战斗的有效性，最大限度地使敌人深陷失败的泥潭而不能自拔。例如1942年6月，我军实行精兵简政，大量裁撤机关人员，野战旅和军分区合并，大团变小团，撤销营级编制，团直接管连，使机关和部队身形灵活，不仅适应打破敌“囚笼”政策的需要，同时减轻了根据地人民的负担。在最困难最严酷的时刻，冀南党和军队提出并兑现了坚持斗争，坚持阵地，誓与冀南人民共存亡的庄严承诺。

正是有了这黎明前沉沉黑夜中的伟大坚持，冀南军民才和全国人民一起，赢得了我们民族抵御外侮的第一次历史性胜利！

光荣属于不畏强敌、坚持抗战的冀南军民！

陈奇涵固守黄河保卫延安东北大门

◇陈崇北

陈奇涵【1897.9 ～ 1981.6】

陈奇涵，江西兴国坝南村人。1919 年入韶关滇军讲武堂分校学习。曾任赣军排长、连长、代营长。1925 年入黄埔军校，任队长、连长、政治大队长，同年加入中国共产党。1926 年被派往江西从事兵运工作。1927 年任南昌军官教育团参谋长。土地革命战争时期，历任中共赣南特委军事部部长兼省军事部办事处主任。1930 年起任赣西南军事委员会参谋长，红 3 军教导团团长，红 3 军、红 4 军参谋长。1932 年任红 1 军团参谋长。1933 年起任江西军区参谋长，教导师参谋长，军委随营学校校长，红 15 军团参谋长。参加了长征。抗日战争时期，任军委教育局局长，绥德警备司令。1939 年起任军委参谋部部长兼延安卫戍司令，抗日军政大学第三分校校长。1942 年起任军委情报部第三室副主任。解放战争时期，任冀察热辽军区、东满军区副司令员。1948 年任辽宁军区司令员，东北军区参谋长。中华人民共和国成立后，任江西军区司令员。1953 年起任解放军军事法院院长，中华人民共和国最高人民法院副院长。1955 年被授予上将军衔。是第一、二、三届国防委员会委员，第三、四届全国人民代表大会常务委员会委员，中国共产党第七次全国代表大会代表，第八届候补中央委员，第九、十、十一届中央委员。1981 年 6 月 19 日在北京逝世。

陕甘宁留守部队肩负着保卫党中央、守护延安的重任。陈奇涵率部守备绥德，团结邓宝珊等爱国将领，坚守黄河河防，多次击退日军进攻，让日军只能望河兴叹、徒唤奈何，牢牢保卫了延安的东北大门。

1937 年 8 月 25 日，中共中央、中央军委根据与国民党达成的协议，将中国工农红军主力改编为国民革命军第八路军（后改称第 18 集团军）。

我父亲陈奇涵由于在长征前受到错误打击，被降为科长参加长征。遵义会议后，任第一纵队教导团长（政委宋任穷）。进入陕北后，被派往红 15 军团，任参谋长，参与指挥东征、西征战役。战后调入总参谋部。中央军委（含八路军总指挥部）总参谋部下设四个局，父亲任第 4 局局长，负责全军教育训练工作。

留任陕甘　保卫黄河

1937 年 8 月底至 9 月初，朱德亲自率领八路军主力东渡黄河，兼程北上，奔赴抗日前线，英勇抗击日本侵略军。

八路军主力开赴前线后，就陕甘宁边区留不留兵的问题，在洛川会议上展开激烈的讨论。

毛泽东主张“开拔主力”，但须估计战争的长期性和残酷性，保留一部分兵力，保卫边区。他说：“主力部队开赴前线后，要留下一支部队巩固陕甘宁根据地，使陕甘宁成为全国抗日的大本营。”

中央军委决定将第 115 师的辎重营、炮火营，第 120 师的特务营、炮火营、辎重营、工兵营以及第 718 团，第 129 师的特务营、工兵营、炮火营、辎重营以及 385 旅的第 770 团共 9000 余人组成八路军延安总部留守处（后改称“留

◇八路军东渡黄河抗日,开赴华北抗日最前线。

守兵团司令部”)。

9月,中央军委又将留守处所属部队统一编制,编为八个警备团,即警备一团,团长贺晋年,政委钟汉华;警备二团,团长周球保,政委甘渭汉;警备三团,团长阎红彦,政委罗志敏;警备四团,团长陈先瑞,政委刘国祯;警备五团,团长白志文,政委李宗贵;警备六团,团长王兆相,政委张达志;警备七团,团长尹国赤,政委刘随春;警备八团,团长文年生,政委帅荣;另外还有第770团,团长张才千,政委肖元礼。还有一个独立营和一个骑兵营。

为加强黄河防务,军委主席毛泽东于10月5日电令成立绥德警备区和两延(延长、延川)河防司令部,电文如下:

令阎红彦、白志文所部,担任从葭县至延长之河防;陈奇涵为绥(德)、米(脂)、清(涧)、葭(县)、吴(堡)五县警备司令,郭洪涛为政委;宋(景华)毕(占云)阎(红彦)部明日由延安出发,接防瓦窑堡、清涧、河口、马家坪一带;何长工为两延河防司令,指挥白(志文)部督造船,并保护运输;肖劲光为河防总指挥,扼住西岸,拒敌于河东才能有力地保护河西。

10月28日,父亲赶赴绥德就任警备司令。

◇绥德警备区及所属部队部分领导的合影。后排右一为陈奇涵，前排右一为贺晋年，右二为陈先瑞，后排左二为文年生，左三为阎红彦。

陕甘宁边区是党中央所在地，是八路军抗日的总后方，留守部队担负的任务异常繁重。东面隔黄河相对，日军在河东部署有四个师团的主力，必须随时准备抗击日寇入侵，固守千里河防；南、西、北三面，有国民党30万大军保卫封锁。边区当时依然是国共两个政权并存，虽然建立了统一战线，但摩擦与反摩擦斗争还时有发生。边区内大大小小的土匪经常四处骚扰，严重威胁边区正常的生活秩序。

绥德警备区在延安东北，离延安很近，有晋绥公路直通延安，且濒临黄河西岸，河防长达数百里，有宋家川、螅利谷、太平等重要渡口，是陕甘宁边区通往华北战场及各抗日根据地的唯一交通要道，战略地位十分重要。

父亲建立绥德警备区后，郭洪涛任特委书记兼政委，政治部主任张际春，参谋长毕占云。指挥所属的部队警备一团、警备三团、警备八团陆续开入防区，分驻河防，各守要隘。文年生、帅荣率警备八团驻宋家川，守备李家沟、丁家畔、康家塔之线；阎红彦、罗志敏率警备三团驻清涧，守备河口、界首、枣林坪之线；警备区左翼为神府分区，有警备六团守备万户峪、盘塘、马镇、贺家堡一线;右翼为延长河防区,有警备五团守备延水。

父亲率部初到绥德,即派部分兵力分赴黄河沿岸,赶修河防工事,其余的部队赴各县,深入乡村,开展群众工作,宣传《抗日救国十大纲领》,以及减租减息政策。群众得知警备区部队就是过去的红军,莫不欣喜若狂,奔走相告:“红军回来了!”部队所到之处,鞭炮齐鸣,锣鼓喧天,群众如同见到亲人回家一样欢喜,抗战热情异常高涨。绥德地区党组织也给部队很大支持,在粮食匮乏的情况下,特委组织部长马明方、宣传部长刘澜涛首先来米脂桃花园一带找当地人士,晓以抗日大义,宣传合理负担,劝其勿念旧怨,索回了一部分苏维埃时期的存款,解决了一时的粮款问题,使我军安顿了下来。

太原失守后,绥德警备区即成为抗战前线,面临日寇的进犯及其炮火轰击的威胁,绥德警备区军民严守以待,随时准备给来犯者迎头痛击。

坚持统战　争取多数

抗日战争中的各阶级、各阶层人员的政治态度是不相同的。父亲在对顽固派针锋相对、坚持有理有利有节的斗争的同时,对于中间势力,尤其是那些地方实力派,那些愿意与我们团结抗日的国民党高级将领,则采取争取团结的方针。在延安的一些会议上,毛泽东反复告诫说:“只要对方赞成抗日,对我友好,我们对他就要以诚相见,以礼相待。”在父亲赴任绥德之际,毛泽东特意叮嘱他要团结好爱国将领邓宝珊将军。

邓宝珊,甘肃天水市人,是中国共产党多年的老朋友。1921 年中国共产党成立后,邓宝珊即同中国共产党人李大钊、刘伯坚、葛霁云等有深厚交往。1927 年蒋介石背叛革命时,邓宝珊非常愤慨。他对受到迫害的共产党员和进步人士、进步青年,不论相识与否,都尽力加以掩护和援助。刘伯承在四川发动顺泸起义失败后,由川入陕,结识邓宝珊。邓宝珊不仅慷慨赠银,而且开了护照,使刘伯承摆脱了困境。1931 年底,邓宝珊在他的西安皇城南门外的办事处,掩护受到特务追踪的中共陕西省委军委负责人汪锋。1932 年 5 月,邓宝珊在兰州五泉山会晤谢子长,商谈抵制蒋介石瓦解异己和联合抗日问题,并赠送给谢子长手枪两支,子弹 200 发。礼物虽少,却表现了邓宝珊对共产党人的信任。

当日本帝国主义制造全面侵华的卢沟桥事变后，正在兰州的邓宝珊义愤填膺，请缨杀敌。不久，蒋介石任命邓宝珊为第21军团军团长，坐镇我国北疆军事重镇榆林，指挥晋、陕、绥边区部队，从平绥路西段的侧翼抗击日军。同时，也赋予它从北面包围陕甘宁边区的任务。

父亲了解到：邓宝珊主要依靠的部队是驻榆林的第86师，该师是原陕北镇守井岳秀的部队，驻陕北已有20多年，辖陕北23个县，根基牢固。师长高双成，一方面与陕北红军敌对多年，恐共心理尚存；一方面也有较强的抗日倾向，和邓宝珊互相支持，依如股肱。邓宝珊指挥的范围，包括八路军留守兵团所属吴堡县宋家川的军渡至神木裴家川一线的河防部队，绥德警备区也属于其辖区。邓宝珊到榆林不久，就与高双成商定，派第86师副官高少白和第21军团部副官石佩玖，持邓宝珊、高双成的信去绥德，与父亲商谈彼此协防事宜。父亲也亲自到榆林，会见邓宝珊和高双成。

见面后，父亲诚恳地对邓宝珊说：“由于日本帝国主义的入侵，中华民族处在生死存亡的关头。因此，不能再打内战了。全国人民都要求国共合作，团结抗日，这是大势所趋，人心所向。国共团结抗日就可能挽救中华民族危亡，否则自相残杀，消弱抗日力量，就会成为民族罪人。现在国共宣布合作了，但还不巩固，只有以民族大义为重，一致对外，才能达到团结抗日的目的。”父亲分析了形势，阐明了中国共产党的抗日民族统一战线政策。

“陈司令所谈贵党提出的抗日民族统一战线，我深表赞同，这是团结全国人民救亡图存的大计。”邓宝珊频频点头。

父亲继续说：“我党的原则是‘互助互让’。不仅八路军要巩固和扩大，也帮助友军巩固和扩大。我党不搞武装暴动推翻国民政府的政策，不挖友军墙脚，不在友军内搞秘密组织，这点请军团长放心。同时，我们也希望军团长这样做。”

“国共友好共处，共同抗日，这也是我们的愿望。”邓宝珊坦诚地说。

父亲又与高双成作了交谈。

高双成虽然赞成中国共产党提出的抗日民族统一战线政策，但还存有戒心。

邓宝珊耐心地做高双成的工作:“共产党提出‘互助互让’的原则,希望从我们做起,能够真诚地实现,这样,八路军就不会侵犯我们。”

“陈司令也和我谈了这些问题,我觉得打了几十年,一下子和好怕做不到,军团长说得透彻,我心里的疑虑就解开了,以后就这样办。”高双成欣然允诺。

随后,八路军后方留守兵团司令员肖劲光、保安司令高岗、延安联络员李启明等也陆续来到榆林,与邓宝珊、高双成进行长谈,态度诚恳,气氛融洽。

1938 年 12 月 5 日,毛泽东委派父亲给邓宝珊捎去一封亲笔信,通报了当前敌情,并要他直接听取邓宝珊的意见:

宝珊仁兄左右:

近日敌侵西北之消息又有传闻,谅尊处早已得悉。不论迟早,敌攻西北之计划是要来的,因之准备不可或疏。高明如兄,谅有同情。特嘱陈奇涵同志趋谒麾下报告防务,并将敝党六中全会之报告、决议、宣言等件带呈左右,借供参考。倘有指示,概祈告之奇涵。专此。敬颂戎绥

弟　毛泽东上

十二月五日

父亲遵照毛泽东的嘱咐,来到榆林,见了邓宝珊,转交了毛泽东的信件和中国共产党六届六中全会的文件。

由于父亲等人正确贯彻执行正确的抗日民族统一战线政策,重视团结争取国民党的爱国将领,与邓宝珊、高双成达成了和平相处的默契,使得陕甘宁边区北部局势一直比较平静。邓宝珊派新 11 旅第 2 团第 2 营副营长张润民带两个连进驻鱼河堡,维护边区到榆林这一段公路的安全。蒋介石三令五申封锁进入陕甘宁边区的物资,而邓宝珊和高双成却给陕甘宁边区往来的人员给予方便,不仅货运无阻,还尽量利用私人关系,从蒋管区转贩一些边区急需的短缺物资。我方也允许邓宝珊和高双成通过陕甘宁边区从西安接运武器弹药、被服装备和由关中接收壮丁补

充兵员。

固守河防　保卫延安

陕甘宁边区的东边是奔流不息的黄河天堑。河防,即晋陕间以黄河为界长约千余华里的防线,北起府谷以南的贺家堡,南到宜川以北的乾针滩。

1938年2月,占据同蒲铁路沿线的日军继续南犯,陷临汾,占黄河天险风陵渡,炮击潼关;同时,驻大同的敌第26师团进攻晋西北,连陷宁武、神池、五寨、岢岚、偏关、保德、河曲七城及黄河要口军渡,炮击西岸宋家川;驻绥远之敌也配合经伊克昭盟东胜县由北南犯,使陕甘宁边区处于日寇入侵的威胁之中。太原失陷后,日军大举南下。3月,进犯晋西北驻汾阳至离石公路沿线的日军,向边区河防发动进攻,企图配合同蒲铁路南下之敌的正面进攻,打开西北门户,摧毁抗日的中心堡垒——陕甘宁边区。

2月25日,毛泽东致电朱德,就河防作了如下部署:由北向南,自河合村至大会坪为第一防区,黄罗斌负责;自大会坪至丁家畔为第二防区(碛口对面),贺晋年负责;自丁家畔至沟口为第三防区(军渡对面),文年生负责,自沟口至河口为第四防区,阎红彦负责。以上四个防区统归陈奇涵指挥。

在作战会议上父亲说:"绥德警备区当面,黄河水流湍急,易于守而难于攻,只要充分做好战斗准备,构筑坚固工事,充分发动群众,就一定能完成保卫黄河的神圣使命!"

父亲立即指挥绥德警备区所属的部队警备第八团、警备第一团、警备第三团投入紧张的战前准备工作。加紧进行军事训练,主要进行以河川地形为主的战斗演习和战术研究,努力提高射击技术。加强部队的政治教育和战斗动员,增强斗志和胜利信心;制订日军渡河情况的判断处置和击退日军的行动计划。进行地理调查,熟悉地形地势,以便作战时心中有数;构筑强固的有纵深配备的土木工事,加强各主要渡口的前沿阵地。其中构筑防御工事一项,任务最为繁重,也至关重要。因为我军要打防御战,虽有黄河天险,但要抵御日军飞机大炮的轰炸,没有坚固的防御工事,是不行的。河防部队接受任务后,在原材料异常缺乏的情况下,以石头、木料、沙土等作材料，选择有利地形，不辞辛劳，一镐一锹地挖出了一道道堑壕，很快就在主要渡口构筑了一道有相当纵深的坚固防御工事。

父亲高度评价了广大指战员的积极性和创造性。他后来回忆：那时抢修工事是十分困难的事情，没有水泥、木材，工具由十分缺乏，但指战员们发挥出高度的积极性和创造性，采取各种办法向困难作斗争。战士们一镐一锹地掏出山上的大石，挖出一道道堑壕，在堑壕里用红缨枪掏出射孔，可以构成交叉火力，在主要渡口形成了纵深配备的阵地。就连前来“视察”的驻西安的国民党西北行营和山西阎锡山的第二战区的官员也赞扬这些河防工事修得好，赞叹说：“我们只知道八路军会打游击战、运动战，没想到八路军还善打防御战。八路军的防御工事是合乎战术理想的。”

在我军河防阵地对岸，父亲还派出了游击侦察部队，密切注视日军的动向，破坏敌人的交通及通讯联络。根据这些侦察部队发出的联络信号，能够及时采取行动，对付敌人的突然袭击。而且，游击侦察部队还能直接牵制和打击敌人，配合河防部队作战。

河防部队虽然兵力单薄，由于对日军的进犯采取了积极防御的方针，以主动、灵活、机动的游击性运动战，配合正面的阵地战，进行了大小七八次战斗，坚决而巧妙地击退了日军的屡次进犯，使日军望河兴叹。

绥德警备区管辖的宋家川、军渡渡口，是太原通往延安的交通要道，也是日寇进攻的主要目标之一。日军每次投入的兵力少则 2000 人，多则 2 万余人，而我军在主要防御方向上的部队最多为一个团，1000 余人。日军每次投入的重炮均在 20 门以上，有时还派飞机助战，而我军只有迫击炮 2 门。敌我力量虽然相当悬殊，但我军民同仇敌忾，众志成城，每次河防战斗均以敌败我胜而告结束。

1938 年四五月间，日寇频繁进攻宋家川、军渡渡口，达五六次之多。5 月，日军占领河东离石后，集结约一个旅团兵力，大炮 30 门，经柳林向军渡进犯。日寇企图占领渡口，截断边区与晋绥地区交通线，并过河强占宋家川。父亲判明敌人的图谋后，立即命令警备第 8 团文年生率主力东渡，在汾离公路沿线伏击、袭扰敌人。5 月 10 日，警备第 8 团在敌进抵柳林一线时，选择刚进到王老婆山的敌人一个联队，乘敌立足未稳之际，派一个加强连的兵力,发起夜袭。我军悄悄地爬上敌人酣睡的窑洞洞顶,将洞顶的敌哨捕获后,向窑洞内蒙掷手榴弹。经数小时激战,歼敌 200 余人,缴枪 40 余支,以及电话机、望远镜等一批军用品。日寇在我军突然打击下,未到黄河边即行溃败,慌忙向后撤退了几十里。

经过几次河防战斗后,父亲发现了日军进攻方式的规律。即:日军先用数十门大炮直接向我阵地轰击,十数架飞机沿上空轮番轰炸,然后以摆在炮兵阵地之后的骑兵部队,在火力掩护下泅渡过河。日军在占领河东阵地后,先用重炮猛轰我河防阵地,以摧毁我军防御工事,接着在强大火力掩护下,集中强渡。

父亲针对日军入侵的进攻方式,及时总结出“半渡而击”和“主动出击”的战术,抵御日军的入侵。“半渡而击”,即待敌人渡河当中,突然以各种火力猛烈开火,大量杀伤敌人,歼敌于上岸之前。在敌人未到达我火力地带之前,要善于隐蔽,顶住敌人大炮、飞机的狂轰滥炸;待敌人进入我火力网之后,最大限度的发挥我军火力,大量杀伤敌人。或击敌人于岸边上船处,或击敌于航渡中,或击敌于登陆之际。

“主动出击”的战术是,派出部队乘敌部署混乱时,迂渡河东,袭敌侧背。具体部署为把山上作战和山下游击结合起来,当敌人进攻时,派出兵力前出至文水、交城到军渡公路沿线,袭扰、牵制敌人,配合正面的防御战。但不能采取单纯防御战术,要选择时机,于战斗前,或于敌人溃逃时,派出精悍得力部队,到河东去主动袭击敌人,以配合正面的防御部队。这一条,关键在于准确地获得情报,我们边区自卫军不时派出小分队,过河去侦察敌情,与河防部队派出的侦查人员一道,构成了一个严密、有效的情报网,使我河防指挥机关耳聪目明,能够随时掌握敌人的动向。

1939 年,日军为配合对晋西北抗日根据地的“扫荡”,又对河防军发动了更大规模的进攻。日军由太原增调两个师团至汾阳、离石,有一万余人进犯柳林、军渡一带。军渡是河东的一个重要渡口,以往日军入侵该渡口时,都是在飞机、坦克的掩护下,沿公路大摇大摆地往前推进。这次日军改变了战术,只派出一部分兵力,以炮兵开路,沿公路缓缓推进。主力则分成两路,在两翼山地中轻装迂回前进。在柳林驻防的阎锡山三个步兵团和一个炮兵团根据以往的经验，只注意公路正面的防御，而忽视对两翼的侦查警戒，致使日军阴谋得逞。6月4日，阎军一部被日军包围，柳林、军渡相继失守。

日军在黄河东岸得逞后，连忙在各个山头构筑工事，并以大炮轰击宋家川、枣林坪一线阵地。6月6日，日军又以15000人占领孟门、碛口，以飞机向我河西李家沟阵地及内地城市狂轰滥炸；另有隰县、大宁之日军约一个连队附炮20门，分两路各千余人于6月6日强占东马头关与凉水崖对岸阵地。日军企图寻找适当渡口，实行重兵强渡。

面对日寇重兵压境，父亲沉着应战，河防部队严阵以待。绥德警备区全体军民都动员起来，群众准备物资，赶运军粮，组织担架，放哨站岗。日军终日以飞机、大炮轰炸我河防阵地，河防阵地及附近山头被打得硝烟弥漫，黄土变色。河防部队在群众大力支持下，沉着镇静，日夜坚守阵地，在宋家川三昼夜与敌隔河对战，并依托工事，不断以火力控制对岸渡口和通往渡口的道路，封锁河面，使渡船始终不能越过河心。汹涌澎湃的黄河，成了“皇军”的葬身之地。日军被迫退往军渡后山。此时。马头关、凉水崖东岸之日军强渡也未得手。

日军正面受到我军沉重打击的同时，我河东部队又猛烈袭其侧背，破坏日军的交通运输线。日军腹背受敌，补充困难，被迫全线撤退。攻击宋家川之日军一部于6月8日退穆村，9日，全部缩回柳林。孟门、碛口之日军也退大武镇。我河防军一部东渡，收复了李家垣，6月10日，又收复柳林。6月8日，东马头关日军撤退时，我军乘日军集合之机，突然以火力猛射，毙日军30余人。9日晨，日军全部退到蒲县黑龙关地区。

父亲欣喜地说：“日军最大的一次进攻被彻底粉碎了。”

9月、11月和12月，日军又发动了三次较大的进攻，但在我边区军民筑成的铜墙铁壁面前，只能望河兴叹、徒唤奈何。日军后方不宁，自顾不暇，加上屡次进犯河防，均遭失败，只得放弃对陕甘宁边区的进攻。在一年零十个月中，河防军胜利地进行了大小战斗78次，打退了敌人23次进攻，获得河防保卫战的辉煌胜利。

父亲回顾绥德警备区二年的抗敌斗争时强调说：“应该指出的是，警备区的反顽抗敌斗争始终是在党中央、军委、留守兵团总部的正确领导下进行

◇ 1939 年，陈奇涵任中央军委总参谋部部长。这是和总参谋及留守兵团部分领导同志的合影。二排右三为陈奇涵，右一为肖劲光，右二为周士弟，右四为王若飞；左一为耿飚，左二为莫文骅，左三为肖向荣，左四为曹里怀。

的。特别使我难忘的是，毛主席曾多次对我们的工作以直接的指示，大政方针自不待说，而且在字里行间都给予具体细致地纠正，比如我们在开赴警备区的第一天行程中，毛主席发现我们的布告中有一句话‘尊重地方政府’，考虑到同一战线的需要，须把里面的‘重’字改为‘崇’字，他就亲自写了一封信，乘夜派骑兵赶上部队来改正。对于警备区军民在反顽抗敌斗争中所取得的胜利和成绩，毛主席给予充分肯定，赞扬他们‘保卫了延安的东北大门’”。

1939 年冬天，我父亲调任中央军委总参谋部部长，并兼任延安卫戍司令，防空司令和总交通司令。

独臂将军贺炳炎指挥雁门关伏击战

◇贺北生　贺陵生

贺炳炎【1913.2 ～ 1960.7】

贺炳炎，曾用名向明言。湖北松滋刘家场黑冲子口人。1929 年参加中国工农红军，同年加入中国共产党。土地革命战争时期，历任红 4 军排长，骑兵连连长兼政治委员。1932 年起任红 3 军手枪大队大队长，营长，湖北独立团团长，湘鄂川黔独立师师长。1935 年任红 2 军团 6 师 18 团团长。后任红 2 军团新编第 5 师师长。参加了长征。抗日战争时期，任八路军第 120 师 358 旅 716 团团长，冀中军区第 3 支队司令员，第 358 旅副旅长兼晋绥军区第 3 军分区副司令员，鄂豫皖湘赣军区第3军分区司令员。1944年任江汉军区司令员。解放战争时期，任晋绥野战军独立第5旅旅长，第3纵队副司令员兼5旅旅长，晋绥军区副司令员。1948年起任西北野战军第1纵队副司令员，司令员。1949年任第1野战军1兵团1军军长。参加了保卫陕甘宁边区、解放西北等战役。中华人民共和国成立后，任第1兵团军长兼青海军区司令员。1954年任西南军区副司令员，四川军区司令员。1955年任成都军区司令员。1955年被授予上将军衔。是第一、二届国防委员会委员，第一、二届全国人民代表大会代表，中国人民政治协商会议第三届全国委员会常务委员，中国共产党第七、八次全国代表大会代表。1960年7月1日在成都逝世。

独臂将军贺炳炎1937年10月率部在雁门关伏击日军，在白刃格斗中以一敌三、一只手对付六只手。他亲手刀劈鬼子兵，重创日军，挫其锐气，“独臂刀王”威名远扬。

78年前的1937年7月7日，日军发动了全面侵华战争，中国共产党向全中国人民发出抗日号召：“中华民族危急！不让日本帝国主义占领中国寸土！”

我父亲贺炳炎追随贺龙长征到了延安，国共合作共同抗日，中国工农红军第二方面军改编为国民革命军第八路军120师，贺龙任师长，父亲任716团团长，仍同老战友廖汉生搭档。当时父亲左臂负伤，在西安广仁医院治病，一听说要配合忻口战役打日本人，伤还未痊愈，就急着出院，马上奔赴前线，接受任务打击日寇。在长征途中，父亲右臂负伤，但当时部队也已转移，医院也随部队转移，不截肢性命不保，做手术又没有任何医疗器械和麻药。时任红二方面军卫生部长的贺彪亲自主刀，借用老乡家的木工锯和木工锉，经过二小时十五分钟在没有麻药的情况下锯下了父亲的右臂。贺龙拿起父亲的骨头用布包好放进口袋说，这就是共产党员的骨头。父亲就是这样拖着刚截去右臂大手术后的身体，在担架上只躺了七天又下地指挥战斗，继续参加长征。

全国抗战爆发后，日本帝国主义十分嚣张，很快占领了大半个中国，全国上下弥漫着“大日本不可战胜”的神话。为了能参加忻口战役，父亲于1937年10月从西安飞马奔驰赶到120师师部，同团政委廖汉生接受贺龙、关向应的指示，带716团直插敌后，率部挺进到同蒲铁路北段的宁武、神池、朔县一带，在敌后发动群众，开展游击战争。经过对敌情和地形侦察，决定将首战雁门关。接到命令后，父亲同廖汉生率部进行三天的急行军，部队按时到达雁门关西南十多里的老窝村。部队赶到后，父亲利用战斗间隙，立即组

◇1937年8月13日，贺炳炎（前排右4）在陕西富平。

织工作队，向人民群众宣传共产党关于抗日的主张，群众也积极支持部队抗战，多方给部队提供日军活动的情报。部队到达当地看到这样的情景，义愤填膺求战情绪高涨。716团上下都是经过了长征的老战士，国共合作部队缩编，父亲长征任师长，现在是团长，部队中许多原连职干部现充当战士。他们都是历经战场考验的老红军战士，军事政治素质高，看到日本人的暴行，求战情绪非常高，都恨不能亲手多杀几个日寇。

10月16日，根据群众送来的情报和我军的侦察，得知日寇从大同集结了300多辆汽车，满载武器弹药准备运往忻口。父亲马上决定在雁门关以南打伏击。他一面派人继续监视敌人行动，一面和廖政委一起对部队作战前动员。

"小鬼子不是人啊！……是畜牲！11连连部住的那家八口被杀了七口，连不满三岁的小孩子也被刺刀戳死了，只剩下了一个孤老太太。太惨了！老太太眼看也是活不了啦！"廖政委讲到这里全团上下已群情激昂，父亲望着群情激昂的全团指战员们说："怎么样，你们说打不打？"

话音刚落，会场上响起激昂的喊"打"声，同时也伴随着南腔北调各种骂人的话，各连连长纷纷代表本连争当突击队、敢死队。

廖政委接过话头说："是的，我们一定要为死难的同胞们报仇！打好对日作战的第一仗！要把敌人血洗宁武的罪行作为向部队进行战斗动员的材料，掀起复仇杀敌高潮！"

任务下达后，整个部队沸腾起来了，指战员们个个摩拳擦掌。"为死难同胞报仇！打好对日作战第一仗！"的战斗口号喊得震天动地。

18日，鸡叫头遍时，部队沿着羊肠小道，静静地进入黑石头沟设伏。此沟南低北高，沟底尽是山洪冲下的乱石头，汽车一路顺沟由南向北而上，南端有一座小石桥，这是个打伏击的绝好地方。

上午10时，敌人的汽车队拖着滚滚烟尘像长蛇一般自北向南而来，渐渐地进入我军伏击圈。父亲镇定自若，用左手架着望远镜，仔细观察敌人的一举一动。整个敌军车有百十辆之多，拉着伤兵和护卫的武装士兵。

待敌人全部进入包围圈，父亲举起的左手使劲往下一砸，顿时，全团从山上朝着公路猛扑过去，步枪、机枪一齐发出怒吼。敌人遭到这迅雷不及掩耳的袭击，惊恐万分，有的还没来得及跳下车就送了命。弹药车被打着了，火光冲天，爆炸声响成一片，更使战场平添激烈的气氛。敌人整顿了一下，端着枪企图反扑，未等敌人队形散开，我军英勇的指战员就冲了上去，与敌展开了激烈的白刃格斗。

在这次战斗中，父亲驳壳枪的子弹打完了，就随手捡起一支日军丢弃的长枪，用左手一个猛刺，刺死了一名欲逃的日本兵。随即，他又端枪朝远去的日军射击。

"叭！"子弹打偏了。逃跑的三个日军扭头一看，见打枪的竟是个独臂，以为六只手对付一个一只手还不是轻松？于是又端着明晃晃的刺刀龇牙咧嘴朝他扑来。

日军想抓活的回去请功。父亲"嘿"地大吼一声，紧握大刀准备迎战。

"嗨！"一名跟随着父亲的战士冲了过来，一个猛劲挑开了敌人的两把刺刀，老炊事班长舞动着鬼头大刀也赶过来助战，11连指导员胡觉三也带领战士冲了上来。父亲亲手刀劈了一个鬼子，并大喊一声："杀鬼子！"三下五除二，三名日军命归黄泉。

◇抗日战争时期，贺炳炎任八路军120师716团团长、独立第三支队司令员、358旅副旅长等职务时，在雁门关等战斗战役中使用过的大刀。

父亲哈哈大笑："想捏软柿子，打错了算盘！"战场上战士们齐声大吼："杀鬼子！"

战斗正在激烈之时，在黑石头沟北边担任警戒的分队报告，从广武方向又开来日军车队，也有百多辆车，满载着向忻口增援的弹药和士兵，急急驶进黑石头沟。日军现已跳车登山，顺着西边的山梁转到我军左侧，向在公路上出击的我军射击，天上也飞来四架敌机助战，对我构成极大威胁。

父亲闻讯后，及时调整作战计划，立即把部队重新拉上山。日军毕竟是训练有素，我军在装备上根本处于下风，而且在人数上同日军几乎是1∶1的比例在进行残酷的战斗。现敌人又大量增加了兵力，在这个过程中，我军的伤亡增大。父亲的警卫员被敌人机枪打倒，负了重伤，父亲的胸前皮袄也被一颗子弹横着穿过，把他的皮袄穿了两个洞。父亲看到被子弹穿过的皮袄，心痛地说，这么好的皮袄让日本人打了两个洞，太可惜了，并让卫生员赶紧抢救警卫员和伤员。

父亲看到伏击目的已经达到，决定撤出战斗。他大声喊：撤！战士们已经杀红了眼，都不情愿撤走。父亲大喝："快撤，都留着这条命杀更多的鬼子！硬拼不傻吗！保存自己消灭更多的鬼子！"大家才不再恋战，迅速撤离。

经过激战，歼灭日寇300余人，击毁敌汽车20多辆。黑石沟里黑烟滚滚，击毁的汽车从南北两头把路堵死了，日军南北两个车队300来辆车被阻在沟里，动弹不得。第一次受到重创的日军一直收拾残局到夜晚才撤走，临走时为避免再遭重创，在黑石头沟竖了一块木牌子，以警告过往日军，木牌上写着“此地皇军殉国 67 人，过往车辆千万小心”。

雁门关伏击战首战告捷，打破了“日军不可战胜”的神话。战争既锻炼了部队，振奋了民族精神，又用敌人的武器装备了自己。父亲因此获得了南京国民党的通令嘉奖，海内外报纸也大力宣传雁门关伏击战的战果，称之为“雁门关大捷”，蒋介石也亲自发来嘉奖令和奖金。国内掀起了一个抗战必胜的宣传高潮，军民都为大捷的胜利而极大振奋了抗战必胜的信心，狠狠地打击了日军嚣张气焰。

毛泽东在和英国记者贝特兰的谈话中和在《抗日游击战争的战略问题》一书中，都列举了包括贺、廖支队对大同雁门关歼敌、主要运输道路的截断、雁门关的两次夺回在内的诸多胜仗，说明“八路军起了非常大的作用”。

雁门关伏击战，作为 120 师抗战之初有代表性的一仗，载入了八路军英勇抗战的光荣史册。雁门关大捷后，贺炳炎“独臂刀王”的威名在抗日军民中广为传播，也让日军谈虎色变。不仅仅我的父亲贺炳炎，他们那一代人都是我们的民族英雄。2015 年是抗战胜利 70 周年，让我们纪念为了争取民族独立和解放而流血牺牲的那一代人，永远不忘那一段艰苦卓绝、浴血奋战的光荣岁月。

彭绍辉指挥的一次漂亮歼灭战

◇彭志强

彭绍辉【1906.9 ～ 1978.4】

彭绍辉，湖南湘潭韶山瓦子坪人。1926 年参加农民赤卫军。1928 年参加平江起义，同年加入中国共产党。土地革命战争时期，历任中国工农红军第 5 军 3 团分队长，随营学校大队长，红 5 军第 1 师 1 团团长，红 3 军团第 4 师副官处处长，师参谋长，红军学校第 2 队队长，红 5 军第 1 师师长，兴国模范师师长，少共国际师师长，红四方面军第 30 军参谋长。1936 年任红 2 方面军第 6 军团参谋长。参加了长征。抗日战争时期，任八路军第 120 师教导团团长，新编第 358 旅旅长，独立第

2 旅旅长。1940 年任晋西北军区第 2 军分区司令员。1942 年起任抗日军政大学教育长，副校长，第 7 分校校长。解放战争时期，历任吕梁军区代司令员，司令员，晋绥野战军第 2 纵队副司令员。1948 年任西北野战军第 7 纵队司令员。1949 年任第 1 野战军 7 军军长。参加了吕梁、汾孝、晋中、太原、扶眉等战役。中华人民共和国成立后，任第一高级步校校长。1952 年起任第 1 野战军参谋长，西北军区副司令员兼参谋长。1954 年任副总参谋长兼训练总监部副部长。1957 年起任军事科学院副院长兼战术研究部部长。1960 年再次任副总参谋长。1955 年被授予上将军衔。是第一、二、三届国防委员会委员，第二、三、四届全国人民代表大会常务委员会委员，中国共产党第九、十、十一届中央委员。1978 年 4 月 25 日在北京逝世。

赫赫有名的独臂将军彭绍辉身经大小战役无数，在抗日战争中参加巩固发展晋西北根据地、晋绥根据地的斗争和百团大战等。1939 年 12 月，在阳曲县耀子村全歼日军一个中队的战斗，也是他抗战记忆中的精彩篇章。

我的父亲已经离开我们 30 多年了。但是父亲生前对我们的教诲至今历历在目，尤其是对战争年代的记忆，父亲是记忆犹新。他曾多次对我提起抗日战争时期的那段十分艰苦的岁月和难忘的经历。

1939 年初，根据军委的指示，第 120 师主力开赴冀中晋西北。此处抗日根据地仍处在敌、我、顽三种势力犬牙交错的复杂斗争中。日军在根据地东、南、北三面驻有约一个师团、三个旅团的兵力。他们占领了所有县城主要集镇和铁路、公路，对我晋西北根据地形成了三面包围之势。而当时我军的力量较为薄弱。

1939 年 4 月，120 师主力东进后不久，我军在冀中组成张宗逊纵队。该纵队为了适应对敌作战，对晋西北的部队进行了整编。也就是这个时候，父亲离开了120 师教导团，从冀中回到晋西北任第 358 旅旅长。为了与冀中张宗逊所率领的第 358 旅区别，父亲所在的 358 旅称新 358 旅（习惯上亦称彭 358 旅）。父亲说那个时期彭 358 旅除了担负起坚持在晋西北抗日根据地斗争的艰巨任务，还承担这繁重的护送任务，保证了陕甘宁边区与敌后各根据地的交通联络。从1939 年5 月到12 月，父亲率714 团在极端艰苦的条件下，往返 10 次通过同蒲铁路封锁线，粉碎了日军的追、拦、阻、截，把延安抗日军政大学和陕北公学的干部学员及战动总会的干部等总计一万多人，以及大量的弹药和重要文件分批安全地送到晋察冀抗日根据地。我父亲的旅在执行护送任务中与日军进行了多次战斗。父亲讲过的主要战斗有 1939 年 9 月 27 日杨家镇庞泉庄战役，此次战役歼敌 100 余名；9 月下旬执行任务返

◇1944 年彭绍辉任抗大第七分校校长

回途中，在寿阳董永庄击溃了来袭的日伪军 300 余人，并追击了15 公里左右，歼敌 50 余人；特别是 12 月下旬，在阳曲县耀子村与日军打赢一场漂亮的歼灭战。

1939 年 12 月中旬，父亲奉命率 714 团(欠一营）护送弹药到晋察冀，向 120 师首长报告工作后，率部返回晋西北。

12 月 25 日夜间，从马坡头通过同蒲铁路，26 日晨到达岔上镇，耀子村附近地区，准备作短时间休息后，于当天下午继续西进。岔上镇耀子村一带地区，为我军经常活动的对敌区域，群众基础较好。日寇在其东、南、北三面设立了许多据点，并经常调集激动兵力四处骚扰，趁机袭击或伏击我军。

当父亲率部通过上述地区时，日寇高桥中队共 100 余人的兵力，从关口、思西据点分头深入我区。25 日下午 4 时，敌军进犯至屹岔居、正沟之间，与彭 358 旅派来接应的 714 团和过路的独立一团第 3 连遭遇，第 3 连迅速与 741 团取得联系。之后与敌战斗不利，遂向赤泥社方向转移。日军视我军力量较弱，即两路跟踪。一路以主力 60 余人经花梁子、后掌沟向南社龙泉方向迂回。另一路以一部分兵力向正沟方向前进，企图合击独立团第 3 连于赤泥地区。父亲判断日军于赤泥社扑空后要经耀子村、岔上镇返回关口，他与 714 团团长分析研究敌情后，决定抓住日军孤军深入我防区的劣势，我军集中优势兵力，在赤泥社两侧有利位置设伏，突然歼灭由南社龙泉东下之敌，同时要求部队严密封锁消息，使敌军不知道我军之行动，并选择有利地形，构成袭击部署。于是我军 714 团第 2 营沿耀子村西南山麓隐蔽前进，位于南北沟地区设伏，待日军到达后准备由南侧出击。第 3 营进至耀子村、赤泥社之间地区隐蔽，准备由北侧配合二营夹击日军。团直特务连和骑兵连一部位于耀子村担任正面阻击，防敌军东逃并掩护大部队向北山转移。团侦察排按预期遭遇敌军的状态向赤泥社搜索前进，查明情况，若遇到敌人立即投入战斗，并准备夹击消灭敌人。另外骑兵连一部向三交、思西方向派出警戒，掩护我军的侧后方安全。

12月27日拂晓，日军进至东泥社扑空后果然是继续向耀子村隐蔽前进，企图经岔上围返回关口。我军2、3营主力沿窑子村南北山麓出动。刚刚开始时，因为搜索不严和走错道路，与敌军错过。2营绕至后掌沟后开始转向南北龙泉进发，3营进至赤泥社。敌军进至耀子村时，与我军警戒分队接触，敌军立即展开进攻。此时，父亲一方面命令特务连及19团1连在村庄利用有利地形堵击敌人，拖住敌人争取时间；另一方面命令2营、3营急速折回，投入战斗，以达到前后夹击围歼日军的目的；早7时许，日军在火力掩护下，向我军发起猛烈进攻，一部分突然闯入村庄。随后，我军以火力、刺刀、手榴弹与敌军反复冲杀。正在激战中，3营赶到，立即向敌军侧后方猛攻，并与敌人展开激烈肉搏，使敌军腹背受敌。日军恐被我军全歼，欲夺路逃窜未得逞，遂拼命退至耀子村以南的山包，企图固守等待支援。此时，我军2营亦由南、北龙泉折回，由耀子村以南的高地向敌军压缩，将敌人紧紧包围，之后发起总攻。2营由南向北、3营由西向东主攻，前后夹击。敌军顽固抵抗，并几次向我军反扑，终被我军全部消灭。这场战斗至下午15时才结束。

父亲说这次战斗，我军歼灭日军高桥中队长以下70名，俘虏敌军12名，缴获步枪17支，轻重机枪各一挺，战马四匹，无线电发报机一台，以及其他一些军用物品。父亲后来对我说，这场伏击战是在异常艰苦的条件下打下来的。耀子村战斗是在冬季，十分寒冷。我们的部队为了选择有利地势，连续行军穿过同蒲铁路的重重封锁线，忍饥挨冻，不惜牺牲，勇敢顽强与日军战斗，才取得了最后的胜利。这个胜利极大鼓舞了我军的斗志，激发了把日寇赶出中国的决心。耀子村的战斗胜利后，父亲率部还未来得及打扫完战场，就迅速地赶回了晋西北根据地，投入到了新的抗日作战中。

萧新槐与冀中平原壮烈的神堂反击战

◇萧娜娜

萧新槐【1907.1 ～ 1980.8】

萧新槐，原名萧贤怀，曾用名萧荣新、萧兴怀。湖南宜章分水村人。1927 年参加中国工农革命军，同年加入中国共产主义青年团。1928 年参加湘南起义。1929 年由团转入中国共产党。土地革命战争时期，历任中国工农红军第 4 军特务营副排长，中央苏区红军学校第三分校队长，中央军委教导师第 2 队副队长，红 9 军团第 3 师 9 团营长，团代参谋长、团长。1936 年任红 32 军第 94 师师长。参加了长征。抗日战争时期，历任山西青年抗敌决死第 4 纵队训练部部长，八路军第 120 师独立第

2 支队司令员，晋察冀军区第 10 军分区参谋长，第 3 军分区参谋长。解放战争时期，任晋察冀军区独立第 2 旅旅长，独立第 7 旅旅长，晋察冀军区第 6 纵队副司令员兼参谋长。1948 年任华北军区第 3 兵团第 6 纵队副司令员。1949 年任第 20 兵团 66 军军长。参加了清风店、石家庄、平津、太原等战役。中华人民共和国成立后，任军长。1950 年任中国人民志愿军第 66 军军长。1953 年任山西省军区司令员。1955 年被授予中将军衔。是中国人民政治协商会议第四、五届全国委员会委员。1980 年 8 月 2 日在北京逝世。

发生在冀中地区的神堂战斗,是八路军在抗战初期的一次村落反击战。萧新槐等指挥八路军以伤亡240余人的代价,歼敌450多人、击毁敌机一架、坦克二辆,创造了以少胜多,以弱制强的光辉战例。

神堂战役发生在1939年12月27日,离晋察冀第十分区雄县驻地米家务只有七八里路的神堂村。我的父亲萧新槐时任第十分区参谋长,由于他特别能打仗,且能神机妙算,被当地老百姓称为“萧诸葛”。

父亲说,1939年12月26日清晨,晋察冀首长来电命令:到雄县大清河北接晋察冀军区一行47人的检查团。带队团长是冀中军区政治部副主任,其中有上任的32团团长江中同志和一些地方干部、医务工作者和文工团员,并携带着一批经费和药品来十分区检查和慰问。因十分区地处敌占区,在京、津、保地带经常有大批的敌人坦克和飞机来回穿梭,当时正值日军冬季大“扫荡”,检查团刚出发不久,由于人数太多,就已暴露了目标,九分区护送的同志只将他们送到大清河南岸就返回了。父亲接到命令后,立即通知正在固安县牛坨镇休整的27团派一个侦察连去找,他心里十分焦急,因为一路都驻有大量敌军,随时都有可能发生不测,可怎么找也没找到,又听说正被日军追赶。时间紧、任务重,父亲立即命令27团两个营到附近的神堂村(当时只有300多人口的小村)修筑工事,以临战的姿态做充分的准备。时任27团团长杨秀昆、政委杨子华、参谋长韩双亭、党总支书路杨马上召开了党员干部大会,保证完成上级交给的护迎任务,并进行了战前动员。最后决定:由团长带领二营、三营两个营和警卫连共1000人执行这次任务。

黄昏时分,部队出发了,晚上月色朦胧,静悄悄的旷野上,只听得到部队紧急行军的脚步声。10点多钟,部队到达了指定的地点。杨团长决定先露营在梁神堂村、张神堂村和左各庄村,要求各连立即连夜修筑工事。寒冷冬夜，战士们乘着月光，在父亲的亲自指挥下，挥锨挖土，个个汗流浃背，热气腾腾，经过四个多小时的抢战，一个以堑壕和掩体环绕的村落防御体系基本形成。

当晚 12 点多钟，侦察连带着检查团也跑到了这个村落。战斗于凌晨 1 时许打响了，来自雄县、白沟、新城、泗庄的日军兵力由原来的 300 多人增加到 1000 余名，敌人分四路直扑我军驻地，并抢占了附近的关李马浒、张马浒、王马浒和刘神堂四个村，将我军包围，从东、西、北三面发起进攻。

战斗首先从左各庄打响，敌人一阵疯狂轰炸后，编成方队端着带刺刀的枪冲上来了，驻守在该村三营两个连的战士们沉着应战，一直把敌人堵在村边，营长一声令下，全营的机关枪、步枪、手榴弹顿时冰雹般地射向敌群，把敌人打得晕头转向，鬼子们丢下大片尸体向后溃退，但不一会儿，余敌又重新集结过来，组成更大的方队猛冲，再一次又被我军打退。

这时，梁神堂、张神堂的战斗也相继打响了，敌军同样遭到了惨重的失败，疯狂的日军见猛冲不行，便调集了 40 门大炮向我军阵地连续猛轰，然后又组织再次冲锋，但又遭到了惨败。我军连续打退了敌人的三次冲锋，气急败坏的敌人只好请求集中援兵。中午时分，敌人从大小据点调来的援兵在神堂村附近达到 3000 人，其中有百余名骑兵、三辆坦克、五辆装甲车，并调来了两架飞机，企图将我军一举歼灭。

面对敌众我寡的危急情况，父亲迅速要求团领导通知各连队：1. 要注意隐蔽，依托村落工事打击敌人，无特殊情况不要盲目出击，以减少不必要的牺牲；2. 要选准射击时机迎战，提高手榴弹的杀伤力和子弹的命中率，最大限度地杀伤敌人；3. 要求预备队占领村内街道两旁的制高点，随时打击冲进村子里的敌人。

下午 1 时许，敌人又发动了更加疯狂的进攻，战斗空前激烈。飞机数十次的轮番轰炸，大炮也不停地轰击，而我军只投入第 27 团两个营的兵力，外加两个连，形成了包围、反包围的平原阵地战，由父亲亲自指挥战斗。

炮弹呼啸着落在村中，炸得房屋倒塌，卷起滚滚浓烟，接着大火开始蔓延。随后隆隆的坦克开过来，其后是装甲车和端着雪亮刺刀尾随两边的凶狠日军，黑压压的弹烟逼近我阵地。可我们的战士并没有被这嚣张的气焰吓倒，他们压满子弹，上好刺刀、打开手榴弹盖、沉着镇定地凝视着敌人，冷静地等待着，等敌人一到阵地前，全体指战员一起开火，无情仇恨的子弹密集地射向敌人，上来一批打倒一批，上来一片打倒一片。后来，敌人也打红了眼。我军一个中队一个中队的往前冲，团部理发员小孟肚子被炸开 20 厘米长的大口子，肠子涌出来，鲜血染红了土地，他咬紧牙关，左手捂着肚子，右手还在投手榴弹……

三营的一个连队被敌人的火力压在一条堑壕里，出现一个被敌人打倒一个，伤亡很大。这时，三营医生刁振川振臂高喊："为牺牲的同志们报仇，同志们冲啊……"

战士们一跃冲出了战壕，拼命扑向敌人，敌营顿时乱作一团，三营长张榜华用刺刀和手枪杀死了 17 个敌人。二营六连的战士们还引诱村外的日军和村内的伪军接上火，让他们自相交火残杀。三营九连一班长用集来的手榴弹炸毁了敌人的一辆坦克，他们运用几挺机关枪集中射击、击毁一架敌机。

傍晚时分，气急败坏的敌人集中全力直攻 27 团驻地梁神堂村。当时父亲就在村子里部署战斗。日军将村子死死围住，进行多次进攻，丧心病狂地施放毒瓦斯弹，指战员们立即用蒜泥堵住口鼻，坚守阵地，这时团政委杨子华头部不幸被敌弹击中，后双眼失明。

夜幕降临时，敌人停止进攻，激战后的村庄死一般的寂静，惨淡的月光洒向大地，驱赶着阵阵硝烟，敌人在 27 团阵地周围点起了一堆一堆的大火，层层防设，严密封锁。晚 9 点钟，27 团在父亲的指挥下，护送检查团分两路突围，并安全地转移到大清河以南。

29 日凌晨，遭到惨重失败的日军又卷土重来，像疯狗一般闯进了左各庄村，对没有撤走的 40 余名老弱无辜群众进行了灭绝人性的大屠杀。日军进村后逐户搜查、拆门砸窗、强奸妇女、杀人放火，把房屋烧为灰烬。日军还将村民分别赶到几个小院里，周围架起机枪、端着刺刀，逐个问："谁是八路，不说就都死。"但群众没有人惧怕，誓死不低头。后来，五个村委会主任被刺刀挑死四个，三个自卫队长被挑杀两个，11 名村干部被杀害了八名，还杀害了村民 48 名，烧毁房屋 180 余间。日军制造了惨绝人寰的"左各庄惨案"，犯下了滔天罪行！

31日，十分区在杨庄村为革命烈士和死难群众举行了追悼大会，父亲主持大会，并介绍了烈士们的英雄事迹。第21团、28团、29团、32团及当地群众共万余人参加了大会，表示坚决为牺牲的烈士和死难的群众报仇雪恨。大会同时还作了抗日斗争的形势报告，号召军民团结一致、动员群众，掀起了踊跃报名参军的热潮，奔赴抗日前线。

神堂战斗是我军在抗战初期发动的一次壮烈的村落反击战，我军以伤亡240余人的代价换取了歼敌450多人的重大胜利，并击毁敌机一架，炸毁坦克两辆，创造了以少胜多，以弱制强的光辉战例，沉重地打击了日军敌寇的嚣张气焰！冀中军区司令员吕正操评价这次战斗："用正规战的方式，以弱胜强，以少胜多，在冀中来说还是一个创举。"

陈正湘指挥炮兵击毙『名将之花』

◇陈 炜

陈正湘【1911.10 ～ 1993.12】

陈正湘，湖南新化圳上村人。1926 年入唐生智部当兵。参加过北伐战争。1930 年新城兵暴参加中国工农红军。1931 年加入中国共产党。土地革命战争时期，任红 1 军团第 1 师 1 团 2 营机枪连连长、营长。1935 年起任红 1 军团第 2 师 5 团代团长，红 5 军团第 15 师 45 团团长，红 1 军团第 2 师 4 团团长，1 师 1 团团长，陕甘支队第 1 纵队 1 大队副大队长。参加了长征。抗日战争时期，任八路军第 115 师 343 旅 685 团副团长，晋察冀军区第 1 团团长。1939 年起任晋察冀军区第 1 支队司令员，第4、第11军分区司令员。解放战争时期，任冀晋军区副司令员，晋察冀军区第4纵队司令员。1947年任晋察冀野战军第2纵队司令员。参加了保南、正太、青沧、保北、清风店等战役。中华人民共和国成立后，历任铁道兵团第1副司令员，华北军区副参谋长。1954年任北京军区副司令员。1955年被授予中将军衔。是第四届全国人民代表大会代表，中国人民政治协商会议第三届全国委员会委员，第五届全国委员会常务委员，中国共产党第七次全国代表大会候补代表。1993年12月2日在北京逝世。

被评为"名将之花"的阿部规秀凋落在太行山上的黄土岭，这是当时日军侵华战争中在战场上丧失的一个高级将领，也是全民族抗战以来八路军在华北战场上第一次击毙日军中将指挥官。指挥炮兵击毙阿部的八路军前线指挥员，就是时任晋察冀军区第一分区第1团团长的陈正湘。

抗日战争期间，日军阿部规秀中将被八路军击毙。他是当时日军侵华战争中在战场上丧失的一个高级日军将领。而我父亲陈正湘，就是亲自指挥炮兵击毙阿部规秀的八路军前线指挥员。

阿部规秀毕业于日本陆军士官学校，曾担任关东军第1师团步兵第1旅团旅团长。1937年晋升为陆军少将。1939年6月，担任华北方面军蒙疆驻屯军司令兼独立混成第2旅团旅团长。10月2日，被晋升为陆军中将。10月25日，日本天皇下旨，任命他为天皇的侍从武官。

在日军将领中，阿部规秀绝非等闲之辈。他是少数没上过陆军大学的将领中极个别的担任旅团长的中将，更是即将成为天皇近臣，得到天皇特别信任的将领。日军称他为"俊才"、"山地战专家"，立下过"赫赫战功"，更被吹捧为"护国之花"、"名将之花"。

我父亲陈正湘15岁投军参加北伐战争，后来参加红军。在红1军团1团曾任连、营长，后担任过有中央红军"三虎"之称的红1团、4团、5团团长。抗日战争爆发后，父亲先后担任八路军115师343旅685团和独立团副团长，参加了平型关等战斗。雁宿崖黄土岭战斗时，他是晋察冀1分区1团团长。1团前身就是他长期战斗过的红1团。

当时担任晋察冀一分区政治部主任的罗元发将军在回忆文章中写道："他（正湘同志）和王道邦同志带着一团活跃在涞源、易县、涞水等地。可以说，抗战时期一分区所打的重要战斗，差不多都是正湘同志率一团打的。其中最值得一提的是 1939 年 11 月初的黄土岭战斗中，正湘同志亲自指炮兵击毙了日军中将阿部规秀。”

父亲是在 1939 年 11 月 1 日接到战斗命令，巧的是，那天正是我父亲母亲的大喜之日。我母亲回忆说：“战争年代结婚也非常简单，那天我扛着背包走到一团。正好下午他们召开营连干部会，会后大家一起吃了顿饭，就算结了婚了。晚上，团部的同志和我们正在一起聊天，上级来了电话，命令 1 团马上投入战斗。那天，老陈接完电话，非常平静，不慌不忙地安排布置任务。当晚，老陈就带领 1 团去参加雁宿崖、黄土岭战斗。我则回分区卫生所继续我的工作。”

雁宿崖、黄土岭战斗我军的对手就是阿部规秀担任旅团长的日军独立混成第 2 旅团。

首先进行的是雁宿崖战斗。一团和兄弟部队一起，在雁宿崖三岔口一带设伏，将日军包围。500 多日本兵，仅辻村宪吉大佐带伤和少数日军侥幸逃脱处，其余尽数被歼。辻村的大衣被我军缴获。

本来，阿部规秀是想在赴东京上任前，以“赫赫战功”作为给日本天皇的见面礼。雁宿崖战斗的失败，使阿部规秀气急败坏。11 月 5 日，在率领旅团司令部和 1000 多日军抵达雁宿崖的当天，他就急匆匆向南沿西流水、张家坟、银坊一线进犯，妄图一举把我军主力消灭。

阿部规秀的轻敌冒进，给了我军歼敌的机会。上级决定，调动数倍于敌军的兵力，即我晋察冀军区四个团和 120 师特务团，在黄土岭地区将日军歼灭。

11 月 7 日早晨，战斗打响，在一团迎头痛击敌人的同时，兄弟部队也陆续赶来。下午日军基本被包围在涞源县的黄土岭村、易县的教场村、上庄子村一带的村庄和附近的山谷中。

当时，父亲选择的指挥所，是日军占据的教场村北面，一个叫白脸坡的山上。白脸坡山不算很高，但山势较陡，尤其是面对敌人的南坡，几乎无法攀登。山头上视野极为开阔，上庄子村、教场村及附近山沟和各个山头都尽收眼底，确实是既安全又便于观察指挥。

当时，归一团指挥的分区炮兵连隐蔽在白脸坡山后，静待时机，一炮未发。这使阿部以为和他作战的八路军没有炮兵。轻敌误判，使阿部竟将指挥部设在教场村山坡上的独立小院内。小院极为显眼，院门又开在北侧，正对着白脸坡。从一团指挥所白脸坡用望远镜望过去，人员进出，清清楚楚。

与此同时，一群日军军官出现在独立小院后面不远的南山根部，同样是毫不隐蔽。

歼敌的良机出现了。机不可失，失不再来。

据父亲回忆道："在南山根部东西间的山梁，有三个向北凸出的小山包，我发现中间那个山包上有几个挎战刀的敌军官和几个随员，军官们正举着望远镜向我 793 高地（当地老乡称白脸坡）及上庄子方向观察；在教场小河沟南面小山头的独立小院内，有腰挎战刀的敌军出出进进。我们判断，独立小院是敌人的指挥所，南山小山包则是敌人的观察所。我当即令通讯主任邱荣辉跑步下山，命令迫击炮连迅速上山。"

时隔多年邱荣辉仍记忆犹新："我听到命令，扭身就往山下跑。分区迫击炮连就隐蔽在后山脚下，那时归一团指挥。路上遇到沟坎的地方我就爬，平缓的地方我就跑，一口气跑下了山。到山沟一看，见有几个同志隐蔽在一个石坎后面。我顾不上去找连长和其他干部，就喊：'炮兵同志们，发现敌人的指挥所啦！陈团长命令你们迅速上山接受任务。你们不要集合了，一个一个往后传，往山头上去！快点呀！'隐蔽在石坎后的同志听到我喊，纷纷各自招呼其他同志。有一个战士马上扛起八二炮的炮筒子，迅速往山上跑，其他同志也都紧紧跟上。炮兵连的同志还没到山头，一团团部的同志就迎上去帮他们扛炮筒，我没有休息，又气喘吁吁地返回山头。"

由于邱荣辉主任的机动灵活，迫击炮连也处于临战待命状态，迫击炮连很快上了山。

父亲随即下令，炮兵连连排长和四门炮的射手，都到团指挥所接受任务，其余同志在团指挥所的左侧构筑炮兵阵地，进行战斗准备。

父亲回忆道："下午 3 时多，当杨连长和各炮射手到达团指挥所后，我指给他们那两个目标。他们用望远镜观察后，我问他们迫击炮能否打到？杨连长目测距离后说：'直线距离约 800 米，在有效射程之内，保证打好！'我要求他们一次将那两个目标摧毁。王道邦政委补充说：'你们要像打大龙华战斗那样，达到百发百中。’他们迅速进入阵地，四门炮各自测定好方位、距离，杨连长又逐门炮进行了检查。等一切准备妥当，我用手示意：打！立刻，四发炮弹呼啸着飞向空中，在目标点爆炸。爆炸声在群山中回响，当硝烟消散后，我从望远镜里观察，看到小山包的敌人拖着死尸和伤员滚下山去，独立小院之敌跑进跑出，异常慌乱。我对杨连长说：打得好！你们真是神炮手！继续打！顿时，我迫击炮又是四门齐发，炮弹又准确击中目标……阿部规秀，终于葬身在黄土岭的山谷，受到了应得的惩罚。”

1团2营营长是宋玉琳，自始至终参加了雁宿崖黄土岭战斗，宋玉琳将军在回忆录《挥戈疆场》中写道：“只见团长在用望远镜向黄土岭东面叫作教场的一个小村观察。于是，我也把望远镜转望那里，只见在教场村头的一处小院外，站着一群鬼子。我想，怪不得团长注意它呢。等我再看团长，只见他扭头同什么人说话，不一会儿，就在团长身后腾出了几团灰白色的硝烟，接着就听见教场方向响起炮弹的炸响。再看教场，敌人被炸了个鸡飞狗跳。”

◇炮弹落于种花处，阿部于门内被击毙。

据日军编纂的战史《华北治安战》记载：“16时过后（即下午三点过后，日军使用的是东京时间，比北京时间早一小时），旅团长进至堤纠讨伐队后方，听取了大队的情况报告后，将指挥所迁至附近的一家独院中，立即召集各队接受命令。在准备下达整理战线的命令时，突然飞来迫击炮弹，于院里爆炸，旅团长当即死亡，旅团参谋等尽皆负伤……”也有日军的记载说，阿部是几小时后伤重身亡的。

在教场山坡的独立小院内，十几位老乡亲眼见到阿部规秀被我迫击炮击毙，当年只有六七岁的陈汉文老人就是

◇作者与见证击毙阿部的小院主人陈汉文，背面是八路军炮兵阵地白脸坡。

其中之一。他说，那天下午，突然闯进好多鬼子，把他们都赶到了靠东墙的大炕上。鬼子用他家的羊毛毡浸上水，把窗户完全堵死。大门却一直敞开着。

大多数鬼子站在院里。屋里只有三个人，一个是军官，年纪不小，瘦瘦的。从前呼后拥的架势看，像个大官。其余两个是兵。

陈汉文说，时间不长，八路军的炮弹就落在院内。弹片从屋外飞入，击中对着门坐着的鬼子军官。屋里的地面比外面高出很多，后来得知，阿部规秀是腹部和腿部被击中而毙命的。堵窗户的羊毛毡上，嵌着不少弹片，但没有一片穿透羊毛毡进入屋内。站在门后的两个日本兵，也没有受伤。

挤在炕上的陈家十几口人，因为有山墙遮挡，全都毫发未损。陈汉文老人感叹道：八路军的炮好像长了眼，真是神了。

香港回归不久，我曾陪解放军驻港部队和易县的同志，到过教场小院。驻港部队步兵旅的前身，就是当年的1团。陈汉文捧出一个不大的坛子。他说，阿部中弹的时候，这个坛子也被击中。审视后发现，尽管坛子被弹片崩掉一块，却没有裂纹。陈家也一直在使用。这个见证过阿部被我军炮击的坛子，现在珍藏在驻港部队。

从战斗开始，到阿部被击毙，日军犯了一个又一个错误。堵住窗户，敞开屋门，更是极愚蠢滑稽。而八路军指战员从上到下，默契配合，在决断、措施、执行各个环节，环环相扣，既争分夺秒，又从容不迫，细致严谨。抓住机会，果断出击，不发则已，一发惊天，表现得完美无缺，无懈可击。

阿部规秀之死，有偶然的成分，也有必然的因素。

当时，我军并不知道阿部规秀已被击毙。母亲回忆说："黄土岭战斗结束后，我和老陈在桑岗又见了面。他还是很平静，他说这次消灭不少敌人。还说起命令炮兵炮轰敌人指挥所的事。当时他估计是日军比较高级的指挥机关，但具体情况不清楚，也不知道都击毙了什么人。"

十几天后，日本报纸才披露了阿部规秀被八路军击毙的消息。阿部之死震撼了日本朝野。东京为他降半旗致哀。大批日军高级将领到车站迎接他的骨灰。《朝日新闻》说："皇军自创始以来，在以往众多的战役、事变中，关于中将级将领的战死尚未曾见有先例。"

阿部规秀中将被八路军击毙，极大鼓舞了抗日军民抗战到底的决心和必胜的信念，提高了八路军在全国人民中的威信。蒋介石也给朱总司令发来嘉奖电报。

阿部规秀在出征前曾写信给她的女儿说："…… 支那已经逐渐衰弱下去了，再使一把劲就会投降 ……" 这真是痴人说梦。历史的车轮滚滚向前，中国非但没有逐渐衰弱下去，而且越来越繁荣富强。中国没有投降，而是日本军国主义彻底失败，遭到无条件投降的可耻下场。

正义必将战胜邪恶，这是历史的铁律！

陈先瑞东渡黄河与挺进豫西的战斗

◇陈　曦

陈先瑞【1914.9 ～ 1996.1】

陈先瑞，河南商城麻河岗大阎家湾村(今属安徽金寨)人。1929 年参加中国工农红军。1931 年加入中国共产党。土地革命战争时期，历任红四方面军手枪团班长，鄂东北游击司令部特务 4 大队分队长，红 25 军手枪团中队长，224 团营政治委员，223 团政治处主任，随红 25 军长征。1935 年起任鄂陕游击师司令员，红 74 师师长。坚持了鄂豫陕边游击战争。抗日战争时期，任八路军第 115 师留守处主任，陕甘宁留守兵团警备第 4 团团长，警备第 1 旅副旅长。1944 年起任河南人民抗日军第3支队司令员兼政治委员，河南军区第3军分区司令员、政治委员兼中共地委书记。解放战争时期，任豫中军分区司令员，桐柏军区副司令员兼独立第3旅旅长，中原军区第5师15旅政治委员。1946年任鄂豫陕军区副司令员兼参谋长。1947年起任中原军区第38军副军长，豫西军区副司令员，陕南军区副司令员。1949年任第2野战军19军副军长。参加了豫西、洛阳、陕中等战役。中华人民共和国成立后，任陕西省军区副司令员兼参谋长。1951年任志愿军第19兵团政治部主任，副政治委员，参加抗美援朝。1955年回国后入军事学院学习。1957年任北京军区副政治委员，1969年任政治委员。1975年任成都军区政治委员，后任军区顾问。1955年被授予中将军衔。是中国人民政治协商会议第三、四届全国委员会常务委员，第六届全国人民代表大会代表，中国共产党第九、十届中央委员，十一届候补中央委员。1996年1月10日在北京逝世。

抗战期间，留守陕甘宁边区的陈先瑞参加了巩固黄河河防的战斗，并于1938年5月东渡黄河对日作战。特别是到抗战后期，奉毛泽东主席之命，“老虎出山显显威风”，率部挥师南下，挺进豫西开辟抗日根据地。

记得我的父亲陈先瑞常常对我说起，抗战时期他们行军打仗的艰苦，歼敌取胜的喜悦。尤其他讲到保卫河防，讲到挺进豫西，总是深深地陷入回忆之中……

1937年8月，我父亲带红74师从陕南开到三原县改编，先编为八路军第115师留守处，后成为西北留守兵团一部，担负着保卫党中央、保卫毛主席、保卫延安、保卫陕甘宁边区的重任。父亲说，他在抗日战争期间，直接参加指挥对日作战有两次：一次是参加巩固河防和东渡黄河作战，再一次就是

◇1937年红军74师在陕西三原练兵。

奉毛主席命令，要他们“老虎出山显显威风”，向河南进军，挺进豫西，开辟抗日根据地。

巩固河防　东渡黄河作战

三原改编后，根据中央军委命令，红74师改编为八路军第115师留守处。父亲任留守处主任。全留守处共1800多人。部队整编和布防刚刚就绪，中共中央又决定将八路军三个师的留守部队统一划归中央军委直接领导，建立西北留守兵团，并把陕甘宁边区的23个县划为东地区和西地区两个留守处，父亲他们部队所在的地区划为东地区留守处，陈伯钧任主任，父亲任副主任。按照留守兵团的命令，实行新的编制序列，将各留守部队编为八个警备团，第115师留守处被编为警备第4团，父亲任团长。这次整编不久，部队便投入紧张的训练和剿匪除暴，保卫河防和东渡黄河作战中。

陕甘宁边区是土地革命战争以来我党我军得以保存的革命根据地，抗日战争时期是党中央的所在地，也是八路军抗日出征的总后方。河防守卫线南至宜川，北至府谷，蜿蜒500多公里。这段黄河上的多处渡口，是边区通向各抗日根据地的唯一通道。如果河防得不到巩固，不但边区不得安宁，而且势必影响党中央、中央军委与各抗日根据地的陆上联系。在一次团以上干部会议上，萧劲光司令员给父亲他们分析了日军进攻河防的三种可能。他说，日军要进攻西安的时候，可能派出部队进犯河防；日军要进攻大西北时，可能派兵进攻陕北，这种可能是整个进攻的一部分，不进攻则已，若进攻就是大行动；还有一种可能是日军在山西进行“扫荡”，可能侵犯河防，威胁我边区安全，这种可能性更大一些。他强调只要河防部队保持高度警惕，做好充分准备，能英勇顽强作战，指挥得当，战术运用得法，保卫河防的任务就一定能担当起来。

果然不出萧司令员所料，1938年春，日军兵分多路，直逼黄河东岸，并占领了一些渡口，对陕甘宁边区构成很大威胁。河防形势立即紧张起来。

3月底，父亲在抗大接到命令，立即赶回洛川，按照兵团命令，收拢部队，全团即赶赴延川县的交口镇地区。萧司令员对我父亲说“河防吃紧，把你叫回来。这就叫养兵不误用兵啊!”军情不容多说,曹参谋长摊开地图,向父亲讲了兵团保卫河防的兵力部署。兵团指挥部决定,将五个警备团沿宜川至府谷的千里防线上一字展开,重点守卫黄河渡口和主要交通要道。父亲他们警备4团驻永坪地区,守备延水关、高家畈渡口。曹参谋长对我父亲还专门说了一下延水关渡口,指示要以一个营的兵力守卫。父亲提出团指挥部可否由永坪镇前移,驻靠近前沿的延川或交口镇,兵团首长同意父亲驻交口镇。

父亲到达交口镇后,立即召集营以上干部会,传达兵团领导指示,明确具体防区和任务,要求部队立即投入战前准备工作。过去很多同志曾要求上前线,要亲手消灭几个日军。这次就要与日军交锋了,大家都积极准备,个个摩拳擦掌,准备一试身手,以实际行动来保卫边区,保卫党中央,保卫毛主席。

就在抢修工事过程中,进犯晋西北兴县的一路日军2000余人,在十余架飞机和几十门大炮的掩护下,向我黄河防段神木至府谷间发起了进攻。守卫此段的警备6团予敌以沉重打击。敌渡河失败,仓皇向兴县退去。警备6团的作战,鼓舞了河防部队。父亲他们乘机在全团进行教育,激励部队积极修筑工事,随时准备打退敌人的进攻。

1938年5月初,河东离石一带的日军兵力增至一个旅团,在飞机坦克掩护下,分两路包围柳林,击溃阎锡山部守军,抢占了黄河军渡渡口,并隔河向我宋家川防区开炮,大有进攻之势。兵团指挥部一面命令守卫此段的警备8团进行迎敌,一面命令父亲他们团从延川之凉水崖东渡黄河,在大宁和吉县之间展开游击作战,以牵制吸引军渡之日军,使其不得放手进攻,同时收容阎锡山部的散兵。

父亲率团渡河后,为造声势,又经大宁北上,在大宁与石楼间展开活动,寻机歼敌。直到5月中旬,攻打宋家川之敌撤退后,父亲才率部移驻大宁和吉县间,在黄河边上扎下,以一部兵力控制延水关以下之凉水崖、马头关一带渡口,以一部兵力在吉县以北、永和以南,大宁、蒲县以西的广大地区活动,配合115师开辟吕梁山根据地,并继续收容阎锡山部散兵。对这些散兵,表现差的遣返原籍,对贫苦出身,教育后愿意留下的,补充到部队去。

日军经我部两次打击后，进攻势头减弱了。父亲率部在黄河东的游击活动一直没停，不仅收容补充200多名阎锡山部散兵，而且招收了当地部分群众。这时，派往抗大学习的原红74师的部分干部，也学习结业归队。部队兵力增加，干部力量也强了，经请示兵团指挥部批准，又成立了第3营，全团总人数达1900余人。父亲在河防地区开展游击活动和驻扎共七个多月，到1938年10月底，接兵团指挥部命令，全团胜利返回边区。

“老虎出山 显显威风”

1944年，中国共产党及其领导下的抗日根据地军民已经从最困难的处境中走出来。4月中旬，日军沿平汉线向河南发动大规模军事行动。

一天，上级通知父亲到毛泽东主席的住处去。父亲立即赶到毛主席住的窑洞。一进门，就看到第385旅770团团长张才千也来了。毛主席向我父亲招招手，让他坐下，然后说：“你们不是早就想到前方去吗？这次就答应你们的要求。中央决定尽快在豫西开辟抗日根据地，决心把警一旅第2团和第770团放出去。这两个团都是红军老部队，在西北留守兵团搞了七八年，这回要老虎出山显显威风了。”

讲到这里，毛主席向我父亲介绍了河南的形势和中央的决策。从4月份开始，日本侵略军集中十万余众，沿平汉路向河南中西部等地区发动进攻。国民党河南第一战区司令长官蒋鼎文、汤恩伯所属40万大军不战而逃，仅一个月时间，便使郑州、许昌、洛阳三大城市和沿陇海、平汉两线及豫中、豫南、豫西30多座县城以及所属广大农村沦入敌手。为了驱逐日军，收复失地，解救河南人民，开辟中原抗日根据地，从战略上将华中、华北、陕北联系起来，中共中央从4月到8月接连发出指示，命八路军、新四军抽调部队，向河南进军。为了统一领导和指挥河南的抗日斗争，中共中央、中央军委决定成立河南区党委和河南人民抗日军，以刘子久为河南区党委副书记，王树声、熊伯涛、吕振球、陈先瑞、张才千和各支队政委（兼地委书记）为党委委员；任命王树声为抗日军司令员。河南区党委下辖四个地委，河南人民抗日军下辖四个支队、四个分区。以父亲率领警一旅第2团组成第3支队，准备去开辟建立 3 地委和 3 分区，父亲任支队司令员兼政委。以第 385 旅 770 团组成第 4 支队，准备去开辟建立 4 地委和 4 分区，由张才千任第 4 支队司令员兼政委。他们立即开始整编部队，一个月后边区为两支部队送行。

在介绍上述情况后，毛主席强调说："河南地处中原，是古今兵家必争之地，战略地位十分重要。能否开辟豫西抗日根据地，关系到能否把华中、华北和陕北联系起来的战略全局。因此，你们肩负的任务很重要。你们这两个团改编为两个支队，你们各率一个支队，迅速进入伊川、登封、汝阳地区，战略目标是在三点（开封、郑州、洛阳）两线（陇海线、平汉线）之间，广泛发动群众，开展游击战争，建立敌后抗日根据地。"毛主席还讲了我父亲他们这两支部队的历史，他接着说："这两支部队虽然人数不多，但红军骨干多，部队素质好，抗战以来，在保卫边区、保卫党中央的斗争中，都做出了很好的成绩。现在要到抗日前线去，到敌人后方去，要在河南区党委和河南军区的领导指挥下，紧紧依靠当地人民群众，迅速扩大力量，站稳脚跟。脚跟站稳了，就有了开展工作的基础，就能打开局面，局面一打开，就可以牵制'三点两线'之敌西进，沟通华北、华中的联系，那时形势就不一样了。"为了及时了解和掌握河南的斗争情况，毛主席还告诉我父亲可直接向中央汇报。

父亲接受任务后，立即赶回警 1 旅。他当时任警 1 旅副旅长兼第 2 团团长。旅里几个领导听我父亲传达了毛主席、党中央的指示后，一致拥护中央的决定。第二团的善后事宜由父亲负责，有什么困难由旅党委解决。父亲回到在槐树庄的 2 团，先后召开了团党委扩大会和连以上干部会，传达中共中央和毛主席的指示，研究部队思想情况和工作交接问题。

1944 年 11 月上旬，父亲率第 2 团到达延安，第 770 团也来了，他们住在枣园附近。16 日上午，任弼时代表党中央和毛泽东主席接见了我父亲和张才千及两个团的团级干部，宣布了中共中央、中央军委关于成立河南区党委和河南人民抗日军的决定，宣布了河南区党委和河南人民抗日军的领导成员。他说，中央从整个战略全局出发，不仅进军河南，还派出了以王震为司令员、王首道为政治委员的南下支队，向湘粤赣进军。前几天，中共中央在延安东关机场为南下支队举行了誓师送行大会，许多中央领导同志都出席了大会。这次你们南下河南，中央也要送行。

11月20日，中共中央、中央军委在马列学院大礼堂举行欢送大会。河南区党委机关人员、河南军区机关和所属第3、第4支队全体指战员，集中坐在礼堂内和礼堂的门窗外面，人员满满的。在主席台上就坐的有毛泽东、朱德、刘少奇、任弼时、陈毅、贺龙、叶剑英、萧劲光等中共中央、中央军委和陕甘宁晋绥联防军领导人，还有河南区党委、河南军区领导人王树声，我父亲和张才千也坐到了主席台上。会议由刘少奇主持，并代表中央和中央军委首先讲话。他说：今天是河南省军区成立大会，也是欢送你们上前线的大会。在延安的河南区党委、军区和第3支队、4支队的全体人员参加了大会。第3支队、4支队大半是红军的老战士，中央欢送你们上前线去。毛主席在欢送王震带领的南下支队时讲，到外地开展工作的同志，要像柳树一样，插到那里都能活，要像柏树一样，根深叶茂，四季常青。希望你们也能像毛主席讲的那样，插到那里都能活，都能根深叶茂。少奇同志讲完后，第18集团军参谋长叶剑英、新四军军长陈毅也讲了话。中央和军委领导同志的讲话，使我父亲他们深受教育和鼓舞。部队上下热情高涨，信心十足，都摩拳擦掌，准备迎接新的战斗。

11月24日，父亲率部告别了延安，踏上了南去的征途。

挥师南下　挺进豫西

父亲计划率部经瓦窑堡、绥德到佳县，从佳县东渡黄河到晋西北抗日根据地。再从晋西北经太行、太岳两根据地南下，过黄河进入河南渑池。为了解黄河以东地区的反“扫荡”情况，等待支援给他们的干部，部队在绥德作了短暂停留。休整中，父亲请有关同志介绍了敌后情况和与日军作战的经验。

12月16日，父亲率部由佳县东渡黄河，进入晋西北根据地。在太行区的榆社、武乡地区间休息几天后，又经襄垣，夜过夏店，跨过白晋铁路，到达太岳区。太岳区党委、太岳军区、太岳行署介绍了太岳区的斗争情况和经验，以及黄河两岸和各渡口的现状。太行、太岳两区是八路军开辟较巩固的根据地，父亲他们在这两区中，得到了各方面的补充。

黄河南岸渡口均被日军严密控制。日军将船只一律控制起来，严禁北渡。北岸船只很少，父亲派人沿黄河北岸上下50公里内，仅集中到三条可渡船只。三条小船，每次渡不及一个连。这样几千人马，何时能渡完。当时正是严寒季节，恰遇几天北风，寒流骤降。黄河上的浮冰在河对岸北邙山转弯处堵塞，结成"冰桥"。听到这个消息，父亲立即派侦察员前去查看。

16日早6时，侦察员报告，"冰桥"可以行走。父亲立即命令部队紧急集合，急行军赶往"冰桥"处。父亲率司令部几个人先行赶到。只见"冰桥"沿河上下约300米长，两岸封冻，厚约一米，俨然一座天然渡桥。经试渡，中心百米宽处，安全可渡。司令部当即下令，在百米处设哨，百米内多路纵队横渡。父亲他们一个支队近两千人马，不到半小时，连同辎重全部渡完。他们刚过河，河南区党委、军区本队及后卫第4支队相继赶到，前后不到两小时，南下部队全部安全渡过黄河。

当日午后，侦察员回报说，"冰桥"裂缝，已解冻下泄。真是天助我也。后来，听说两岸群众知道后，纷纷传说八路军是"天兵天将"，是天赐良桥，并说共产党、八路军一定会得胜。不管群众传说是真是假，这座"冰桥"确是帮了父亲他们大忙的。

父亲他们几千人南下的消息早已惊动了日伪军，驻伊川、汝阳、临汝和郏县之日军纠集1000余众向我围攻而来。24日，父亲率部从伊川之彭婆镇附近夜渡伊河，到达白沙与颍阳之间。这时从临汝来敌距他们很近了。支队是前卫，父亲立即派侦察员去了解敌情，同时命令第9团做好阻敌准备，并与军区联系，大部队向偃师县南山佛光峪一带转移。

不久，侦察员报告，敌已向我扑来，父亲立即命令9团就地阻击，大部队迅速向东北转移。

1945年2月初，父亲率部在登封县的东西白栗坪与皮定均和徐子荣率领的第1支队会师。第9团打退敌人尾追后，跟了上来。父亲听9团陈云祥汇报，他带第5连断后，为掩护主力撤退，占据一个山头，死死卡住了敌人前进的道路。他们以一个排从正面阻击，配以重火力；以一个排侧翼迂回，袭击敌侧；以一个排作预备队。敌先是火炮轰击，后集团冲锋。我军在敌炮火轰击时，躲在山石后面，炮火一停即进入射击位置，以轻重火器一齐开火，给敌以重大杀伤，敌只好后撤。就这样一连三次打退敌人进攻。五连长和一排长沉着指挥，正面吃紧，就让侧翼加强攻击，使敌人顾此失彼。一排还让射击准的战士专打敌人指挥官，接连打倒两三个。这时，第1支队的部队从敌后面发起进攻，敌阵脚大乱，慌忙逃走，在5连阵地前遗弃数十具尸体。这一仗，歼敌60余人，我部仅伤两人，缴获轻机枪三挺，步枪30余支，战刀两把。

2月7日，中共河南区党委和河南军区在登封县白栗坪召开会议，决定我父亲他们第3支队在南召、鲁山、方城、叶县、舞阳、西平、遂平、确山、泌阳等县内作战略展开，建立第3分区和第3地委。会后，各支队开始行动。

第3分区活动的地区多为丘陵地带。自古豫西多土匪，这一地区有许多地主土顽武装。他们以土围寨为据点，有的与日伪勾结，与我们作对。在临禹郏三县中心有一个神屋镇，镇内驻有禹县保安团一个大队300余人。几家大地主豪绅，靠保安团的撑腰，横行乡里，欺压百姓，他们还与日伪勾结，拒绝我军进镇，不让我们宣传群众，经多次派人协商，拒不合作。为集中开展以神屋镇为中心的大片地区，必须拔掉这颗钉子。3月初部队做好一切准备。军区领导一声令下，我军发起攻击，一举将敌歼灭。少数逃跑之敌也被我阻歼。援敌尚未得到情报，战斗即告结束。这一仗打得干净、迅速，我军乘胜解放了禹县以西、临汝以东的大片地区。

3月下旬，日军集中临汝、郏县、禹县之部队和伪军1600余人，向白栗坪地区发动进攻，企图将河南军区机关驱逐出豫西。敌人一路烧杀掠夺，残害人民，毁我村镇，沿途“扫荡”一光。针对敌人的进攻，军区决定集中第1支队、3支队、4支队主力共4个团，由第3分区副司令员李学先统一指挥，在敌人来犯路上，选择有利地形予以打击。

这时，父亲他们几个支队主管领导正在参加军区会议，命令下达后，李学先按照军区指示，及时调整部队，做好迎战准备。以第3支队第9团正面迎敌，第7团为预备队，第1支队和第4支队各一个团从两翼包抄进攻敌前头部队刚与我军接触，就发现两翼情况，怕被包围全歼，赶紧后撤。第9团发起攻击，因左右两翼我军不及包抄，使敌逃窜，敌人的进攻被粉碎。

4月，由冀鲁豫军区两个团组成的第6支队，在司令员刘昌毅、政委张力雄率领下，渡过黄河南下，建立第6分区和六地委，也很快打开了局面。至此，河南军区下辖六个支队兼六个分区，在豫西广大地区展开了活动，不仅打开了抗日局面，站稳了脚跟，而且在广大农村，发动群众，建立抗日民族统一战线，团结一切可以团结的力量，建立起地方政权组织和民兵自卫队，创建并巩固了豫西抗日根据地。

胡奇才与沂水攻坚战

◇胡鲁克

胡奇才【1914.10 ～ 1997.7】

胡奇才,湖北黄安(今红安)高桥李家田村人。1929 年参加革命。1930 年参加中国工农红军。1931 年加入中国共产主义青年团,1932 年转入中国共产党。土地革命战争时期,历任红四方面军军委警卫营排长,红 4 军第 11 师 32 团连政治指导员,营政治教导员,第 33 团、第 35 团政治委员。1936 年任红四方面军第 4 军 12 师政治委员。参加了长征。抗日战争时期,历任八路军第 129 师 385 旅 770 团副团长。1938 年任抗日军政大学第 3 大队 6 队队长。1938 年任赴山东干部大队大队长，八路军山东纵队第 8 支队副司令员，第 4 支队政治委员，第 1 支队司令员兼第 2 军分区司令员，山东纵队第 1 旅副旅长，鲁中军区司令部参谋处处长。1946 年任山东军区第 3 师副师长。解放战争时期，历任东北民主联军第 3 纵队司令员，第 4 纵队副司令员。1948 年任东北野战军第 4 纵队司令员。1949 年任第 4 野战军 41 军副军长。参加了新开岭、辽沈等战役。中华人民共和国成立后，任辽东军区司令员，沈阳军区空军副司令员，辽西军区司令员。1954 年任工程兵副司令员，后任顾问组组长。1955 年被授予中将军衔。是中国人民政治协商会议第一届全国委员会候补委员，第四届全国人民代表大会代表。1997 年 7 月 3 日在北京逝世。

1944 年中国军民在抗日战场上发起了对日反攻。山东地区，鲁中军区于 8 月对盘踞在沂水城的日伪军发起攻击，全歼守敌，取得八路军在山东战场局部反攻作战中的一次重大胜利。胡奇才亲历并参与指挥了这次攻坚战。

1944 年初，山东军区决定，在日军抽兵增援太平洋战场，收缩在华兵力之际，乘机发动战役攻势。鲁中军区在春季攻势取得第 3 次讨伐伪军吴化文战役胜利基础上，于 8 月份又对盘踞在沂水城之日伪发起了攻坚战役。攻克沂水城是山东战场局部反攻中的一次重大胜利。我的父亲胡奇才，时任鲁中军区参谋处处长，亲历并参与指挥了这场著名的战斗。

◇ 1940 年秋，在山东沂蒙抗日根据地观看自己生产的展品时，第 4、第 8 支队团以上干部合影。胡奇才（前排左一）时任八路军第 4 支队政委。

沂水城在沂蒙山区腹地。依山傍水,地势险要,交通方便。与临沂、莒县、益都、博山、蒙阴等五条公路相连,战略地位重要。1939 年日寇侵占后,将此地区作为分割鲁中与滨海两个战略区的主要据点,是侵扰"扫荡"沂蒙根据地的指挥中心,也是日伪特务队的所在地。为了控制和巩固这一战略要地,日寇构筑有坚固的工事。城内有伪县长牛先元部八个中队,千余人;南门外是日寇新建独立据点,有三米高的坚固围墙。还在东南角、正东、东北角、西北角、西南角和中心建有六个大炮楼。墙外有壕沟,宽五米,深三米,积水一米多。壕外有鹿砦和铁丝网,工事十分坚固。有日寇一个中队,一个特务队,共 300 余人守备。沂水城四周设置八个小据点,每个据点都有伪军把守,和沂水城之敌伪相呼应,形成了一个坚固而完整的防务体系。

山东军区司令员兼政治委员罗荣桓同志领导制定了山东总的战略方针:完全控制沂鲁山区,扩大诸(诸城)、日(日照)、莒(莒县)山区根据地,夺取深入我区之孤立的敌伪据点,扩大解放区,使我胶济路南的三个战略区(鲁中、鲁南、滨海)完全连成一片;向胶济路东段两侧地区发展,以打通和加强胶济路南北各战略区的联系。在胶济路北,彻底改变渤海区被敌封锁分割的局面,变游击区为根据地。进一步肃清胶东腹心地区的敌伪势力,创造更有利的局面。作战原则是:分散的群众性的游击战争和主要方面的集中兵力作战相结合,军事攻势和政治攻势相结合,集中优势兵力,攻克孤立突出的日伪据点,占据有利的反攻阵地。

根据山东军区的统一战略意图和罗荣桓司令员的指示,鲁中区党委和鲁中军区领导同志多次开会研究,决心先取沂水城,与滨海地区连成一片;后夺蒙阴城,再与鲁西地区连成一片。截至 1944 年 6 月,山东八路军部队先于益都以南作战,相继攻克大关、小关、蒋峪三个据点,切断敌沂(水)益(都)公路。再于蒙阴以南作战,彻底粉碎了敌人设置的环蒙(山)封锁线。后在沂水城南作战,攻克大虎头、孟家围子、袁家城子三个据点,切断敌沂(水)临(沂)公路。终于把日伪控制的沂水城核心据点,变为仅与莒县一条公路连接的前沿据点,使沂水城西、北、南均直接暴露在我军威胁之下,陷于孤立状态。

攻坚作战,在鲁中军区是首次。为了不打无把握之仗,要在战前作好各方面的充分准备,使之一战成功。攻城作战要求是:步兵与爆破相结合,攻城与打援相结合。隐蔽突然,奔袭包围,速战速决,在敌援兵来到之前结束战斗。

我军没有飞机、大炮作掩护,攻坚作战只能用炸药爆破,所以首要的是准备炸药和雷管。当时买不到炸药,而由敌占区的新泰、博山等煤矿工人,冒着生命危险从矿坑带出来炸药。有的藏在饭盒里,有的藏在腋下,一块两块地带出来,积少成多。几个月的时间,凑足了千斤炸药和相应的雷管,通过我党的地下组织送到军区。有的工人把炸药藏在身上从矿坑中往外带的时候,被日寇和汉奸查出来,当场遭到枪杀或活埋。战士们在战斗中使用炸药时,想到炸药来之不易,斗志更旺,决心更坚,在战斗中不怕牺牲,勇往直前。

攻坚训练也是战前准备工作的重点。重中之重是训练爆破骨干,怎样捆炸药包,怎样安雷管,怎样用导火索,怎样利用地形地物,怎样在夜间连续爆破,进行演习。特别强调刺杀、投弹、射击、单兵技术训练以及夜战、巷战、攻坚战和"三组一队"(火力组、云梯组、爆破组和突击队)的战术协同动作,模拟演练。

估计敌人很可能用化学武器,防毒面具就用土办法,多层纱布用药水浸湿,中间夹大蒜、西瓜皮、大叶菜,以助解毒。

掌握敌情特别重要。采取各种侦察手段,取得情报,以寻找战机,实施机动作战,特别强调战场现地侦察。4 团副团长高文然和侦察参谋戴成功,利用暗夜摸到日军据点西南角炮楼下面,隐蔽在铁丝网上的南瓜藤下进行观察。又到城南关离日军据点最近的居民院内,观察东南炮楼情况。当场确定,首先攻击东南炮楼,团指挥所就设在此居民房内。

攻城部署是这样的:主攻日军据点,4 团 1 营从南向北,2 营从北向南,两面夹攻。3 营在沂(水)莒(县)公路上阻击莒县增援之敌。打退敌援兵后,作为团的攻坚预备队。

以 1 团为主,11 团 1 营配合,从北门、东门和西门攻击沂水城伪军主力,消灭伪军后,策应 4 团攻击日军据点。11 团 2、3 营攻歼城西黄山铺伪军 1 大队,并担任近距离阻击蒙阴可能来援之敌。2 团一部在蒙阴城以东,远距离打击蒙阴东援之敌。

◇1940年8月在山东莱芜县小张庄战斗时留影。其中右一是王建安、右二是胡奇才，他们用望远镜正观察敌情。

军区特务营负责攻歼城南伪军，视情况配合4团1营攻击日军据点或配合3营阻击莒县来援之敌。其他外围据点，由地方部队围攻。

当时鲁中军区司令员王建安带各团团长去山东军区开会，确定此次战役由军区政委罗舜初、区党委副书记高克亭和我父亲胡奇才直接指挥。当时父亲任军区参谋处长。攻日军据点的指挥员是4团副团长高文然同志。

8月15日黄昏后，各参战部队以隐蔽奔袭形式进入攻击出发阵地。罗舜初政委、高克亭同志和父亲率战役指挥所前去4团攻坚指挥所附近的南关居民房内，听取了4团攻坚部署和参战部队的电话汇报；检查了攻击准备情况后，发出了以4团攻敌东南炮楼为号的总攻命令。顿时，枪声大作，硝烟弥漫，各路部队如猛虎下山，扑向日寇据点和沂水城垣。

4团1营3连先隐蔽向东南炮楼外壕匍匐架桥，被敌发觉。架桥组的石会全中弹倒下，其余战士抢起梯子跳进外壕，被敌火力封锁。与此同时，2连向南炮楼发起攻击，激战40分钟，火力组掩护架桥组连续三次，牺牲多人才把桥架好，又被敌火力封锁。班长彭长庚抱起炸药包急速往前爬行，预备爆破手徐广和紧跟其后,在桥被敌火力封锁的生死关头,彭长庚翻身滚到沟里。敌人失去扫射目标后,一时停止射击,彭长庚趁机飞上外壕,这时,炮楼里机枪又响了。他左闪右藏,机智地躲过敌人的射击,直扑炮楼。一声惊天动地的爆炸,西南炮楼在浓烟中坍倒了,缴获迫击炮一门。彭长庚捡起敌人38式步枪随2连突击队攻入围内,向纵深追击,与敌展开白刃战。反复冲杀五次,将敌击退,向东攻击前进。在2连攻克西南炮楼的激励下,1连班长张克有大喊一声:"上去架桥,死也死在这里。"强行架桥,牺牲数人后终于架起了云梯。爆破手李希增迅速踏上云梯。突然,炮楼里传来一阵枪声,李希增抱着炸药翻滚到外壕里,在泥水中顺着外壕里沿,爬上堤岸,贴近炮楼墙根,点燃了导火索。瞬间"轰隆"一声巨响,炮楼倒塌,日寇中队长和1小队十余敌兵葬身在烂瓦碎石堆中。突击队用刺刀、手榴弹开路,通过炸毁的缺口,冲进小围子,穿过房屋,越过短墙。徐洪亮、王玉林等几十人与敌展开了白刃战,反复冲杀20余次,转入激烈巷战。突击队一面警戒中心炮楼敌人,一面沿南墙向西发展,与2连会合一处,向中心炮楼钳形攻击前进。

16日拂晓时,高文然进入被炸塌的东南炮楼处向北观察,发现东炮楼底层地面上,挖了一个很大的射击孔,敌人卧姿向突入围内的我军侧面射击。不料,高文然的警卫员刘玉章突然扛起炸药包,绕道向东炮楼跑去。高文然立即命1连用机枪掩护。"轰隆"一声巨响,炮楼炸塌,其中敌人全部丧生,刘玉章不幸中弹,壮烈牺牲。

日寇据点北墙,紧靠沂水城南墙,两墙之间兵力难以展开。我4团2营先攻占沂水城南门及南城墙后,由北向南攻击日军据点。盘踞在东北角炮楼和中心炮楼的敌人,为挽救其死亡的命运,竟采用灭绝人性的手段,施放大量毒气,我30多名战士中毒倒地。时近拂晓,我军不得不暂时停止攻击,救出中毒战士,收缩部队,守住小围南半部,待黄昏后再发起攻击。

16日上午,聪明机智的4团2营营长刘振江在南门楼上观察小围内敌人动静,趁东北炮楼敌人去中心炮楼之际,组织4连巧妙地占领了东北角炮楼。约20分钟,敌1个小队返回炮楼时,突然被我军用机枪、手榴弹一阵猛打,大部被打死,只有三人向中心炮楼逃去。至此,敌人被迫退守中心炮楼和西北角平房和炮楼,守堡待援。

攻城部队不顾疲劳，连续攻击。在火力掩护下，对城门、城墙、火力点实施连续爆破，云梯组迅速架起云梯，突击队爬墙强攻。激战不到 30 分钟，1 团 1 营攻占北门，2 营攻占东门，11 团 1 营攻占西门，1 团和 11 团由东、北、西三面向城中心攻击前进。经过激烈巷战，当晚将城内伪军、伪警察及伪政府人员，大部肃清。伪军 200 余人退守钟鼓楼，被我军包围起来。父亲利用伪军家属和俘虏展开政治攻势，迫使其缴械投降。11 团 2、3 营于 15 日晚全歼黄山铺伪军一个大队。军区特务营占领斜午，其他外围据点伪军有的弃点回城，有的缴械投降。16 日下午，全歼伪军战斗结束。此役全歼守敌，打死日军 33 人，俘获 20 人，毙伤伪军 200 余人，生俘伪县长牛先元以下 800 余人。1 团集结做好参加攻占日军据点的准备。11 团打扫战场，并向蒙阴方向警戒，准备近距离打击莒县来援之敌。

这时，莒县日伪军乘八辆汽车匆匆赶来增援，遭我 4 团 3 营伏击，打得敌人丢盔弃甲，伤亡 14 人，遗尸六具，狼狈回窜。蒙阴也出动一部分敌伪东援，行至坦埠附近，被我 2 团伏击，将敌击退。

16 日晚，总攻发起。我 4 团将中心大炮楼和西北炮楼分割后，决定上半夜强攻西北炮楼，对中心炮楼佯攻，消耗疲惫敌人，午夜后强攻歼敌。4 团 2 营组织投弹组、刺刀组和爆破组，由东北炮楼沿南围墙里侧，向西北炮楼搜索前进。西北炮楼里的敌人三五成群地走下来，占领巷道、房屋，疯狂阻击，展开激烈的巷战。战士们浴血奋战，投弹、拼刺刀、近距离爆破，午夜前攻占了西北炮楼。

午夜后对敌人中心炮楼进行连续爆破实施强攻。敌人用迫击炮弹向炮楼四周投掷，阻止我军接近。我军在步机枪火力掩护下，进行第一次爆破，牺牲一人，负伤四人，未奏效。第二次由 4 连范均庚连长和梁兰清排长率爆破组进行爆破。范连长扛起一包 35 公斤炸药，顺着一条胡同扑向中心炮楼。把炸药放在大炮楼外沿工事上，拉燃了导火索，将中心炮楼西北角炸开一个洞。敌人用机枪、刺刀堵住洞口，并从洞中投出迫击炮弹，梁排长牺牲，范连长负重伤。高文然到东北炮楼抵近指挥，中心炮楼之敌又施放毒气，因我军战前作了充分准备，立即用土办法解毒。待毒气消散后，用预备队接替中毒的战士，继续向中心炮楼攻击。因两次爆破未奏效，攻坚战达到白热化。

在这重要时刻，父亲到4团指挥所问高文然是否改用1团主攻。高说："首长放心，拂晓前一定解决战斗。"经查明，爆破两次未奏效的根本原因，是中心炮楼底层约一米高处用厚土堆成斜坡，炸药包贴不到墙上。于是启用爆破英雄、副排长万保全和一名战士，把50公斤炸药捆在带叉的长杆上进行第三次爆破。在我军火力直接掩护下，飞快贴近中心炮楼，把炸药竖贴在炮楼墙上。万保全点燃导火索，一声巨响，滚滚浓烟直冲上空，天摇地动。中心炮楼彻底炸塌了，守敌全部消灭，爆破英雄万保全壮烈牺牲。天将拂晓，战役全部结束。

中心炮楼被炸塌后，罗舜初政委、高克亭同志和父亲进入围内，指挥打扫战场并准备召集部队进行现场爆破表演，以便打一仗提高一步。不料躲在平房角内残存的四个鬼子，突然"噢"的一声跳出来，端着刺刀迎面扑来。情况危急，机警的警卫员和4团3连战士迅速冲过去击毙了敌人，化险为夷。

历时一天两夜的沂水攻坚战役胜利结束。随即打扫战场，动员群众万人拆除城墙、炮楼，填平外壕，破坏沂莒公路，防敌重建据点。

为贯彻我军固有政策，对敌军展开政治攻势。我敌工部门干部18日挑选17具日军尸体，用白布包上，附上我军的宣传品和日军反战同盟山东支部的信，送给莒县日军。其余尸体，埋在沂水城内，放上我军宣传品，以备敌人查看。19日，鲁山地区之敌伪军千余人，报复"扫荡"进犯沂水城之后，见到坟墓，痛哭流涕。

19日进犯沂水城之敌，被我主力部队、地方部队和民兵围困，连遭打击，向莒县狼狈逃窜。从此，日伪军统治六年之久的沂水城胜利回到了人民手中。

攻克沂水城，是我鲁中军区抗战七年以来首次攻击日伪军联合守备并有坚固设防的城市，也是歼灭日寇较多的一次攻坚战斗，意义重大。

第一，沂水城是山东根据地腹心城市，拔除沂水战略据点，扩大了解放区，缩小了敌占区，使我鲁中和滨海两个战略区连成一片，使沂水县成为我鲁中军区的腹地后方，占据了向胶济路南侧进逼的有利阵地。

第二，进一步激发了鲁中人民群众的抗战激情。解放沂水城喜讯传出后，城内外群众敲锣打鼓，成群结队赶来祝贺，庆祝子弟兵的胜利，也庆祝自己的胜利。人民群众为攻城作出了巨大贡献。筹备炸药,运送粮弹,提供情报,充当向导,打扫战场,拆除城堡,破坏公路,处理善后工作,商店迅速恢复营业。由于进一步激发了抗战热情,密切了军民关系,沂水城乡掀起了参军热潮。

回顾沂蒙根据地,从无到有,由小到大,由胜利走向胜利的战斗历程,最根本的一条就是人民支援军队,军队依靠人民。敌人对沂蒙根据地多次“扫荡”“清剿”,实行杀光、抢光、烧光的“三光”政策。在非常严峻的形势下,群众为八路军保卫工厂、医院,掩护伤病员和干部家属、小孩(我们兄妹三人就是在群众的掩护抚养活下来的),作出了重大牺牲。从 1938 年 11 月,父亲同张经武、黎玉等同志由延安到达山东起,到 1945 年 10 月跟罗荣桓同志去东北止,在山东长达七年的艰苦战斗岁月里,同民众形成了军民鱼水情,这也是人民军队无敌于天下的重要原因。

第三,提高了部队攻坚战斗力。攻克沂水城战役中,提高了各级指挥员的攻坚指挥能力。罗舜初政委、高克亭同志和父亲始终在第一线指挥,组织 3 个团的协同作战,指挥打援作战。团、营指挥员抵近指挥,了解情况,选准突破口,组织“三组一队”协同动作。组织主攻佯攻,巧妙打击敌人。4 团副团长高文然组织指挥攻坚战,4 团 2 营营长刘振江白天巧取炮楼,都创造了

范例。步、爆结合是这次攻坚的战术特点。组织火力组、云梯组、爆破组和突击队(三组一队)密切协同是攻坚战的科学战斗组织,为以后攻打蒙阴城等敌据点,提供了经验。

攻坚中充分发挥了爆破威力。鲁中军区所有连队,一般都能掌握爆破技术,这是鲁中部队的特点。这次攻坚战,使爆破技术大显神威。

提起爆破,鲁中军区上下无不深深怀念已故的 2 团副团长王凤麟同志。他原是东北抗日联军第 4 军的连长,曾到苏联学习,研究过爆破技术和战术。回国后,1938 年 11 月由延安到山东,先在山东纵队 4 支队领导下,主办了两期爆破训练班,为全纵队培训了一批爆破骨干。后来又在鲁中 4 支队任营长、副团长,在他直接指导下,在团参谋长于松江、工兵排长李鸾举、工兵班长战斗英雄李觉兰的协助下,开办多次爆破训练班,培训了大批爆破骨干。到 1944 年,鲁中军区所有连队都有了爆破骨干,提高了部队攻坚能力,为攻坚提供了有力武器。

第四,发挥了优待战俘的政策威力。日寇在侵占沂水城六年中,杀害城乡人民不计其数,在这次攻坚战中,牺牲的指战员也不少。如鲁中军区作战科长、红军干部徐黎屏在攻坚战斗中负重伤后壮烈牺牲。4 团 2 营营长、红军战士刘振江,还有几个连、排长和为数不少的战士,都献出了宝贵生命。但是八路军对俘虏的 20 名日军和 800 余名伪军,均按政策给以宽待。20 名日军经过不长时间的政治教育和物质生活的优待后,觉悟到自己犯下了侵略罪行,对八路军的优俘政策十分感激,纷纷要求加入反战同盟。其中有一个叫荒川良夫的,在一篇日记中写道:“一天一天过去了,我逐渐明白了反战同盟的根本方针,也知道了应该走的道路,等将来回日本后,我要为建设新的日本,为了打倒军部,为了建设和平的国家而努力迈进。”在战俘中,有一个是朝鲜人,在八路军革命人道主义精神感召下,加入了反战同盟。抗日战争胜利后,他回到朝鲜,参加了朝鲜人民军并当了军官。抗美援朝时,曾在鲁中军区工作过的谭旌樵同志在朝鲜战场上偶然遇到了他,两人一见如故,感慨万端。这个朝鲜人民军军官激动地说:“想不到我这个昔日沂水城的战俘,今天却成了和你们并肩抗击美帝的战友。”这些事实,说明了我党我军革命人道主义优待战俘的政策,发挥了深远的政治影响。

马白山指挥围攻那大之战

◇马洪中

马白山【1907 ～ 1992.8】

马白山，原名马家声。广东（今海南）澄迈人。1927 年加入中国共产党。土地革命战争时期，先后任中共澄迈县第四区区委书记，昌感县委常务委员。抗日战争时期，任琼崖民众抗日自卫团独立总队副总队长兼第 3 大队大队长，琼崖抗日游击队独立总队第 2 支队支队长，第 4 支队支队长。解放战争时期，先后任中共海南区委军事部长，琼崖独立纵队参谋长。1947 年任琼崖纵队参谋长。1948 年兼任琼崖纵队第 1 总队总队长，政治委员。1949 年任琼崖纵队副司令员。参加了琼西地区春、夏季攻势作战。中华人民共和国成立后，任海南军区副司令员、顾问。1955 年被授予少将军衔。是中国人民政治协商会议第一届全国代表大会代表，第四、五届全国人民代表大会代表。1992 年 8 月 3 日在海口逝世。

海南岛的抗日斗争也书写了我国全民族抗战的光荣篇章。马白山指挥的那大围攻战，是琼崖抗战初期规模最大、历时最长、影响最广的一次战役，在海南抗战史上意义重大。这次战役也是人民战争战略战术灵活运用的生动战例。

我的父亲马白山，1907 年 3 月出生在海南岛澄迈县大丰乡银题村（今澄迈县马村镇马村）一户农家。早年，父亲的大哥马家璧 18 岁就参加了反抗当地军阀的斗争，不幸于 1925 年牺牲。大哥的革命经历和牺牲给父亲以深刻的影响，他从中学时代开始就投身于家乡的革命斗争之中。在革命工作中，他与冯白驹结识并紧密合作。

1937 年 7 月，日本侵略军进攻北平卢沟桥，抗日战争全面爆发。到了 1938 年 12 月 5 日，海南岛琼崖红军游击队在琼山县云龙墟改编为“广东民众抗日自卫团第十四区独立队”，冯白驹任队长，父亲为队附。独立队的建制

◇琼崖纵队女战士

当时有300多人，在大操场上，当年参加庆祝改编仪式的群众有一万余人，全体官兵誓死抗日，保卫琼崖。这是父亲抗战军事生涯的开始。

1939年2月10日，日军入侵海南岛。父亲率领独立队第1中队80多人在南渡江潭口渡口东岸阻击日军。在敌人飞机的狂轰滥炸中，班长李文启牺牲，独立队坚守阵地，阻击敌人前进，直到黄昏才奉命撤出阵地。潭口阻击战鼓舞了琼岛人民的抗战信心，打击了日军的嚣张气焰。

3月，独立队扩编为独立总队，父亲任独立总队附。10月初，琼崖特委和总队部为了适应当时抗日战争形势的发展，计划向琼西地区发展、创建山区抗日根据地，决定派父亲到第3大队，加强琼西地区抗日战争的领导。父亲兼任第3大队大队长。

父亲来到琼西地区后，结合当地实际情况，认为澄迈、临高、儋县、白沙等县相毗邻的山区，地形险要，粮草丰盛，对于建立相对稳固的根据地是适宜的。此时，西部重镇那大在日军控制之下，成为我军进入山区建立根据地的巨大障碍；而且那大日军正对周围农村加紧武力控制，妄图迫使群众为顺民。为了粉碎敌人的阴谋，实现开辟琼西的战略部署，父亲提出将部队开进那大地区进行围攻。要围攻那大，当时面临着敌强我弱的形势：那大驻有日军100余人和伪军一个中队共200多人，训练有素，且武器装备精良；第3大队只有200多人，装备差，特别是缺乏攻城武器。父亲决定扬长避短，打一场人民战争。在当地党组织配合下，发动群众开展对敌斗争，建立起那大周围的游击区，对那大之敌形成包围之势，使敌陷于人民战争的汪洋大海，最后消灭那大守敌。他的这一意见，得到了第3大队、当地党组织领导人的支持和特委、总队部的批准。

1939年时的那大镇(墟)，只有三条街道，方圆不过三公里，人口不到一万人。它虽无城墙，但地势高，且四周无房屋，视线好。镇中有一座基督教堂的钟楼有三层楼高，是一个绝佳的制高点，易守难攻。日军在这楼上架一两挺机枪，便足以对付当时只有土枪土炮的抗日武装。面对这样的攻防态势，避实击虚，先围后攻无疑是最佳选择。

于是，父亲率领第3大队进入那大周围的清平、洛基、陶江、南丰等乡村开展工作。由于日军进驻那大以后，频频出动对周围群众实施烧、杀、抢“三光”政策,各界人士包括一些国民党乡政人员,抗日热情十分高涨。第3大队组织了群众工作队,深入发动群众。政工干部到乡村中拜访曾在广州参加革命活动的符长大和羊荣臣两位乡绅,得到他们的支持。符的长子还主动要求参加政工队,同政工干部一起下乡宣传发动,使群众工作开展得更加顺利。当时那大周围几个乡的乡长都是国民党人,父亲注意搞好团结,争取他们的理解和支持,动员他们一起参与围困那大的斗争。

10月中旬,父亲在松门村召集那大周围各乡党政领导人会议,进行抗日动员和讨论围攻那大的作战计划。洛基乡、陶江乡、南丰乡、兰洋乡、那大区等国民党乡政代表均参加了会议。会议决定成立了围攻那大行动委员会和指挥部,由父亲任主任和总指挥;决定各乡发动男性青壮年,收集民间武器建立农民武装大队,并筹集充足的粮食以备战事所需。参会各乡回去后立即发动群众,各自组织一个步枪中队、一个粉药枪大队,设一个粮食供应站、一个交通联络站和一个医疗救护站。

根据统一部署,10月21日起,抗日游击队围攻那大之战开始。各乡群众破坏通往那大的公路;各乡武装群众和民兵封锁进出那大的所有通道;武工队潜入市区获取情报;国民党各乡政人员清查户口,严防奸细,严密封锁消息。先是发动群众罢市,断绝那大的出入,破坏儋县县城新州到那大的公路桥梁和电线。第3大队和部分农民武装在那大至新州的公路选定有利地形,布置伏击阵地,以阻击来往之敌;还组织游击小组,占领那大周围路口的有利地形,以监视从那大进村袭击群众之敌。

特别是夜间袭扰战术让日军吃尽了苦头。每天夜晚,由第3大队组织突击队深入市区对敌人营地实行佯攻和袭扰,布置农民武装和群众在外围虚张声势,使敌惶惶不可终日,疲惫不堪。连续十几天的夜里,城楼外不时传来清脆的枪响,紧接着是震天的呐喊声,以及更为密集的枪炮声。驻守那大墟的日军从睡梦中惊醒,架在基督教堂钟楼顶的几挺重机关枪分把不同路口,紧张地对准路面。那呐喊声,持续一段时间后便突然消失,四周并无进攻人群,日军于是放下枪继续入睡。但没多久,呐喊声再起,日军又是一阵忙乱。

在全民抗日的声势威慑下,日军进不得,退无路,居不宁,龟缩墟内,惶惶不可终日，恐惧、恼怒、沮丧等情绪弥漫整个驻军。那大守敌不敢出击，驻守当时儋县县府新州镇的日军，慑于我军的声势，也不敢前来救援。那大四周全是山区，地形掩蔽，虽有敌机在上空盘旋也难起作用。

这时，我军人民战争的优势得到凸显。各乡群众踊跃送钱送粮，抗日武装的供给不断得到补充，双方力量对比悄然发生了变化。到 11 月初，各乡民兵 1500 多人，第 3 大队 200 多人和中共领导的地方抗日武装 200 多人，以及持粉药枪的群众 2000 多人，组成了 4000 多人的攻城队伍。他们个个摩拳擦掌，士气高涨，随时准备投入战斗。

11 月 5 日深夜，围城队伍再次发起大规模的佯攻行动，火药枪、山猪炮，甚至锣鼓、碗盆都用上了。一时间，硝烟四起，枪炮声四起，喊杀声四起。早如惊弓之鸟的日军仓皇弃城，向新州方向出逃。我突击队乘势冲入城中，来不及逃跑的 1 个伪军中队 80 余人乖乖缴械投降。

但是，日军逃出了一个包围圈，又陷入了另一个包围圈。在东城、长坡一带，出逃的日军不断遇到抗日游击队和村民的伏击。而在离那大 35 公里远的水井岭，他们更是受到了一次重创。那天天刚蒙蒙亮，已经奔跑了几个小时的日军进入了水井村村民设下的伏击圈。疲于奔命的日军一进入伏击圈，突遇猛烈火力袭击，村民自制的土炮"过山鸟"发出怒吼，一下子就把他们打散了。日军没命地奔跑，村民则边打边追。"过山鸟"又响了，一批敌兵被轰倒，纷纷落下黄牛坡和桥底。日军顾问、大佐吉村幸雄也被掀翻。村民急追下坡底，冲过桥头，用大刀砍死了吉村幸雄。这一刀，也创造了儋州抗战时期击毙日军军官级别的一个纪录。日军丢下十余具尸体，落荒而逃。此次伏击，杀死、伤日军多名，缴获枪支 60 余支、子弹几千发，军用物资一批。至此，围攻那大战斗胜利结束。

攻克那大，对发展海南西部抗战局面意义重大。围攻那大是琼崖抗战初期规模最大、历时最长、影响最广的一次战役，它沉重打击了日本侵略军的嚣张气焰，极大地鼓舞了全琼抗日军民的斗志，发展了儋、临、澄地区的抗日局面，为特委和总队部转移到琼西山区建立抗日根据地举行了一个奠基礼。

这次战斗的胜利，是父亲坚决贯彻执行党的抗日民族统统一战线方针，

◇战斗在海南岛丛林中的琼崖纵队

团结一切抗日力量，充分发动和依靠群众、实行人民战争的结果。这也是全民族抗日战争取得胜利的生动写照。历史证明，无论党派或阶层，无论军队或百姓，无论官长或士兵，当他们把国家和民族利益置于第一位，无私无畏地用生命、热血、牺牲凝聚成滚滚洪流，去捍卫国家的尊严、民族的荣誉，他们必将势不可挡。

王耀南在冀中推广地道战和地雷战

◇王太岳

王耀南【1911 ～ 1984.11】

王耀南，江西萍乡人。1922 年至 1926 年参加安源煤矿工人运动。1927 年参加湘赣边界秋收起义。1930 年加入中国共产党。土地革命战争时期，历任红 4 军军部特务营排长、连长、副营长，瑞金红军学校排长，红一方面军总部工兵连连长，公略步兵学校工兵主任教员，红一方面军总部工兵营营长。参加了长征。抗日战争时期，任八路军第 115 师工兵营营长，独立支队第 1 团副团长，第 129 师工兵主任兼新编 10 旅第 28 团团长。1941 年任晋察冀军区工兵主任兼第 4 军分区 5 团团长，武装部部长，第 3 军分区司令员。解放战争时期，任晋察冀军区工兵主任，北岳军区第 2 军分区司令员，晋中军区第 1 军分区司令员。1948 年任华北军区独立第 4 旅旅长。参加了张家口保卫战及太原等战役。中华人民共和国成立后，任山西军区临汾军分区司令员，绥远军区参谋长，华北军区工程兵主任，北京军区工兵主任。1966 年任工程兵副参谋长。1970 年任工程兵副司令员。1955 年被授予少将军衔。1984 年 11 月 3 日在北京逝世。

地道战，地雷战，冉庄……70 多年过去了，依然被人们铭记和传诵，因为这承载着抗日战争年代的艰辛、传奇与胜利的记忆。被称为早期人民军队“工兵王”的王耀南在冀中推广“两战”，功不可没。

岁月流逝，光阴荏苒。我敬爱的父亲王耀南已去世 30 多年了，但父亲在抗战中的事迹永远刻印在我的脑海中。记得父亲对我说，那是 1941 年冬，他接到朱老总命令到晋察冀军区工作。当时冀中军区形势非常严峻，日伪军强迫敌占区老百姓在冀中地区周边建据点、碉堡 1000 多处。冀中地区和冀中军区希望能将机关、部队撤到太行山根据地，待形势好转之后再返回冀中。聂荣臻认为可以考虑冀中军区的意见。但彭德怀副总指挥认为应该坚持冀中根据地。聂司令员派我父亲去和冀中军区的领导一起研究防御方法。父亲和冀中军区吕正操、程子华研究后认为：如果与日、伪军强干，以弱击强打消耗战是行不通。这也是聂司令之所以考虑冀中区委和冀中军区西撤建议的原因。彭副总指挥不同意冀中地区和冀中军区及其上级晋察冀军区的意见，是因为冀中地区是华北重要产粮区。日军正急于要把华北变成其兵站基地，而冀中是重中之重，日伪军

◇ 1941 年冬季，王耀南协助聂荣臻组织和领导晋察冀地区的军民对日寇开展“地雷战”和“地道战”。

"蚕食"冀中根据地的目的正在于此。正因为冀中是大平原,八路军一旦撤出,要等日本人走了或减小对冀中的压力,使形势变好,几乎是不可能的,而八路军一旦丢失冀中,想再打回来,那更是难上加难。

山区为什么能坚持长期稳定的局势呢?父亲说,主要原因是地形有利于我们。那么,能不能改造平原的地形呢?怎么改造呢?这个问题,摆到冀中区委和军区主要干部面前。有的干部说:如果我们能办得到,绝不会向上级建议撤退,你王耀南是总部派来帮我们解决这个问题的,你解决不了的,让我们怎么办。父亲说,他一个人什么事也办不了,要靠大家想办法,他只不过是用自己的工兵专长,代替首长们来组织地雷战和工程保障。

父亲向我们回忆道,那时冀中六分区兼警备旅的王长江、旷伏兆和孙志远对他说:"老王你可不知道,下面民兵和部队反映我们花了血本,砸锅卖铁,闹了几个宝贝地雷,都让小鬼子的'照妖镜'统统给照了去了。""什么?'照妖镜'?"父亲说,他当了十几年工兵,搞了二十多年爆破,怎么从没听说过什么"照妖镜"。随即让吕正操派几个侦察员,去搞清日本鬼子的"照妖镜",搞不回来"照妖镜",也要照模照样画一个拿过来看看。程子华说:"我来办这件事。"很快"照妖镜"画回来,父亲一看是探雷器。探雷器是由探框、振荡器、耳机、操杆和电源组成。当探框接近埋有地雷的地面时,振荡器的频率发生变化,耳机就会发出声音,工兵就知道有地雷了。父亲指着侦察员们画回来的图,向冀中军区的领导一一做了解释。并且说,要想破日本鬼子这个"宝贝",一定在地雷上边罩上一个"宝贝",只要探雷器的探框一伸过来,地雷就爆炸。吕正操问我父亲是什么宝贝,父亲说老鼠夹子。他以前在太行山冬天狩猎时,经常模仿老鼠夹子做一些夹子,夹豺狗和狼,挺灵的。所以他一看到探雷器,就想到用老鼠夹子来对付。把地雷拉火绳放在鼠夹子挂食的勾子上,轻轻一碰夹子就会自己合起来,拉动拉火绳引爆地雷。父亲让警备员去向老房东要一个老鼠夹子,用一只砸炮代替地雷就在当院摆上了。他又让警备员拿了一个扫把当扫雷器,王长江抢过来说:"哪能让首长亲自动手,还是让我试试。"他就学鬼子工兵,拿着探雷器的样子,拿着扫把晃来晃去,一碰到老鼠夹子,啪的一声砸炮响了。程政委、吕司令都高兴地说:"好好好。"可父亲说:"不好。"他们连忙问为什么?父亲说:"太贵了,一个夹子两毛钱，要十个鸡蛋换。”父亲在冀鲁豫用坛坛罐罐做地雷，宋任穷还嫌太贵了，最后父亲用石头做地雷，才算说服了宋任穷。父亲对程子华说：“你派个干部下去，了解一下，用坛坛罐罐做的雷，被鬼子探出来了没有。”探雷器只能探金属，探坛坛罐罐，它可探不出来。父亲说，他考虑了好久，在冀中地区除了用石头做雷壳，还用什么做雷壳会更便宜呢？从山东回来，父亲看到河北到处都有烧砖瓦的窑。烧地雷壳子应该说不成问题。这样每个雷壳才两分钱，每个地雷算下来才几毛钱。全冀中做上几万颗地雷，武器问题不就解决了吗？可以在真雷上面搞一个假雷，日军的工兵发现假雷，在排雷时拉动上面的地雷，下面的地雷就响了。

父亲接着说，后来军区派去的干部回来汇报，敌人确实没有探出过罐子雷。因为铁地雷值钱，闹一个不容易，让鬼子缴获了，老百姓和下面部队都心疼，所以马上报上来了。程子华谈到地形改造问题时说，咱们冀中有些老百姓挖“蛤蟆蹲”，敌人来了往里一猫，是个好办法，但蹲到里面只能藏不能打，万一让敌人发现了跑都跑不了。现在“蛤蟆蹲”有两个口，能藏能跑还是不能打。什么叫“蛤蟆蹲”，父亲说他当时没看到不好说什么。为了解决打击敌人的问题，父亲还是决心去看看。程子华说：“让旷伏兆全程陪同。”

父亲查了一下报告，清苑县冉庄和定县北疃搞得藏身洞最好。父亲和旷伏兆带几个参谋和警备员，准备连夜出发，经安平、安国、东亭去定县。他出发前上马时，看到马尾巴来回摆动，想到破日军工兵探雷的好办法：用马尾当绊索，工兵探雷器的探框，碰到马尾绊索，就会把地雷拉响。马尾不用花钱，防潮性能好，不容易拉断，马尾很细，和线绳不一样，即使非常认真的工兵也不容易发现。父亲马上告诉为他送行的程政委，程政委让警备员把冀中军区的参谋叫来，父亲和吕司令、程政委一起布置了用多种方法破日军工兵的任务。布置好任务后，他们便出发了。

父亲对定县比较熟悉。因为百团大战时，他就曾指挥当地军民破袭平汉铁路去过定县。他说，当时短短一年多，变化真大。日军为了部队的机动，强迫老百姓修了很多碉堡，保护各县城之间四通八达的公路网，而这些公路有许多也是刚刚修成。父亲才知道冀中的老百姓，为了防备敌人的追捕，在自己家里挖了藏身洞。起初开口只有一个，很隐蔽，但是让敌人发现了就没

◇1944 年秋季，王耀南(左 3)与晋察冀军区三分区的领导干部合影。

法跑，以后又发展成两个口。沿途父亲看了很多村的“蛤蟆蹲”，有些村子的“蛤蟆蹲”已经连成一片，各家各户都连起来，出口想得也很巧妙。大部分是秋冬季节老百姓挖来藏人和藏粮食的。越靠近县城的村庄挖得越巧。在反“扫荡”、反抢粮斗争中起了很大作用。父亲指出在坑道里要设一些防护掩体，用来保护坑道，消灭钻进坑道的敌人。

父亲照猫画虎地提出了要求。老百姓听不懂什么坑道、掩体，管这个玩意儿叫地下道或叫地道。父亲觉得地道也挺顺口。

再一个就是防止日军用毒气的问题。有的村子的地道可以藏人，但给鬼子挖开一个口子，可了不得。这样必须对地道进行改造，把地道隔成一段一段的。而且上层土层挖的太薄会坍方，只有向下挖一个井，向前挖五六公尺短通道，再向上挖一个井，每个井口边放一个盖子，需要时盖子一盖，撒上土就可以防毒了。而且在隔断上挖一个射孔，用于观察和射击进入地道的敌人。

父亲对大型地道必须设多个防毒气通道的要求及具体作法，旷伏兆非常赞同。他马上上报冀中军区,并当即向在场的军分区、地委和县委、武委会的干部作了布置。

父亲说他们还没到北疃,就接到发生我军埋的地雷炸死老百姓的通报。原来是驻郭庄和大陈庄的部队,以为定县日军出来,在东王庄方向布了雷。谁知道情报不准,是正定县的日军出来了,结果老百姓在撤退慌乱时,踩响了地雷炸死一些老乡。军分区已接到善后处理的命令。父亲了解了具体情况以后,建议:为了避免我军和民兵埋设的地雷误伤根据地军民和过往人畜,各部队游击队和民兵只有接到准确的情报或看到敌人的运动,才可在敌行进前方,安装地雷击发装置(因为有些雷早已埋好、伪装好,只是未安绊索)。警报解除需由击发装置设置人员拆除击发装置。父亲的建议当即以冀中区委和冀中军区的名义,以命令的形式发往各部队和各地委、县委,并上报129师和晋察冀军区,以后大军区也下发了类似命令。谁知传来传去,传到老百姓那里,变成不见鬼子不挂弦。反正这条命令这样传达,既简单易懂又明确。

父亲他们到达北疃,看到那里的地道搞得不错。地道规模很大,很宽敞,七八百人住进去不成问题,还存了不少粮食。有通往水井的通道,吃水不成问题。父亲当即予以表扬,但是严肃地指出,必须设置多个防毒气通道。父亲指示定县县委领导,必须立即动手修建防毒气通道。旷伏兆也以军区的名义命令定县执行。

父亲他们回到饶阳后,向冀中军区和区委主要负责人,汇报了他在考察地道时发现的问题和解决的办法。冀中军区和党委马上作为紧急任务布置下去,并命令军区警备旅的韩伟副旅长陪父亲下去检查执行情况。

从饶阳出来,父亲一直在考虑改造地形问题。经过安平时,父亲就指着二三里地以外的一个戏台子,对韩伟说:“老韩你看那有座山。”韩伟说:“那不是戏台子吗?”父亲说:“在那上面设挺机枪,你敢不趴下。”韩伟用望远镜看了好一会儿才说:“照你的说法,咱们冀中是大平原,随便在村边的那座屋子上都能看很远。”进了村子父亲说:“咱们进山沟了。”韩伟说:“那是,把临街的窗户、门都堵上,从上往下打手榴弹,街上的人一个都跑不了。老百姓谁听你的。”父亲说:“平时不听,打起仗来听不听?一旦打起来,把所有院墙全部打通，堵上门窗，一天时间用不了就可以搞好。鬼子进庄一个也跑不了。平时多做些梯子，打起仗来上房、下房，从这座房到那座房，用起来就方便了。另外在房顶上做工事，用土坯垒一些掩体，这样不破坏房子结构，打起仗来就可以使用。”父亲他们在一个村子里休息时，正好坐在十字路口上的一个磨盘上。父亲拍拍磨盘对韩伟说：“这不就是一个很好的地堡吗？”韩伟说：“我的同志哥呀，你饶了我吧，这磨盘是村里人的命根子。老百姓也不知花了多少血汗钱，才凑起钱造的磨。全村吃棒子面，全指着这盘磨。你拿走了，老百姓会恨死我。”父亲说：“我不要你的，我在这下面造个暗堡，在暗堡里可以监视两条大道，再把暗堡通到地道里，又能打又能藏，难道不好吗？”韩伟赶紧趴到地上看，看了好一会儿才说真不错。深夜他们到达冉庄时，当地军分区和县大队、县委的主要领导已经在等了。

冉庄离清苑县城不过十几公里，离保定市也就十几公里，离定县火车站只有十几公里，虽然交通不甚便利，但步行两个多小时，敌人就可以到达。因此军分区和县委采取了严密的保安措施。父亲看到冉庄民兵地道挖得非常认真。他和韩伟把途中的设想及在各村看到的好办法、好设想、存在的问题，与军分区领导交换了意见，提出了要求。军分区司令员表示坚决照办，县委书记也表了态。父亲提出战时临街门窗堵塞时，他们开会的房子是村干部的，这个房子也正好临街。会后，韩伟对那个村干部说：“日本鬼子来了，你们把门窗堵上，在房子里打枪，怕不怕日本鬼子烧了你们的房子。”村干部们说，打鬼子死都不怕，害怕烧房子。他狗日的烧了旧的，咱再盖新的。并说，我们马上下去分头布置。

父亲在这间房子里开会也是军分区考虑好的。如果出现敌情，可以马上下地道。父亲对那个村干部说：“你看，你的窗口砌起来留个瞭望口，可以了望，可以射击，打不赢了又可以马上下地道。这样，打防不就结合起来了吗？村边的房顶上，平时修上工事，用来控制村外的开阔地。村内就利用房顶上的矮墙当工事。这样高房工事、临街工事、暗堡，形成一个立体交叉火力网，用地道串起来，再把各院墙打通，可以把现有村庄改造成有利于我、不利于敌的特殊的打防结合的战场。”平原地区的地形改造问题，就这样解决了。

父亲再次强调防毒通道的问题及防水的问题，要求坑道必经有通道到水井，以防敌人灌水、放毒气。村干部领父亲看了地道各部分结构，规模虽不如北疃，但总体让人满意，就是通风不好待久了憋气。父亲告诉他们必须多搞些通风孔，这些孔一定要隐蔽。当时正值农忙，人误地一时，地误人一年，农民是最懂这个道理的。这也是实施地道改造的最大阻力。地道改造和农忙争劳力、争时间。虽然敌人“扫荡”迫在眉睫，但是还没打到自己头上来。当然像冉庄这样受敌伪骚扰的村民，应该知道孰重孰轻。父亲告诫军分区和县委的干部，应该教育广大的民兵，光打不藏是以弱击强，是蛮干，干不了多久；光藏不打，光挨打。要运用地道、地雷作战，保存自己，消灭敌人。根据父亲了解到的情况，相当一部分农村干部和农民，仍未能把反“扫荡”的准备工作放在第一位，仍存在侥幸心理。只有动员人民，才能进行地雷战、地道战这样的特殊战法。只有依靠人民才能赢得装备飞机、大炮，训练有素的强敌。所以父亲向冀中区委和军区建议，紧急动员全区民众用地雷战、地道战，来保存自己，消灭敌人。

◇民兵依托地道作战

父亲赶到冀中军区驻地饶阳时，正好中共中央关于“长期坚持冀中平原游击战争”的指示，传达到冀中军区和冀中区委。中共冀中区委和冀中军区听了我父亲的汇报之后，连续发出紧急指示，要求全区军民做好反“扫荡”的准备工作。与此同时，对各部队和地委分区域，划分了责任范围，分散活动的方案，紧缩了机关，动员全区军民坚壁清野。对父亲建议运用地雷、地道战保存自己消灭敌人，也以命令的形式予以推广。父亲还专门要求有关军分区和县委汇报执行情况，尤其他们去过的定县、北疃、清苑县冉庄及经过的一些村镇的情况。

父亲说，令他遗憾的是，他的建议和要求及冀中军区的命令，并未能被所有的根据地群众认真执行。当时很多地方仍以战斗为最重要的任务,即以打为主,未能亲自督促群众改造地道。而农民则以农时春耕为最主要的活动。有些村庄,尤其是根据地中心的村庄更是如此。在随后的“五一”大“扫荡”中,给冀中群众造成了极大的伤亡。我父亲曾亲自去过的定县北疃地道惨遭日军毒气攻击,造成八百多人死亡,这里包含了定县全部领导干部和县大队的几乎全部指战员。事后他和冀中军区程子华去北疃祭奠为国捐躯的抗日军民及党的干部。父亲还下到北疃地道,发现他们确实未能按他的要求挖掘防毒通道,也未按他的要求修筑必要的掩体工事。但是清苑县冉庄民众能够在农忙和战斗间隙,坚决执行父亲在冉庄为军区制定的训令和命令,在军分区、县委的领导下,在村党支部的直接指挥下,付出了巨大的努力,将地道的构造按要求进行了扩建、改建,并且有许多发明和创造,使冉庄的地道成为冀中地道战的典范。

李懋之与沁源围困战

◇李辉健

李懋之【1910 ～ 2009.2】

李懋之，山西襄垣人。1938 年参加山西青年抗敌决死队。1943 年加入中国共产党。抗日战争时期，任山西青年抗敌决死第 1 纵队游击大队副大队长，游击第 1 团副营长，代理营长，第 216 旅参谋主任，决死第 1 纵队 25 团参谋长，太岳纵队第 28 团参谋长，中国人民抗日军政大学太岳分校教育长。解放战争时期，任太岳军区第 4 纵队参谋处处长。1947 年起任豫陕鄂军区参谋长，豫西军区参谋长。1949 年任河南军区副参谋长。中华人民共和国成立后，任河南军区参谋长。1951 年任志愿军第 3 兵团副参谋长。1952 年起任军事工程学院副教育长，物质保证部部长，教育长，副院长。1960 年起任军事工程学院副院长。1975 年任第二炮兵副司令员。1961 年晋升为少将军衔。

从 1943 年初到 1945 年 4 月，沁源八万多军民用两年半的时间把日军围困在沁源城内，经历 2730 余次大小作战，最终赶走敌人。李懋之作为围困指挥部总指挥全程参与了这场艰苦的围困作战。

2014 年 11 月，我们在北京参加《英雄的人民 英雄的城 —— 沁源对日围困战》大型文献纪录片首发式，见到几位当年参加围困战的老战士，看到他们亲切的面孔，倾听他们动情地回忆，让我们不禁回想起父亲给我们讲的故事。70 多年前，在中国人民伟大的抗日战争中，父亲李懋之作为沁源围困战的总指挥与他的战友们并肩战斗，取得了这次战役的巨大胜利。

那是一个艰苦的年代。1942 年，穷凶极恶的日本侵略军为了取得战场的主动权，加紧了对抗日根据地的进攻和“扫荡”。10 月 20 日，日军第 36、69 两个师团和 20 多个县的伪军共一万多人，分七路攻入岳北抗日根据地，占领了太岳军区和政府所在地沁源县。日本华北派遣军司令冈村宁次为了实现其占据太岳根据地目的，下令在沁源县挂出“山岳剿共实验区”的牌子，同时在城关及交通大道上扎下 15 个据点，改变了过去“扫荡”过后就撤走的做法，企图占住沁源不走了。

太岳军区司令员陈赓和政委薄一波认为，在敌强我弱的形势下，我们不能硬去攻打沁源县城，应该扬长避短，发挥优势，广泛发动群众，对沁源之敌实行围困战。在征得 129 师和八路军首长同意后，11 月 11 日，太岳区党委和军区做出了围困沁源的决定，提出“在党的一元化领导下，依靠广大人民群众，广泛开展群众性游击战争，实行长期围困，战胜敌人”的方针。12 月中旬，陈赓、薄一波把父亲叫去，他当时任决死 1 纵队 25 团参谋长。陈赓说：“为了便于统一指挥主力部队、地方武装和民兵游击队，组织上决定把你从二十五团调到三十八团任参谋长兼围困沁源指挥部总指挥，县委书记刘开基为政委，县长张学纯和县大队长朱秀芝为副总指挥，县委副书记侯振亚为副政委。统一指挥三十八团、二十五团、五十九团各一个营和县区武装及民兵，对敌人进行围困战斗。你们要很好团结、动员群众，带领全县人民克服一切困难，不管时间多久，一定要战胜敌人，决不能让敌人的实验企图得逞。”

12月下旬，父亲到达38团。1943年1月1日到达沁源县委，组成围困指挥部。那时的指挥部是集党政军权于一体，实行一元化领导，是战时的最高权力机构和组织形式，隶属于太岳区党委和太岳军区。

在父亲到任前，沁源县委已经组织沁源城关和离日军敌据点十华里、离运输线五华里以内的23个村庄16000多名群众进行了大转移。老百姓埋好粮食，填埋水井，拉走用具，全部转移到山区，把县城和日军据点周围变成了一个“无人区”。

1月5日，围困指挥部召开会议，父亲在会上传达了陈赓司令员对围困战的指示，对38团、25团、59团和洪赵支队的分工做了具体安排。同时，将沁源全县基干民兵中的强壮青年组成13个游击集团，面向敌占区，昼夜进行游击活动，寻机杀伤敌人。由此，一个由沁源军民组成的人民战争的天罗地网，把日军团团围困在沁源县城和各据点当中，只要他们一行动，就会被沁源军民及时知晓并进行袭击，仅一个月就打死打伤日伪军340多人。

为了围困到底，必须解决16000多名转移群众的吃住问题。指挥部首先组织群众打了5000余孔窑洞，解决了住的问题。吃的问题怎么办？沁源群众有一句话：“啃石头，喝泉水，也不回去维持敌人。”多么好的群众啊！陈赓司令员知道后，立即从部队调来军粮救急，部队也开展了每天每人节约二两粮的活动，支援群众。为了彻底解决问题，父亲和刘开基商量，决定组织部队掩护群众回据点抢粮。

1月18日凌晨，一场抢粮大战开始了。父亲和刘开基在城东关西北坡上现场指挥，群众在部队的掩护下有序地向城关和各村进发，虽是严冬腊月，刺骨的寒风像刀子一样吹得人脸上生疼，但群众一个个精神抖擞，在基干民兵的带领下，俨然像一支“正规军”，直抵各自的目标。各部队攻击县城和各据点的战斗同时打响，38团1营在沁源东关捉到五六个放哨的伪军，

◇沁源围困战中的军民联防分队

叫他们带路直奔伪军中队部，抓住了伪中队长，叫他向日军报告，说八路很多，抵挡不住。由于天黑，日军不明底细，听到四处打枪，躲在碉堡里不敢出来。群众迅速地挖取埋藏的粮食，还抢了伪军的仓库，共抢出粮食 7400 余担，不仅解决了吃的问题，而且还缴获伪军步枪 70 余支。

4 月，日军占领了霍登村，逼迫群众建立维持会，群众誓死不答应。日军恼羞成怒，杀害干部群众 50 多人。敌人的恶行大大激怒了我围困军民，25 团 3 营营长徐其孝来指挥部找父亲，请求攻打霍登。有人说，霍登日军的武器装备好，是最强的一个中队，怕打不好。父亲说，霍登日军是刚接防的一个中队，骄傲自负，占领霍登后连野战工事都没有构筑，只在村边修三个简易岗楼，如果我军半夜突击，完全可以打敌人一个措手不及。在他的统一指挥下，5 月 1 日 25 团 3 营由团参谋长余凯率领对霍登发起攻击，他们由霍登的民兵带路，直插日军的驻地，把日本鬼子堵在院子里。经过两个多小时的激战，歼灭日军 100 余人。38 团 1 营和 59 团 1 个连负责打阻击，歼灭了沁源来敌 50 多人。这一仗有力地打击了敌人的气焰，坚定了沁源军民战胜敌人的信心。

很快春耕季节到来，转移出来的群众担心种不上庄稼，秋后没有粮吃。指挥部决定在霍登胜利后，趁热打铁，强袭沁源城关和交口镇。为了打好这一仗，我父亲带领六个侦察参谋，两次到城里进行侦察，然后与城关、交口的民兵一起研究地形，并绘制地图发给各部队，以便于各部队直奔敌伪住所，封锁敌人。

5月6日凌晨1点发起战斗。25团3连和59团两个连首先在西郊打响，在北园子高地上用土炮向日军碉堡轰击，紧接着全城枪声、手榴弹声、土枪土炮到处响起，日军仓库、草料场很快被点燃，夜里风大，风助火势，火光冲天。攻打城东门的38团3连，看见日军仓皇地往碉堡上跑，连长胡尚礼指挥两挺机枪猛烈扫射，打死打伤不少日军。日军重机枪在炮楼外刚叫两声，就被我投弹手打哑了，日军只好钻进碉堡胡乱打枪。凌晨2时30分围困部队按计划撤出战斗。此次强袭城关和交口镇，共打死打伤日伪军250多人，缴获步枪160余支，轻机枪两挺，火烧仓库四座，草料场三处，房屋20余间，救出全部被扣押群众。

战斗的胜利鼓舞了沁源人民，他们已不再紧锁眉头，而是露出了笑容。在指挥部领导下，群众组织了抢耕、抢种队，只用了七八天时间，就把“无人区”的三四万亩良田下了种。政府还在群众暂住的地区，拨给荒地5000亩，有些群众在山坡上又自己开了些生荒。种上庄稼，大家心里踏实了，围困到底的思想更坚定了。他们还把自己住的地方起名为，“正气庄”、“坚定沟”等响亮的名字。

入夏，小麦一天天成熟，据点里的日伪军由于粮草供应不上，对地里的麦子垂涎三尺。在日军动手之前，指挥部及时组织军民抢收，日军只能“望田”兴叹。入秋，指挥部又组织军民把秋农作物抢收回来，并抢种了小麦。不仅解决了转移群众的吃饭问题，而且保证了政府的公粮和部队的军粮。

日军被围困在县城和各据点里困苦万分，伊藤大队长向驻临汾的师团部写信诉苦说：“来到这里，没有人，没有粮，没有水，天天有病倒的……”盼望师团部给他们送给养来。日军唯一的补给线是二沁大道(沁源至沁县)，为了彻底掐断日军的供应线，指挥部把二沁大道变成了敌人的鬼门关。除组织部队进行阻击外，还组织了神枪手培训班，利用民兵进行“麻雀战”。根据山区石头多的特点，举办了制雷训练班，“家家造石雷，人人埋石雷”，各式各样的地雷、滚雷、水雷、草雷、踏拉雷、空炸雷，炸毁日军的运输车（开始日军用汽车运输，后来道路破坏了，改用马车）100 多辆，炸死炸伤日伪军近千人，缴获了大量战利品。日军哀叹，“送粮怕进鬼门关，进入鬼门关，如若死不了，就是活神仙。”

为了鼓励和教育广大群众参加斗争，指挥部先后成立了“绿茵剧团”和学校，在 25 个村里建立了夜校，组织广大群众参加学习。全县军民心往一处想，劲往一处使，一个声音、一个步调，绝不回家，绝不维持。一次，日军在奔袭中抓捕群众 400 多人，在严刑拷打下，没有一个人屈服，表现了大义凛然的民族气节。全县八万人，包括地主、商人、流浪汉、吸毒的，没有一个人当汉奸，没有建立起一个维持会。这是一个伟大的奇迹。沁源军民用自己的顽强勇敢和流血牺牲，写下了一部可歌可泣的英雄史诗。

父亲和刘开基等同志配合得非常好，他们成为亲密无间的战友。在围困指挥部的领导下，沁源军民把主力部队和民兵有机地结合起来，使日军寸步难行，控制的区域越来越小，到 1944 年只能龟缩到城内的碉堡里了。

沁源县的城池很小，不到一平方公里，一半跨在西山坡上，城墙不高，也修在山坡上，西城无门，日军几个主要的坚固大碉堡，都修在城内西山坡上，伪军主要栖息之地是半坡上几个土窑洞。西城外的山比城墙高，围困指挥部就在山上安排了神枪手，面对日军碉堡顶上的瞭望哨和城墙上的巡逻兵，只要他们一露头就打枪，不死即伤。到了夜晚，我神枪手抵近城墙下，利有夜空作背景，照样可以打他几个。日军在“乌龟壳”里寝食不安，如坐针毡，连白天的短距离出击都不敢了，沁源城东关和城外完全成了围困军民的天下。

陈赓、薄一波等同志到延安后，向党中央汇报了围困沁源的战斗情况，受到党中央的高度评价。1944 年 1 月，由陆定一撰写的社论《向沁源军民致敬》在延安《解放日报》发表。社论指出：“模范的沁源，坚强不屈的沁源，是太岳抗日民主根据地的一面旗帜，是敌后抗战中的模范典型之一。”看到《解放日报》的社论，作为围困沁源的总指挥，父亲非常欣慰，他高兴地写了一首诗：

羊年腊梅

玉质黄金衣，金铃满树垂。含羞开口笑，飘香迎春归。

人民战争力，无坚不可摧。围困沁源敌，消灭日本鬼。

到1944年夏，沁源的日军已成瓮中之鳖，走不能走，打不敢打，就这样活不活，死不死，被困在乌龟壳里，坐以待毙。自此，日军占领沁源，妄图把沁源作为“剿共”实验区，占领抗日根据地的计划彻底破产了。

1945年4月11日，沁源日军弃城出逃了。沁源军民在两年半的围困斗争中，共作战2730余次，毙伤日伪军4200余人。同月，毛泽东主席高度评价了沁源对日军的围困战，说：“沁源人，英雄的人民、英雄的城。”21日，太岳抗日根据地《新华日报》发表社论《沁源人民的胜利》，指出：“沁源不是靠飞机大炮打下来的，它是靠8万老百姓和正规军、游击队和民兵的一致团结，经过长期围困与最后的围攻斗争，而将敌人赶走的。”“二年半来沁源的对敌斗争，不仅创造了党与群众血肉相依的模范典型，而且创造了军政民团结，正规军、游击队、民兵、自卫队配合作战的丰富经验。其他，在执行与实现党的各项政策，如劳武结合、生产互助、互济救灾等方面，都有很多的创造。这些都值得我全区军民研究学习的。”

沁源围困战是沁源人民在中国共产党领导下创造的奇迹，是中国人民在抗日战争中书写的瑰丽篇章，是第二次世界大战中反法西斯战争中的经典战例。它铭刻在沁源军民心上，成为他们不可磨灭的记忆；它记录在中国现代史中，成为中华儿女永远的骄傲。

前事不忘，后事之师。今天，抗日战争的硝烟已经散去70年了，作为当年抗战将士的后代，我们一定要牢记中华民族在抗日战争中所遭受的巨大苦难，牢记中国军民在这场伟大抗战中所创造的宏伟业绩，继承和发扬当年沁源围困战的革命精神，为实现中华民族的伟大复兴而努力奋斗。

孟庆山指挥河北游击军在冀中抗战

◇孟　速

孟庆山【1906 ～ 1969.2】

孟庆山，河北蠡县人。1925 年入冯玉祥部，任排长，连长，副营长，国民革命第 26 路军副营长。1931 年参加宁都起义。1935 年加入中国共产党。土地革命战争时期，任红 1 军团第 3 军 8 师 24 团副团长，中革军委教导第 4 团团长，红 3 军团干部队队长，红 15 军团 75 师 224 团参谋长。参加了长征。抗日战争时期，任河北游击军司令员。1938 年任八路军第 3 纵队兼冀中军区副司令员兼第四军分区司令员。解放战争时期，任冀中军区第 9 军分区司令员。1947 年起任中共冀中区党委武装动员部部长，冀中军区武装部部长。1949 年任河北军区石家庄军分区司令员。中华人民共和国成立后，任河北省军区第一副司令员兼武装部部长。1950 年任河北省军区副司令员。1955 年被授予少将军衔。是中国共产党第七次全国代表大会代表。1969 年 2 月 17 日在天津逝世。

全面抗战爆发后，身为河北人的孟庆山被党中央、毛泽东主席"钦点"，派往河北开辟抗战局面。他不负期望，迅速发展组成号称十万大军的河北游击军，在冀中平原纵横驰骋，屡获胜利。

从延安到冀中

七七卢沟桥的枪炮声，拉开了中华民族全面抗战的序幕。

当时，我的父亲孟庆山担任红军团长，正在延安抗大第二期学习。几天后，抗大罗瑞卿副校长通知我父亲去党中央谈工作。第二天在中共中央所在地杨家岭，秦邦宪和李富春先后向父亲交代了党中央的战略意图，首长指出："党中央对目前的形势的判断是，中日战事有扩大之势，目前平津危机，华北危机。我们确定红军的基本战略任务是创建敌后抗日根据地，在敌后发动游击战争，在敌人后方宣传发动民众，组织人民武装，大力贯彻抗日民族统一战线。创立中国共产党独立自主领导的敌后根据地，为下一步我军大部队向东做战略展开做准备。目前我军经过长征，部队损失很大，兵力严重匮乏。面对日军的优势装备和强大攻势，我军不足以完成对敌作战任务，所以在建立敌后根据地的同时，要大力宣传发动民众，踊跃参军参战，补充兵员，扩大红军队伍。"

首长并强调指出："孟庆山同志，冀中地区党的基础比较好，你又是河北人，对当地风土人情、风俗习惯、语言都比较熟悉，便于开展工作。这次党中央派你来执行开辟敌后抗日根据地的任务，是经过认真研究，慎重考虑的，根据对你以往的表现，相信你能胜任。"

接着，毛泽东把我父亲叫到跟前，面授机宜。他说："现在全面抗战已经开始，这次党中央派你到敌后去，发动群众，开展游击战争，这就要你把学校学到的东西到实践中去运用，这项任务是很艰巨的。”

说到这里，毛泽东点燃一支烟，笑容可掬地说：“庆山同志，派你去河北，有什么意见?”父亲这是第一次面对毛主席接受重大任务，既紧张又兴奋，坚定地回答：“保证完成任务，以实际行动回答党中央的信任。”毛泽东接着说：“很好！要完成这项任务，必须学会搞统一战线，利用一切可以利用的条件和力量一致对日。要学会依靠群众，要灵活地掌握中央政策，共产党人是松柏，也是杨柳。要冬夏常青，也要适应环境，宜于栽种。”我父亲把毛泽东的指示牢牢记在心里。

转天，父亲进行了必要的准备和化妆后，带领其他几位红军干部（薄一波要的干部，他们在太原下车）离开延安，向国统区出发。父亲一行人在渡过黄河风陵渡，经潼关、太原、石家庄后，一路风险几经周折，于7月底在保定失守前到达白洋淀，迅速和保东特委取得联系。在地方党的领导和支持下，父亲等人大力宣传发动民众，首先按党中央的指示，在党员基础较好的安新、高阳、蠡县等地开办党员游击战术训练班，培养了300余骨干力量。至1937年底，通过扩大抗日民族统一战线的宣传发动，收编地方联庄武装，加委和整编各路抗日杂色武装，接收溃退下来的国民党部队等方式，建立起一支统辖三个独立师，五个独立团和支队，另有12个路，号称十万大军的河北游击军，父亲任司令员。这个在党领导下的武装游击兵团，在冀中平原上纵横驰骋，同日伪军展开了艰苦卓绝的斗争，并取得了大庄、三台、芷家湾、八里桥阻击战以及大战河间等多次战斗的胜利。

激战八里桥

1938年初，日军华北方面军坂垣师团一部在飞机和装甲车的掩护下，向冀中地区突进。这一路进犯的敌人，日伪军共计3000多人，气焰非常嚣张，我游击军三个团（2、4、8团）节节阻击。虽然战士们情绪高涨，也比较顽强，可是因缺乏军事素养，武器装备也差，而敌人火力强，因此还不能阻止敌人的进攻。在芷家桥的阻止防线仅仅一天就被敌人突破，部队撤下来，河间城受到直接威胁。

为了打击敌人,粉碎敌人的企图,父亲指挥部队决定在河间城南八里桥进行阻击。当时,这里的地形对我们有利,河北刚化冰,徒涉困难,我军有堤坡作掩护。尽管敌人武器好,但是孤军深入,我军在数量上占绝对优势,可以用迂回包围的战术,打好了可以消灭敌一部或者把敌人打回去。父亲立即开始部署兵力,由两个团担任正面,两个团从左翼包抄,两个团从右翼进攻。各团进行政治动员后,向指定地点出发,挖工事准备战斗。

◇1938年,孟庆山将军与时任晋察冀军区副参谋长唐延杰同志(右)合影。

第二天拂晓,即和敌人前哨接上火,敌人受到阻击后停下来,组织向我进攻。我军为了不让敌军冲过河来,搞了几只小船放上了可燃物,放在桥下将桥烧毁。

敌人攻击开始了,首先是用炮火向我阵地轰击,阵地上浓烟四起,我军被呛得难受。虽然战士抗日的决心很大,但经历这样激烈的战斗还是初次,免不了胆怯。父亲就和师团营连的各级指挥员在阵地上来回巡视,鼓舞大家的斗志,战士们见领导同自己在一起战斗,信心倍增,振作起来,沉着冷静对敌,敌人打炮,就隐蔽起来,敌人冲锋,就进行射击。敌人冲到桥头用重机枪向我扫射,他们虽有七辆装甲车作掩护,但桥已被我烧毁,陷入河水中,敌我形成对峙局面。

东方的太阳已经照在头上,天已大亮,突然传来轰隆隆马达声,敌人的四架飞机飞来,在阵地上空盘旋扫射投弹。我们当时没有组织对空射击的经验,飞机竟低飞的几乎蹭到地皮,刺耳的马达声,都要把耳朵震聋。当时部队的防空教育也差，有的战士未能很快隐蔽，就牺牲在阵地上。

在这意外的情况下，战士们有些慌张，不知所措，可是他们看到各级指挥员同大家在一起战斗，又鼓起勇气来，队伍中的党员、骨干带头高喊："怕什么，牺牲是光荣的！"这时，从两翼包抄的部队也和敌人接上火，敌人呈现一片混乱，相隔一二百米是很深的稀泥地带，敌人也过不来，就重新组织一次又一次的进攻，但都被我英勇顽强的游击军打了回去。

敌人见无法得逞，就指使伪军喊话，想瓦解我们，相隔只有一条河，声音听得很清楚："孟司令，别打了……"父亲听到真是气愤极了，大声喊："来吧，我在这里，人民军队是不怕死的，你们忘了爹娘，当汉奸，可耻，是中国人，就应当抗日！"父亲赶紧转移了位置，紧接着一排炮弹在原来的阵地爆炸了。下午4点钟，疯狂的敌人又向我阵地发起攻击。敌飞机扫射投弹，炮弹成排倾泻在阵地上，火力太猛，压得战士抬不起头来，唯一的重机枪也打坏了。敌人在火力掩护下冲过河来，父亲看看时间已接近五点钟，阻击任务已完成，我驻河间的机关和部队群众已经安全转移，为了避免不必要的伤亡，赶紧命令部队撤下来，待机打击敌人。

这次战斗打死打伤日伪军300余名，游击军也有部分伤亡，虽未取得全胜，但对部队的锻炼是很大的。

大战河间——起花炮

1938年2月，日军占领河间城后，烧杀抢劫无恶不作。为消灭敌人，父亲率领三个师15000名游击军战士，切断敌人增援的后路，把河间城团团围住。城里的敌人见此情景，把四个城门紧闭，来个乌龟缩头不出来。

河北游击军的战士们个个摩拳擦掌，准备攻城杀敌，但是父亲心情却和大家不一样，他从以往战斗中知道，要攻打这样的城池，光人多不行，没有重武器，就等于老牛掉在了水井里——有劲使不上。河北游击军的武器绝大部分都是杂牌步枪，也有一些轻重机枪和掷弹筒，两门迫击炮，算是唯一的重武器，然而这点武器对攻坚战起不了多大作用。我军自己有个小兵工厂，只能造麻辫手榴弹。可是河间城墙高，扔不上去，手榴弹发挥不了威力，为这个可伤了脑筋。夜深了，父亲他还在司令部小屋子里走来走去的想办法，想来想去，突然眼前一亮，他回忆起幼年时代在老家玩的起花来。那时他在起花上绑上一块小砖头，等起花落下，触地有声，麻辫手榴弹是着地就爆炸的，如果把起花做大些，带上手榴弹不就能飞到河间城里去炸敌人吗？想到这里，他高兴极了，穿着小单褂冒着春夜的寒风跑出屋子，他把睡得正香的几个同志叫起来 ，讲了自己的想法，问大家行不行。大家一听高兴地跳起来，“好，好！这是个妙法子。”接着，父亲又同司令部的同志们一起研究，也都觉得这个办法可行。

第二天，父亲请来了几位做花炮的师傅，开始进行试验，先做比较小的，带上砖块放出，接着增加装药量，做成棒槌一样大的，后面绑上三根麻秸，带上没装药的手榴弹点火后，带着“呜呜”叫的响声飞上高空。然后，又试验带麻辫手榴弹，结果能斜飞了300米落地爆炸。试验成功了，大家高兴地给这种新武器叫“起花炮”。

父亲星夜又派人从肃宁县城找来做花炮的能工巧匠一百多人，对他们说：“我们这块地方，古时称燕南赵北，多少感慨悲壮之士，是出英雄豪杰的地方，今天日本鬼子打到咱们家门口，我们不能忍受亡国的奇耻大辱，你们有技术，过去是为了让老百姓过年找欢乐，今天要把技术贡献给抗战，打下河间城，消灭鬼子汉奸，造飞炮是个光荣的任务，将来在史册上要留下你们的名字。”大家异口同声地说：“没问题，保证完成任务，叫狗日的尝尝咱们飞炮的滋味！”

随即，在各地购买了大批麻杆、木炭、火硝等物品，连夜突击，五天的工夫，就造成了十几大车。一边做着，一边开训练班，教给战士放炮的方法，开始有的不敢放，因为声音叫得吓人，可是知道非常安全后，大家都抢着去放。接着，教给他们多大的坡度能打多远，好准确地炸敌人。

父亲召集游击军师团会议进行了研究，进行了政治动员。他向全体指战员说明：河间城是冀中的中心地带，攻取它对巩固冀中抗日根据地，鼓舞军民的抗日情绪和必胜信心，有着重大的战略意义，因此必须坚决拿下河间城。

接着，游击军所属各部队又进行了登城作战演习。各单位发扬军事民主,发动大家拿出克敌制胜的办法:2师4团研究了木炮,把大榆树中间挖空,装上火药和碎铁片等物,四周用铁丝扎好,专门用来打城楼,有的到处搜集大抬杆等武器,还相互提出竞赛,看谁先登上河间城。攻城以前,又召开了游击军的党委会议和师团干部会,检查了准备工作,部署了兵力。

夜11点,全部攻城部队15000多人都到达了进攻出发地,一个个摩拳擦掌准备攻城,部队战斗情绪高昂。父亲一声令下,午夜一点攻击开始了。首先是自制飞炮发出呼啸,飞炮拖着长长的火尾巴飞向城中触地就炸,四面八方一齐发射,犹如火箭炮喀秋莎发射一般,全城顿时成为一片火海,爆炸声响成一片,打得敌人瞎头转向,弄不清是什么武器。敌人乱作一团,到处乱窜,有的跑到老百姓家里藏起来。后来,据俘虏们说,当时以为是苏联给我们运来了新武器。

西城的木炮、大台杆都发挥了威力,打得敌人不知东西南北,嗷嗷直叫。接着冲锋号响了,城内齐鸣,手榴弹爆炸声、枪声、喊杀声震天,震得大地直颤,真有"鸣则山岳崩颓,叱咤则风云变色"之势。敌人慌张失援,胆战心惊,摸不清我们有多少部队,有多大火力。攻城的战士奋勇直前,在火力掩护下搬着梯子登上城墙,有的则登上去就被敌人推下来,这个下来那个又上去,边上边喊"上呀!消灭日本鬼子,拿下河间城!"真是斗志昂扬,气壮山河。4团3连的战士用长竿捆手榴弹炸城上的敌人,还有的把手榴弹绑在刺刀上爬城,敌人一靠近就炸,登上城头就同敌人展开肉搏,有的抱住敌人滚下城来同归于尽。敌人顾头顾不了尾,顾此失彼,阻挡不住英勇顽强的战士。

两点半钟,西城、北城相继点起火来,这是登上城头的信号。随着城内又展开巷战,杀声、喊声充满全城。

敌人见大势已去,面临被全歼的危险,不得不打开南门逃窜,为天皇效劳的强盗在我游击军的打击下只好夹着尾巴逃跑了,河间城又回到了人民手中。这场战斗敌人死伤四百余名,我游击军缴获了一批武器弹药和其他装备。

战斗结束后,满城锣鼓喧天,歌声荡漾,比过年还热闹,群众抬着大批慰问品犒劳我游击军健儿,老大爷、大娘乐得合不上嘴,到处讲着我军英勇和鬼子伪军的狼狈相,好多青壮年都找我们要求参加抗日队伍。

河间城的收复，大大显示了人民武装抗日的威力，给予敌人很大的威胁和打击，彻底粉碎了敌人的阴谋，更鼓舞了冀中军民抗日情绪，我军的威信空前提高。群众都称赞我们的英勇顽强，什么“游击军不能抗日”的论调烟消云散，老百姓看到了希望，看到了出头的日子。本来河间一带的一万多名联庄武装不接受共产党的领导，做工作争取也不行，可是河间一战他们服气了，很快就接受了整编，壮大了抗日的武装，河间的战斗对巩固冀中根据地发挥了很大的作用。

冲出山口就是胜利

——记父亲左权在十字岭指挥突围与殉难

◇左太北

左权【1905.3 ～ 1942.5】

左权，湖南省醴陵县人。黄埔军校第一期毕业，后任军校教导团连长。参加了两次东征。1925 年 2 月加入中国共产党。同年 12 月赴苏联莫斯科，先后入莫斯科中山大学和伏龙芝军事学院学习。1930 年回国后到中央苏区，任中国工农红军学校第一分校教育长、新 12 军军长。1931 年 12 月奉命参与联络指导国民党军第 26 路军宁都起义。后任红 5 军团第 15 军军长兼政治委员，1933 年任红 1 军团参谋长。参加了中央苏区反“围剿”。长征中，参与指挥所部突破国民党军 4 道封锁线、占领施秉城、强渡大渡河、攻打腊子口等战斗。到陕北后，任红1军团代理军团长。参与指挥直罗镇、东征、西征、山城堡等战役。抗日战争时期，历任八路军副参谋长、八路军前方总指挥部参谋长，后兼第2纵队司令员。协助朱德、彭德怀指挥八路军开赴华北抗日前线作战，开展敌后游击战争，创建抗日根据地。他善于把握全局，运筹帷幄，曾参与组织指挥晋东南反日军“九路围攻”、百团大战和黄崖洞保卫战等战役战斗。1942年5月25日，在山西辽县麻田附近指挥部队掩护八路军总部转移时壮烈牺牲。

只要几分钟，只差几十步，冲出山口就是胜利，冲过山岭就是生路。但是，八路军副参谋长左权将军指挥最后一批人员即将突出重围时，被一块弹片击中头部，壮烈牺牲，年仅37岁。

2015年是中国人民抗日战争胜利暨世界反法西斯战争胜利70周年。这个日子对我来说是多么的重要，父亲左权在抗战的烈火中为了祖国、为了人民献出了宝贵的生命。

又到清明节了，可我在养老院里，已经不能采摘鲜花祭祀无数的英烈了，我的心情久久不能平静。但我曾记得，那年和刘伯承之子刘太行，有幸和山西电视台的同志，一起寻访了父亲左权在山西战斗的一些地方，身临其境地去感受父亲的足迹。在百团大战的战场上，在黄崖洞兵工厂保卫战中，在

◇1940年8月，在山西武乡县砖壁村，左权和夫人刘志兰及女儿左太北合影。

十字岭突围决战中……

曾记得，我站在高高的十字岭上父亲殉难的地方，好似听到父亲高喊着："冲啊！冲啊！冲出山口就是胜利。"其实我明白，父亲的牺牲是为了我们不再有战争，国家要富强，人民要幸福。我记得朱德总司令、彭德怀伯伯等许多前辈给我讲述的那场战斗……

1942 年，华北日军头子冈村宁次的眼睛死盯着冀中抗日根据地。理由很简单，"蚕食"掉冀中平原，可断八路军一个重要的粮源和兵源之地。为实施对冀中所谓"铁壁合围"式的"五一大扫荡"，冈村先对冀东冀南下手。兵不厌诈，冈村确有声东击西之谋略。他在石门坐阵的意图被"彭左"（彭德怀、左权）看破。冀中军区吕正操司令员奉"彭左"命令，率其主力突破日军五万多兵力的层层包围，转移太行。为配合这一决定冀中主力生死存亡的转移成功，"彭左"同时命令许多部队支援冀中反"扫荡"作战，最奏效的办法就是出击敌人主要交通线。

1942 年 5 月 4 日，"彭左"以中共中央北方局和中共中央军委华北军分会的名义发出《关于反对敌人蚕食政策的指示》，这对打破日军"蚕食"战略起到了关键的作用。这一著名的"五四指示"，出自父亲左权之手。总之，"五四指示"是"彭左"作为司令和参谋长之间最好搭档的文字见证。

◇1940 年 8 月，左权和彭德怀在山西武乡县砖壁村八路军总部部署百团大战时的合影。

5月22日，“彭左”得到情报，从太原至和顺，从邢台到武安，从襄垣向潞城，均有敌情。该日晚，“彭左”又及时得知日军第四十一师团主力朝辽县、和顺地区乘汽车快速开拔。“彭左”当机立断，我军主力马上转移外线，按“五四指示”精神进行反“扫荡”作战。“彭左”什么都考虑到了，唯独没有顾及他们自己。主力部队先跳出了敌人的重兵包围圈，首脑还留在这个圈内，要是被包住，怎么办？这里的首脑，主要就是“彭左”本人。难道他们不知道自己一直是敌人要下毒手的大目标吗？“彭左”当然知道。

冈村的战略战术亦可称得上机动灵活。他见没有消灭冀中八路军主力，很快就转向太行地区打主意。“五一大扫荡”之后半个月，他令其第一军主力三万多人，“蚕食”太行、太岳地区。冈村要围歼八路军总部和129师首脑的战略意图是再明显不过了。

“彭左”不是没有得到情报。日军第一军指挥官岩松义雄从其第36师团精选两个联队，其一针对“彭左”，其二对准“刘邓”。联队具有特务性质，他们身穿中国老百姓的衣服，自带一切必需用品，宿野待命。为掩人耳目，或者转移视线，敌一军还分兵向正太铁路、平汉铁路东佯动。

日军穿梭般地在晋冀之间调动。单就第41师团而言，在5月22日情报之前，冀中、晋西北都有其出现的情报。“彭左”的注意力本来就凝聚在冀中，因此可以说，在5月22日之前，他们对日军的频繁佯动仍然判断为继续“蚕食”冀中。

在判明日军的真正意图之后，5月23日，“彭左”筹划八路军总部如何转移突围。单就总部而言，凭着“彭左”一向勇猛善战，机智果断，经验丰富，肯定能顺利跳出敌人的包围圈。

5月24日，总部从武军寺转移到郭家峪。日军在辽县、和顺、武乡、襄垣、潞城、武安、涉县、邢台等地增兵的情报依次纷纷传来。更为严重的是，辽县之敌已分路出动。按总部惯例，日军这种“扫荡”式的出动应及时获悉。唯独这次情报到手已为时过晚。彭德怀发现并力主发扬的敌后武工队这一反“蚕食”斗争的有力形式，其要害在于敌中有我，在敌人后方甚至内部破敌。武工队经常以便衣老百姓面貌出现，根据需要，也化装成汉奸伪军，乃至日军。还是那句老话——兵不厌诈。日军当然也能打扮成八路军模样，以图谋不轨。敌第一军挑选的两个特务联队眼下已从中国老百姓摇身一变为八路军,不仅样子像,更重要的是作风和行为逼真,骗过了抗日根据地的众多眼睛,已深入到我军太行腹地。

5月24日夜空漆黑一团。北方局及其党校、报社,再加上野战政治部和后勤部,共计2000多人,在"彭左"指令下,分批朝麻田东面转移,以待选择敌人适当大的合围夹缝作为突围口子。根据以往经验,战斗部队容易成功,这样干已成家常便饭,要不然就无法长期坚持敌后抗战的局面了。"彭左"非常担心,这对众多的非战斗人员来说,就难上加难了。麻田以东是狭窄的崎岖山路,人们行动迟缓。等到5月25日天亮,队伍到了南艾铺一带。万余精锐日军真的达到了"铁壁合围"的态势。"彭左"在整体上能打破冈村宁次的"蚕食"战略,在局部上却陷入了层层重围,已无法主动选择适当的突围夹缝了。

南艾铺地处晋(辽县)冀(涉县)交界,在太行山系的一个十字岭脚下。所谓十字岭,顾名思义,岭状如十字。众山脉为南北走向,该岭扼据东西而横卧其上。南艾铺村位于岭东南,对应着岭西北脚下的北艾铺村。

白天不便突围。"彭左"决定5月25日上午隐蔽,好在大山沟里长满了柿子树和核桃树,树冠大,叶子茂盛。两千多人马拥挤在十字岭脚下,"彭左"最担心敌机扫射轰炸。左权召集各单位负责人,讲明形势严峻。杨献珍和张友清,一个年长,一个有病,他们还带领着北方局党校和北方局的一班人马。父亲左权和他俩也很熟识。"杨校长,这里数你岁数大。我已关照过,让部队学员照顾您突围。您放心,部队学员抬也要把您抬出去的。"杨献珍非常感谢我父亲的关心,他坚决表示绝不掉队;他能走,起码能爬,爬也要爬出鬼子包围圈去。我父亲和杨献珍紧紧握手。杨献珍心里说:"我这老头子(当时46岁的人算是老头子了)不要紧,你可要杀出去呀!"在杨献珍和张友清的心目中,父亲起码是彭德怀的左膀右臂。父亲松开杨献珍的手,转向张友清,"张秘书长,您有病,千万保重。"父亲也知道张友清是在草岚子监狱得的痨病,一直没好。他们紧紧握手,此时此地张友清想什么,也无处晓得了。杨献珍和张友清,他们望着杨立三后勤部的人马先开拔突围,其方向是羊角。父亲对杨献珍、张友清说:"北方局和党校,很可能也往羊角方向转移突围。等会我请示彭老总,定下来会及时通知你们的。”杨献珍和张友清待命到近午时分,最令人担心的敌机来了。不是机关炮(飞机上的机关枪子弹很大,故俗称机关炮)扫射,就是“下蛋”轰炸,看来敌人已发现了隐蔽的人群。

父亲离开杨献珍和张友清,在南艾铺村外的树林里,和彭德怀商定,要马上突围才行。不然,我们的人马不是被敌机炸光,就是被敌人的包围圈吞掉。彭德怀命令,我父亲统领八路军总部和北方局机关(包括党校)朝西北方向突围,从辽县与和顺之间穿出敌人包围圈,罗瑞卿率野战政治部朝东武安方向突围……

没等彭德怀的口头命令讲完,我父亲大声“抗命”:“您是司令,您不能断后。总部不能没有您,没有您就没有总部。您必须带领总部首先冲出去。我来断后。您冲出去,总部就有救了……”罗瑞卿、陆定一等,都同意参谋长的意见。不容彭德怀争辩,我父亲就催促、“命令”他上马。

敌人包围圈越来越紧缩。枪林弹雨,情势万分危急。隐蔽的人群实际上已处于各自为战的局面。时间绝不容许“彭左”继续争“断后”了。彭德怀跳上枣红马,大喊一声:马上突围。他又勒马转头对我父亲、罗瑞卿和陆定一等人说:“我去带领北方局和党校的队伍。”

“不用你管。我马上去掩护他们突围。”父亲一边说着,一边叮嘱和命令彭德怀的随从人员保护好总司令。

彭德怀策马来到东面北方局的队伍,本想叮嘱党校部队学员保护好杨献珍和张友清。但见人们都在四处躲避敌机的狂射乱炸。他见不到杨献珍和张友清。此时岭东的敌军用密集的炮火射击十字岭。彭德怀只好带领十多个人朝岭上冲杀。

彭德怀马背上的功夫众所周知,再加上那匹强悍醒目的枣红坐骑,把人们的视线都凝聚过来,同时也把敌人的火力吸引过来。

彭德怀没有找到杨献珍和张友清,但他们和大家一样看到了他。仿佛彭德怀就是八路军总部,彭德怀就是北方局,彭德怀就是北方局党校,总之,彭德怀就是人们的生命和希望。只要彭德怀冲出去,就一切都得救了。大家都这样想。这种非常的心理状态使人们无视敌人的枪林弹雨,有不少人在伫立注视着彭德怀伏在马背上冲锋陷阵的雄姿时中弹倒下。

“同志们,跟着冲上去,冲出山口就是胜利,冲啊!”负责掩护和指挥突围的父亲反复喊着。彭德怀十多骑一边冲锋,一边想着参谋长的命运。如果他边喊边跟着冲上来那该多好啊!但职责不容许他这样做,他要留在最后……

没有战斗经验的人,面对飞机狂轰滥炸,难免不知所措,时常蹲在树下躲避。许多人就在这一蹲之际殉难了。“同志们,不要蹲下,快起来。快往山口方向冲,只有冲出去才行。”

数千敌人逼近十字岭。父亲指挥着人们从南而北往上冲,朝着彭德怀冲出去的方向前进。“冲啊,冲啊!同志们冲啊!朝北艾铺方向冲出去……”满山的核桃树、柿子树,冠大叶茂,父亲的声音在其间环绕飞扬。杨献珍和张友清被部队学员连拉带架地冲上山头,他们又被围抱着往山下滚。杨献珍在往下滚动时,耳边还若隐若现,断断续续地响着参谋长的声音。等滚到安全地带时,不见了张友清。往下滚时他还在对部队学员和杨献珍说:“不要管我。十痨九死,我已经活够本了。让我陪陪左参谋长吧!”“冲啊,冲啊……”人们呐喊着,伴随着父亲的喊声冲过十字岭,冲向安全地带。父亲喊破了嗓子。

他身边的电台,还有文件箱,绝对不能丢掉,最后必须安全带出去。跟着电台的有女电报员,父亲还在不断喊话照顾着她们。在十字岭上,正当她们和掩护部队伴随着父亲望到了生路的时候,一颗炮弹击中山头,父亲的声音再也听不到了。

红红的晚霞,红红的鲜血。

“参谋长,参谋长!”左右呼天喊地,失声痛哭。

只要几分钟,只差几十步,越过岭脊,就是生路。然而,十字岭却成了父亲永生的地方。

冲出出口就是胜利——记父亲左权在十字岭指挥突围与殉难。

陈光指挥陆房突围战

◇陈耀东

陈光【1905.2 ～ 1954.6】

陈光,湖南省宜章县人。1927 年冬年加入中国共产党。1928 年初参加湘南起义后,上井冈山参加中国工农红军。历任中国工农红军连、营、团、师长、代理军团长;八路军 115 师代师长;东北民主联军第 6 纵队司令员、第 4 野战军副参谋长;广东军区副司令员兼广州警备区司令等职。在历次战斗中,作战勇敢,指挥果断,身先士卒,曾 10 次负伤,战功卓著,荣获红星奖章,是中国人民解放军英勇善战的指挥员。为中国人民的解放事业和新中国的建立做出了重要贡献。1954 年 6 月在武汉逝世。

1939 年 5 月，八路军 115 师师部及 686 团地方党政机关 3000 余人，与日军 5000 余人及数千伪军在陆房一带遭遇，情况十分危急。代师长陈光等指挥部队依托地形，坚决固守，展开突围战斗，取得重大胜利，极大鼓舞了军心士气。

坐落于山东省肥城市西南郊安邻站桩的陆房村，在公元 1939 年 5 月 11 日，发生过一场抗日战争全面爆发后中日双方较为激烈的殊死战斗。今天的中青年人，恐怕很少有人知道这次战斗，当然陆房当地人除外。因为此战之后，许多当地热血壮年加入了 115 师部队，成为这一支英雄部队的一员，已经与这支部队血脉相连在一起了。我的父亲陈光，正是这次战斗的指挥员。

1937 年 7 月 7 日，抗日战争全面爆发后，国内阶级矛盾相对于中日之间民族的矛盾，已经退居次要地位。代表全国各族人民根本利益的中国共产党，宣布了抗日救国十大纲领，呼吁国民政府停止内战，一致对外。

9 月 25 日，在周恩来建议下，林彪率刚刚接受改编的国民革命军第八路军第 115 师，在山西取得了平型关大捷的重大胜利。当时，父亲任 115 师 343 旅旅长。在这一战前，父亲率领 343 旅 685、686 两个主力团的团长杨得志和李天佑及参谋人员，在详细察看了周围地形的基础上，主持了前线作战方案的研究会议，大家反复讨论、集思广益，形成了作战部署与实施要领的方案。开战前向林彪师长作了详细汇报。林彪师长很欣赏大家准备好的方案，在作出重要指示后，确定了作战方针、兵力部署和实施办法。凌晨 4 点，杨、李两团已按部署进入预伏阵地。父亲的指挥位置，处于两个主攻团中央最高点的一块好几平米的平台上，左右望去，二十里的桥沟主战场尽收眼底。平型关打破了日军不可战胜的神话，鼓舞了抗战的士气。父亲作为协助林彪师长的前线指挥，也为战役胜利作出了应有的贡献。

1938 年 3 月，林彪被友军阎锡山部哨兵误伤约二十天后，被接回延安。

◇1942年4月，刘少奇(前排左二)与中共山东分局、115师领导在朱樊村合影。后排左二是陈光。

八路军总部朱德、彭德怀任命我父亲代理115师师长，随后报毛主席批准。部队在山西取得汾漓公路三战三捷和广阳伏击战胜利后，以护送彭德怀参加蒋介石在郑州召开国防会议的名义进入山东省境内。当时山东属于第五战区，即苏鲁豫皖战区管辖。从此开创了115师在山东鏖战四年的光辉历程。这四年间，115师所辖部队，从大约两万人壮大到约八万人，扩大了四倍。115师入鲁后，有三次作战受到蒋介石亲令嘉奖，陆房突围和梁山灭敌两仗均得到了嘉奖。其中战果最辉煌的当属陆房突围，也称为陆房突围反击战。我查阅了父亲当年指挥此战的作战笔记，是战后第二天写的，父亲当时所用的标题是“胜利的陆房突围”，我觉得这个标题最贴切的反映了此战的实际情况。

遵循毛主席关于开展山地游击战的指导思想，父亲他们率115师一到山东就认真选择自己的作战区域，特别关心找一块依(泰)山傍(汶)水的地

◇陆房战斗战场一角

方安营扎寨。这样他们选中了鲁西泰、汶地区，扩大巩固了泰西根据地。虽然师部指挥机关已经适应敌后隐蔽机动的要求做了精简，但日军情报部门还是很快就查明了我军就是伏击平型关的老对手，八路军115师。所以日军千方百计想除去他们的心头大患。

5月初，日军从泰安、肥城、东平、汶上等17个城镇，调集日伪军8000余人，坦克、汽车百余辆，火炮百余门，由其第12军司令官尾高龟藏指挥，分9路围攻泰西根据地，企图来找115师主力决战。日军依仗装备远比我军精良，根本不把我军放在眼里。因此日军选择了步步为营的战术，只要弄清你还在包围圈内，就不怕你跑掉。因此作战严格按照上级规定条例行动，仅在白天进攻，夜晚照常休息，由少数执勤人员按时打打探照灯、照明弹而已。偶尔也胡乱地打打冷枪以示震慑，这说明了两个问题，一是日军对我军久经沙场、有丰富实战经验了解还不足，还没领教过我军擅长夜战的能力；二是日军行动过于呆板，日军的基础战术素养和效忠天皇的勇气，以及坚决服从上级指挥，拼死战斗的武士道精神，都的确不可小视。

5月2日至8日，日伪军先后“扫荡”东平、汶上地区，9日开始向肥城、宁阳间山区推进，10 日各路日伪军继续实施向心推进，紧缩合围圈。同日，我 115 师令 686 团主力掩护机关、部队分路突围。当夜，除山东纵队第 6 支队顺利突围外，115 师师部、686 团、津浦支队和地方党政机关共 3000 余人未能突出包围圈，被迫在陆房周围纵横各约 10 公里的山区，凭险据守，待机突围。敌人的围攻经过了精心策划和长期准备，我军则得知较晚，基本处于遭遇状态，处境十分被动；加之入鲁刚两个多月，对当地地理环境还远不如敌军熟悉。好在津浦支队董君毅即后来担任过北京市委书记的段君毅同志，是当地大董庄人，给父亲详细介绍了周围的情况，这对决心退守陆房凭险死守助关隘的帮助很大。

1939 年 5 月 11 日注定要成为硝烟弥漫的一天。这天一早，天刚蒙亮，日军就以三颗信号弹为令向我肥猪山、岈山主阵地发起猛攻，先是重炮轰击，然后是一批接一批端着机枪和步枪向我山顶不停扫射、射击的步兵。担任守护肥猪山任务的是 686 团。在团长张仁初和政委刘西元指导下，先后 9 次打退敌人的进攻。1 营教导员王六生下到了 2、3 两个连的前沿阵地。从 10 号夜里到 11 号下午两点半，担任守护凤凰山的津浦支队长孙继先和政委潘寿才所部就从未间断过战斗。这时受父亲委托留守在师指挥所的师参谋处处长王秉璋突然发现有一股日军，有二三十人，正沿凤凰山东南侧沟崖向师指挥所袭来，威胁到师部安全。他立即组织师部所有有战斗力的人员拿起武器保卫师部，并令骑兵连出击，杀退这股日军，保卫了师指挥所的安全。

战至黄昏，日伪军畏怯夜战，停止进攻，收缩兵力，包围监视，企图次日再度进攻。父亲在师部召开会议，果断决定连夜分路突围，要求部队毫不懈怠，发挥夜战所长，连续作战。22 时许，突围开始。经过顽强的遭遇战斗，至 12 日拂晓，全部顺利突围。115 师师部和 686 团分别转移到东平以东区域，津浦支队、鲁西区委、泰西地委转移至汶河南岸。日军围歼八路军的企图完全失败。

陆房突围是以 115 师的伟大胜利告终的。父亲和 115 师的全体指战员用自己的生命、血汗和智慧捍卫了中国共产党领导下的这支模范铁军的荣誉。父亲的笔记讲道：日军此战役伤亡 1300 余人，包括有大佐联队长一名，少佐以下军官50余名，消耗炮弹3000余发，子弹更是无数，炸毁大炮三门。我军伤亡200余人，其中阵亡100余人，包括有连长三人，排长九人，班长20余人。另外直属非战斗人员走散50余人。大小行李大部分遗失，消耗子弹25000余发，炸弹500余个，迫击炮一门，步马枪50余支。此次，敌军围歼未果，反而遭我军重伤，随后于13日凌晨分向泰安、汶上、肥城、宁阳、平阴、聊城等地撤退。

是役，115师毙伤敌1300多人，震动了全国，连蒋介石也给朱德、彭德怀发来电报称："殊堪嘉慰"。陆房成功突围，为了坚持泰西根据地，打开山东抗战局面保存了骨干力量。

李兆麟奇袭老钱柜

◇张卓亚

李兆麟【1910 ～ 1946.3】

李兆麟，原名李超兰，化名张寿篯，辽宁省辽阳市人。1932年5月加入中国共产主义青年团，同年转为中共党员。随后，任本溪煤矿临时工作委员会负责人。1933年8月，调中共满洲省委军委工作，参与创建东北抗日游击队。1934年初，任反日游击队副队长，协助赵尚志建立了反日联军总指挥部。同年6月，任东北反日游击队哈东支队政治委员。1935年1月，先后任东北人民革命军第3军2团、1团政治部主任。1936年1月，任北满抗日联军总司令部总政治部主任。1939年5月30日，任东北抗日联军第3路军总指挥。1940年底，抗联部队在极其艰难险恶的环境下遭受严重挫折，李兆麟和周保中等组织整训部队，继续坚持斗争，任整训后的东北抗联教导旅政治副旅长。抗日战争胜利后，以中共代表身份任滨江省副省长，兼任哈尔滨市中苏友好协会会长等职。

1946年3月9日，李兆麟在哈尔滨被国民党特务暗杀，时年36岁。

在东北，人民抗击日本侵略者的战斗从未停止。东北抗日联军凝聚着东北人民抗日救国的力量与希望。李兆麟将军是东北抗联的重要领导人，他在 1936 年 3 月指挥的奇袭老钱柜战斗至今仍被传为佳话。

1910 年 11 月 2 日，我的父亲李兆麟出生于辽宁省辽阳小荣官屯一个农民家庭，十三岁毕业于本乡七年制高级小学。1929 年开始接触共产主义思想，1930 年在北平中国大学上学时加入青年团，1931 年 7 月转为中共党员。1931 年日军发动了蓄谋已久的九一八事变，父亲便被党组织派往东北战场抗击日寇，这一去整整打了十四年。在父亲 14 年的东北战斗生涯中，经历了无数的艰险困苦和血雨腥风。其中最令人记忆深刻的就是“奇袭老钱柜”的战斗故事。

◇李兆麟与妻子金伯文及儿子张立克

老钱柜位于小兴安岭中部腹地汤旺河中游，建立于1931年，为俄式建筑。原是伐木场为工人开支、放粮的地方，因建成时间较早故称老钱柜，当时归汤原县管辖。

1934年日军入侵汤原之后，为掠夺小兴安岭的森林资源，防备抗日军民活动，于1935年10月将于祯（外号“于四炮”）任大队长的原汤原森林警察大队收编，直属伪汤原县警务科。该大队100多人枪编成三个中队。一中队驻守岔巴气（也称查巴溪），中队长杜任权；二中队驻守“老钱柜”，中队长宋喜斌（也称宋喜彬）；三中队驻守汤原队部，中队长于祥。

日军对于祯等人并不放心，派警佐森山指导官等7名日本兵对他们进行监督，让他们一方面抓劳工，征牲口，盗伐木材等森林资源；另一方面盘剥和压榨当地各族群众，征收各种名目的打皮子费、种大烟税等。更严重的是，日军要求这支森警大队经常偷袭抗日部队，阻止抗日军民建立后方根据地。

实际上于祯从九一八事变以后经过中共党组织和游击队的教育争取，已逐渐接受了抗日救国思想，不当日本人的奴才。

于祯暗中与汤原抗日武装建立了联系，从未真正打过抗日游击队。但森警大队中有7名日军监督，对于发展抗日队伍，建立稳固的抗日后方根据地终究是心头之患。

1936年3月，父亲担任东北抗日联军第六军政治部主任，在上级指示下，他决定打下位于汤旺河中游的日伪据点老钱柜。抗联老战士王钧回忆录中也被证实了：赵尚志回通河的途中，从汤旺河用总司令的名义传来一道命令给戴鸿宾（时任第6军2团团长，也称戴洪滨）和李兆麟，要不惜一切代价，务必拔掉老钱柜，否则根据地受到极大威胁。

父亲亲自指挥的老钱柜这一仗，是一次运用奇袭和智擒、以少胜多、远距离速战速决的游击运动战，是他“运思出奇，横扫千军”的战略思想的又一个战例。

戴鸿宾和父亲接到命令后，感到这的确是一个顶棘手的问题。大部队已经让军长夏云杰带去打鹤岗了，这里只剩下三十几个人，附近又没有部队，如果能拔掉“老钱柜”这颗钉子，不仅能巩固后方根据地，而且保护了祖国的木材资源。经过研究,他们决定把洼区区委书记李凤林(外号“大老李”)的游击连调来。洼区游击连和青年义勇军有八九十人,在1935年7月份曾经打开了松花江边上的竹帘镇,战斗力很强。

李凤林带来八九十人加上6军留下的30多人,一共才百十来人。父亲和戴鸿宾研究后就决定带这些人去剿灭于四炮。

队伍集合在一个大院里后,父亲向全体指战员作了战前动员:

“同志们,你们听过武松打虎的故事没有?”

“听过!”战士们一齐回答。

“好!你们听过我就不讲了。老虎厉害不厉害,厉害,要吃人,可是它只会三招,一扑、二掀、三剪,三招用完就没有办法了。武松只有一根哨棒,还打在树枝上打断了,就一跳一躲。终于抓住老虎脑袋,一顿拳头给打死了。同志们,你们看武松厉害还是老虎厉害?”

“武松厉害!”战士们众口一声地说。

“你们学不学武松?”

“学武松!”战士们的情绪被调动了起来。

“对!我们要学武松!日本鬼子像一只老虎,我们已经从汤原北把它赶出去了。现在要不拔掉老钱柜,我们的后方就不能巩固。我们出去打日本,他在我们肚子里捣乱,这根本不成。老钱柜就好像我们肉里的一根刺,我们一定要拔掉它!”

父亲接着又说:“鬼子和森警大队装备好,不大好打,又在汤旺河沟里一路设置不少卡子,一处整不好,我们就有去无回。可是大家也别怕,他们不受百姓拥护,都不知道打仗为了啥,我们猛劲一冲,他们就舍不得命了。只要咱们机动、灵活、坚决、谨慎,拔掉这根钉子还是有把握的。同志们考虑考虑,谁不愿意去,可以提出来”。

同志们都异口同声地表示:“我们都去,张主任(那时父亲使用过的别名,叫张寿篯)敢去,我们也敢去,日本鬼子是老虎,我们也要剥掉他的皮!”

1936年3月19日,父亲带着队伍沿着汤旺河出发,向第一个目标查巴溪奔袭。这时正是数九寒天时候,西北风刺得同志们脸色红紫。天气虽冷,同志们的心里却是火热的。走到查巴溪入河口处,看到汤旺河西南岸有个孤零零的小房，河东北岸一里多远，摆着两个大院套，有岗楼，门口影影绰绰地有个哨兵。我的父亲当即判断小房子是第一道卡哨，大院套里可能住的是部分伪军，于是决定先搞掉小房子弄清情况再说。

天渐渐黑下来，同志们在丛林中悄悄摸到小房子眼前，李凤林过去用舌头舔开窗户纸一看，只见两个警察面对面举着酒杯，兄长弟短、唉声叹气地唠得正欢，两支枪压在腿底下。父亲向大家一摆手，呼地闯进去，李凤林也跟随而进。枪口堵在了两个警察的心口上：

"不准动！我们是抗日联军，说实话，东北岸有多少人？几个岗哨，谁在那管事，说实话饶你性命！"

两个警察吓得直哆嗦："饶命，饶命，我说实话"。"那边有四十多人。小队长都住在东院大院里，中队长、黄毛、丁山、张保安、宫四炮都住在西边院里，就有一个岗哨。"

"好！领着我们走。"部队押着他俩迅速向东北岸走去。走到离大院不远的地方，被岗哨发现了，卡叉拉枪栓声，问："谁？"

父亲机敏地用手枪往俘虏背后上一捅，低声说："就说是你们俩回来了"。

"我们俩回来了！"俩俘虏大声说。

"后边是什么人？"岗哨又问。

父亲又捅了一下告诉俘虏说，是山下驮粮的。

"是驮粮的老百姓"。

一边说一边往前走，父亲迅速走过去，冷不防扑上去就堵住嘴，抱住了哨兵。这时李凤林乘机领着三十多人冲进东院去，把东院的窗户堵住了，并进屋缴械。

父亲和戴鸿宾带着几十人迅速冲进了西院头目住的房子，一股刺鼻的臭味，这些家伙们正在放心大胆地抽大烟呢，枪和黄大衣都在墙上挂着，父亲大喝："别动！"

这几个家伙一听，拿起烟灯就打过来，翻身就去摘枪。父亲用手枪，砰的一声把烟灯打在地下，厉声说"不准动！"中队长黄毛不甘束手就擒，抓起烟灯扔向父亲，并趁势翻身去摘挂在墙上的匣枪。父亲甩手一枪，把飞过来的烟灯打落在地上，用枪指着他大声喝道：“不许动，你们的枪要拿出来打日本鬼子。”窗子外面的同志们闯进来也把枪口顶在几个中队长心口窝上，高喊“不准动”。同志们立即跳上炕摘枪，几个威风凛凛的家伙们一看这么多人，就乖乖地举起双手，顺利拿下了查巴溪。这时李风林将东院的小队长以下的都缴了械。父亲当即给他们训了话。同志们换上警察服装，把老乡拉木头的马爬犁找来几张，这些马爬犁都是被抓来拉给养的，老乡们一听说是游击队来打鬼子的，都很高兴，赶快挑了最棒的马匹套上，父亲对他们说：“要快，越快越好，连夜赶跑到柳树河子(南岔)营房”。

第二天黄昏，奔袭部队在距老钱柜约有20里路的地方，与带着几名警察出来巡山的中队长宋喜斌狭路相遇。在距离50米处，宋喜斌的马爬犁停住，拉枪栓声，问是谁。李风林用匣子枪口捅黄毛答话，黄毛说：“老五哥！”宋喜斌是于祯的把兄弟，被他们称为“五炮”。

宋喜滨听出是黄毛的声音，就缓和一下。我们第一张马爬犁飞似箭快，跑到宋喜滨眼前，父亲急快地下爬犁，用匣子枪给宋喜斌顶上，黄毛说：“老五算了吧，我都服了。”

父亲上前给宋喜斌讲话：“宋队长是明白人，我们是抗日军来借你们的枪打日本鬼子。我们都是中国人，不能给日本人当汉奸，应拿出枪来一齐打日本鬼子”。

宋喜斌这人领会事务很快，回答：“首长，放心吧，从这往里到老钱柜都是我负责，就是里边有七个日本人我可不敢说。”

父亲说：“宋队长你是很聪明的人，是爱国的军人，咱们今天就到柳树河子住吧?”宋喜斌满口答应说：“有我在前边，营房人不会打的。”宋喜斌在前边领着马爬犁向柳树河子(南岔)跑去。到了柳树河子，他们士兵看宋喜斌在前头，谁也没问，没有打，好好的把枪放下，当了俘虏。

部队到了柳树河子，天已大亮。这一夜缴了三处械，大家也够疲劳的了。今天休息，都换上警察服装，烙发面饼，准备明天白天在路上吃。第二天早三点从柳树河子出发，晚上掌灯时分赶到了老钱柜。

宋喜斌在前头走到警卫部队营房说：“我带队来收缴你们使用的旧枪，再等两天给你们换新枪。”

这警卫部队见宋队长来了，没啥说的，把枪交出来。老钱柜是个账房、办公机关，没啥抵抗力。他们的任务就是给上山伐木头的工人发粮食，发工资等。

但这柜房里边七八里路的松树沟里，有两幢木制的很漂亮的房子，日本人森山指导官单住一幢，其余六个日本指导官住一幢。李凤林领几个机警的小伙子去缴日本指导官的枪，父亲担心怕有一差二错，他也带几个人来了，还是由宋喜斌领路。

首先到森山住的房子，他上去把门拉开，李凤林带人闯进屋里，森山指导官正躺着抽大烟呢。李凤林上炕去摘他的橹子(南部十四式手枪，关东军使用的武器)。

"八格牙鲁!"森山爬起来，怒喊着将李凤林拦腰抱住。

李凤林用力一甩将森山甩到地下烧透红的火炉子上，烙吱一声，头发着了火，森山烧烫得像狼似的吼叫，怪声怪气，腥臭味刺鼻子，李凤林挥手一枪送他见阎王去了。

邻近房子的上尉指导官听见枪响，从后门冲进来，拿战刀土炕扑了过来。砰的一声枪响，子弹打在那上尉指导官脑袋上，把脑袋崩掉半啦。原来是父亲冲进屋来打了一枪。那五个日本鬼子也从后门冲进来了，也被父亲和战士们一顿匣子枪打倒在地下。随后，抗联战士将这幢房子点火烧掉，成了埋葬七个日本鬼子的坟地。

此次战斗解决了汤旺河沟里的森林警察大队，击毙了7名日军，缴了老钱柜大本营，遣散了工人，缴获了一百多支新枪、上万发子弹、电台一部，还有一百多磅大烟土、好几千袋子粮食。100多名伪警察就地起义参加了抗联。于祯因为回汤原县给儿子娶亲，在战斗中未遭遇。父亲派人把于祯找回来，组建了抗联三军独立旅，于祯任旅长。于祯、宋喜斌等人走上了抗日救国的道路，直至最终牺牲在抗日战场上。这是后话。

夺下老钱柜，改编森警队，这样汤旺河沟里稳定了，建设后方，先后设立医院、兵工厂，建设军事学校，赵尚志兼校长，父亲任教导主任，侯启明任教导副主任，专职办学校工作。

这时汤原北部、西北广大山区(整个伊春)全部扫除敌伪武装，变成巩固的红色根据地，抗日联军的声名就更大了。老百姓都异口同声地称赞说："拔掉老钱柜，真给咱们除了一大害。" 从此，汤原抗日斗争打开了新局面。不久便在小兴安岭原始森林里，迅速建起了军干校、被服厂、军械所、大小密营等，后来连北满省委也迁到这里。奇袭老钱柜的胜利，为建立稳固的抗日后方基地成功举行了奠基礼。

佟麟阁喋血南苑

◇佟国威

佟麟阁【1892 ～ 1937】

佟麟阁，原名凌阁，字捷三，直隶高阳（今属河北）人。早年参加护国讨袁战争。曾任冯玉祥部陆军第 11 师第 21 混成旅旅长。1926 年 9 月，五原誓师后，随部参加北伐。1928 年起，任国民革命军第 2 集团军第 35 军军长、暂编第 11 师师长、第 29 军副军长。1933 年率部参加长城抗战，取得喜峰口大捷。同年 5 月，参加察哈尔抗日同盟军。1937 年卢沟桥事变中率部抗击日军，壮烈殉国。他是全面抗战爆发后国民党捐躯疆场的第一位高级将领。后被国民政府追赠为陆军二级上将。1979 年 8 月 1 日，被中共北京市委统战部定为抗日阵亡革命烈士，并为其修墓立碑；2014 年 8 月，被民政部公布为抗日英烈。

卢沟桥畔，佟麟阁命令全军将士：誓与卢沟桥共存亡，不得后退一步。南苑会议上，他慷慨陈词：战死者光荣，偷生者耻辱。国家多难，军人应当马革裹尸，以死报国。将军发出了铮铮誓言，并以血践行之。

我的祖父佟麟阁（1892～1937），原名凌阁，字捷三，满族，祖籍河北省高阳县边家坞村。1937年七七事变中喋血沙场，壮烈牺牲。后被国民政府追赠陆军上将军衔。

祖父是我国抗战中最早捐躯疆场的一位高级将领。毛泽东曾给予他和赵登禹将军以高度评价，说“给了全中国人以崇高伟大的模范”。

1937年7月6日，驻丰台的日军清水节郎中队，全副武装，要求通过宛平县城到长辛店地区演习，遭到宛平29军第37师驻军严词拒绝，双方相持达十余小时。因29军当即作了应变准备，严阵以待。至晚间，日军始退去。7

◇1937年7月8日，进入宛平城跑入阵地的中国守军。

日夜间，日军一个中队突然向卢沟桥守军发起攻击。祖父时任29军副军长、代军长（军长宋哲元当时不在北平）。他立即命令27师110旅旅长何基沣自卫还击。该旅吉星文团金振中营长遂率部奋起抵抗，重创进犯之敌。卢沟桥的枪声，唤醒了中华大地，全民族神圣的八年抗战，自此拉开序幕。

面对日寇的猖狂进犯，怒不可遏的29军将士争先请缨杀敌，但有个别将领还徘徊于和战之间，犹豫不定。祖父佟麟阁力排干扰，主张万众一心，痛歼日寇，守卫疆地。他在南苑召开的军事会议上慷慨陈词："衅终将不免，我二十九军首当其冲。战死者荣，偷生者辱。荣辱系于一人者轻，系于国家民族者重。国家多难，军人当马革裹尸，以死报国"。与会者一致拥护。此后祖父以军部名义向全军官兵发布命令："凡是日军进犯，坚决抵抗，誓与卢沟桥共存亡，不得后退一步"。

7月8日上午11至12时，日军两次向卢沟桥发炮共180余发，卢沟桥车站附近被敌占领。同时敌人又由永定河东岸向西岸进攻，企图强夺卢沟桥。桥西金振中营守军一个排，顽强战斗，全排壮烈殉难。宛平城西门城楼某连长见之，怒火满腔，不待命令，即派兵一排，手持大刀，飞速驰援，一遇日军，举刀就劈，杀得鬼子鬼哭狼嚎。当时《北平时报》登载一篇文章说："佟副军长善治军。二十九军纪律严明，勇于作战。而于老百姓则秋毫不犯，佟将军训练之力也。当七七后，军士于烈日下守城，每一队前，置水一桶，用开水以止渴。商民感激欲泣，竞献西瓜，坚却不受。对老百姓恭而有礼，杀敌则勇猛无伦，堪称模范军人"。

7月12日，《世界日报》以《日贼侵犯宛卢，被我军击退；廿九军之大刀队大杀日贼》为标题，报道29军战果如下：

（一）11日，日军二百多名，进攻大王庙，被宋部大刀队迎头痛击，血肉相搏，此队日军被砍断头颅者三分之一，人心大快。

（二）日军新开到之援军，昨日图攻南苑（在北平南六公里，为中国空军根据地）。二十九军大刀队急向日军冲锋，相与肉搏，白刃下处，日军头颅即落，遂获大胜，日军向丰台退却。

（三）日军前锋，昨拟沿铁路桥攻过永定河。华军对河隐伏，不发一枪，迨日军行近，大刀队突起，挥刀大杀，日军头颅随刀而下。后路日军大乱，纷纷溃退，华军即用机关枪扫，日军伤亡无数，两军肉搏，历二小时之久。

29 军大刀队，从喜峰口战役到卢沟桥抗战，屡建奇功，赫赫有名。上海从事救亡运动的著名音乐家麦新(共产党员)为他们所感动，便于 7 月谱写出歌颂 29 军大刀队的战歌《大刀进行曲》。它鼓舞着亿万军民在八年抗战中英勇杀敌，今天仍为军民所喜欢的爱国歌曲。其原词为："大刀向鬼子们的头上砍去，二十九军的弟兄们！抗战的一天来到了！抗战的一天来到了！前面有东北的义勇军。后面有全国的老百姓。咱们二十九军不是孤军。看准那敌人，把它消灭！冲啊！大刀向鬼子们的头上砍去。杀！"

11 日，日本政府任命香月清司为华北驻屯军司令。中日两军在卢沟桥一带战事不断。祖父目睹危机即发，事不宜迟，急电宋哲元，陈述利害，请其返平坐镇，免为滓沽众人出卖。宋哲元由津返平后，仍幻想和平，下令打开封闭的城门，撤除防御沙包等。祖父力持不可，说："军长苟有不便，请回保定，以安人心。平津责之麟阁。如敌来犯，我决以死赴之，不敢负托"。宋从祖父所请，决心抗敌，于是急调赵登禹师星夜来北平增强防务。

27 日，宋哲元通电表示：日人欺我太甚，不可再忍，拒绝日方一切无理要求，为国家民族生存而战。同时宋哲元令南苑 29 军军部迁入北平。祖父在生死存亡关头，不愿离开，决心与南苑官兵和军事训练团的学员、大学生军训班的学生等一同死守南苑，而由副参谋长张克侠带领军部人员进城。

同日，敌人由廊坊进犯团河，并由通县、丰台调集陆空军于 28 日发起进攻。日寇集中陆空火力狂轰滥炸，战斗异常惨烈。当时南苑守军有 29 军卫队旅、骑兵第 9 师留守的一部、军事训练团、平津大学生军训班等共 5000 余人。祖父下令誓死坚守。他说："既然敌人找上来，就要和它死拼，这是军人天职。没有什么可说的"。南苑守军在祖父与 132 师师长赵登禹指挥下坚守南苑，前赴后继浴血奋战。终因伤亡过大，寡不敌众，奉命且战且退撤回北平城中。但令人扼腕痛惜的是，在行至丰台大红门村附近时，遭日军伏击。激战中，祖父被机枪射中腿部，部下劝其退下，他执意不肯，仍带伤率部作战。与日军从拂晓战至中午，头部又再受重伤，终因流血过多壮烈殉国，时年 45 岁。

祖父是全面抗战爆发后国民党捐躯疆场的首位高级将领，冯玉祥将军闻讯后，怀悲写下《吊佟赵》一诗，悼念祖父佟麟阁和一同牺牲的赵登禹将军。祖父遗骸寻获后，奶奶彭静智及父亲、姑姑等人含悲收殓，隐姓埋名，寄厝于北平柏林寺。寺中方丈出于对祖父抗日爱国壮举的敬慕，在北平沦陷的八年里始终严守秘密，其灵柩前只摆放着"先府君胡某某之灵"的牌位。直到抗战胜利后国奠于香山。1937年7月31日，国民政府追赠祖父为陆军上将。抗战胜利后，1946年7月28日，国民政府又以隆重的国葬，将祖父的灵柩从柏林寺移葬于北平香山兰涧沟的坡地上。1947年3月13日，北京西城的南沟峪大街被命名为佟麟阁路。北京通州亦有一条街道被命名为佟麟阁街。1979年8月，中共北京市委追认祖父为革命烈士，并将其墓修葺一新。2009年9月14日，祖父还入选为100位为新中国成立作出突出贡献的英雄模范人物之一。

2014年9月29日，在第一个烈士纪念日前夕，位于北京市丰台区的南顶中学正式改名为北京佟麟阁中学，以纪念祖父这位在抗日战争中牺牲的民族英雄。

我的父亲佟兵曾说过，"如今的中国已经在中国共产党的领导下，从一个积弱积贫的民族变为繁荣昌盛的国家，我今年已经89岁了，我就是这一历史的见证人。""时间可以冲淡一切，但我们中华民族决不能冲淡我们抗日战争的历史记忆，现在世界并不平静，日本军国主义分子否定侵略历史，我们必须高度警惕。"作为抗日将领的后人，我们一定要继承先烈的遗志，大力弘扬爱国主义精神，为中华民族的振兴贡献自己的绵薄之力。

将军血战不归还

——记祖父赵登禹的抗战事迹

◇赵瑞明

赵登禹【1898 ～ 1937】

赵登禹,字舜诚(一作舜臣),汉族,山东省菏泽县赵楼村人。少年时因家境贫寒,未入私塾读书,在家务农并师从武术名家朱凤军练习武术。1914 年加入冯玉祥的部队,后任冯的随身护兵。1926 年参加北伐。1933 年,任国民党第 29 军第 37 师第 109 旅旅长,后任第 132 师师长。后在抗日战争卢沟桥保卫战中壮烈殉国,是抗日殉国的第一位师长。1937 年 7 月 31 日南京国民政府发布命令,追赠赵登禹为陆军上将。1945 年后,北平市政府将北沟沿改名为赵登禹路,以示纪念。

新中国成立后，北京市人民政府对卢沟桥西道口的赵登禹烈士墓进行了多次修缮。2009 年，赵登禹将军被评为“100 位为新中国成立作出突出贡献的英雄模范人物”之一。2014 年 8 月，被民政部公布为抗日英烈。

喜峰口夜袭战，赵登禹率 29 军“大刀队”血洗日军，全国皆知。两次“张北事件”中，以浩然正气威慑日军，维护我民族尊严。卢沟桥事变后，奋勇抗敌，不幸继佟麟阁将军后壮烈殉国。

1937 年 7 月 7 日，对于中华民族来说是一个刻骨铭心的日子，日本帝国主义悍然发动了震惊中外的卢沟桥事变，开始全面侵华。自此，中国人民抗日战争全面爆发，全体中华儿女“地无分南北，年无分老幼”，同仇敌忾，共赴国难，与日本侵略者进行了艰苦卓绝、气壮山河的斗争。

提起卢沟桥事变，就会想起在那次战争中奋勇杀敌，为国捐躯的两位抗日英雄 —— 佟麟阁将军和我的祖父赵登禹将军。

我的祖父赵登禹，1898 年出生于山东省菏泽县赵楼村的一贫苦农民家庭，七岁时入私塾读书，13 岁时拜师习武，1914 年 16 岁时，参军入伍，投奔冯玉祥部队。他曾在驻扎湖南常德期间，为当地人民除了两大害，第一害是当地日本领事馆的几个浪人常在街上横行霸道，欺压百姓，祖父狠狠教训了他们。第二害是附近山中有一头猛虎，经常下乡伤害人畜，祖父以过人的胆量和高超的武功，打死了这只虎，当地民众给他庆功，冯玉祥称赞他为“打虎英雄”。

血战喜峰口

1933 年初，日军侵占榆关后，长驱直入热河省。祖父率 29 军 37 师 109 旅奉命移驻北平市东部的三河县、蓟县待命。

是年 3 月 9 日，日军铃木师团尾追东北军万福麟部，抵达喜峰口。祖父即派王长海第 217 团驰援。当该团于这天午后赶到喜峰口南关时，日军部队已占据喜峰口东北高地。经数小时冲锋肉搏，砍死日寇百余人，随将高地占领。未几，敌军在飞机大炮的掩护下猛烈反攻，于日暮前又将高地夺去。双方反复争夺，伤亡惨重。在此紧急关头，祖父被委为前敌总指挥，率部在黑夜中，占据喜峰口两侧高地。

3月10日拂晓，日军倾巢而出，向喜峰口高地实施强攻。祖父待敌行至百米以内，他一声高呼，挥刀率领将士奋勇出击，杀得日寇鬼哭狼嚎。日军久攻不下，就改变战术，轮番使用飞机狂炸及大炮轰击。祖父身负伤数处，不下火线，断续指挥战斗。此役，祖父的旅与兄弟部队一起，共歼日寇700余人。

3月11日上午10时，日军3000人在飞机、炮火的掩护下，向喜峰口东侧刘景山团防守的高地发动进攻。激战至下午3时，该高地被敌占领。祖父和第37旅旅长王治邦马上组织力量，增援刘景山团，于下午6时前夺回了高地。在作战中，祖父的左腿被炮弹击伤，卫兵赵青山为他包扎伤口后，再三劝他退后指挥。他忍着剧痛，坚持战斗在第一线。

3月11日夜，祖父奉命兵分两路，奇袭日本侵略军。临出发前，他向参加夜袭的官兵进行动员说："抗日救国，是我军人天职，养兵千日，报国时至，只有英勇杀敌不怕牺牲，才能挽救祖国危亡……"夜深，塞外北风怒吼，大雪纷飞。祖父扶着手杖，亲率第217团、第226团、第224团的敢死队，悄悄地出潘家口，越滦河，经临旗地绕到敌后的炮兵阵地和宿营地，于凌晨三时分别到达。刹时间，杀声震天，手榴弹在敌阵地四处开花，大刀闪处敌头落地。日军炮兵大佐服部也作了刀下鬼。激战至翌日凌晨，敌野炮营官兵及黑山嘴、狼山洞等地之敌，被大刀砍杀殆尽。此役歼敌500余人，缴获敌大炮18门及无数枪支弹药。第217团营长过家芳，在服部大佐身上搜到了图囊，获敌重要的作战文件、地图。祖父的敢死队官兵也伤亡达1700余名。

喜峰口夜袭战的胜利，大长了中国军队的士气，大灭了日军的威风。此后，尽管敌增援部队赶来，利用武器装备的优势，向喜峰口不断发起猛烈进攻，然而屡战屡败。

喜峰口战役，血战10日。祖父由此而声名大振，全国皆知。国民党政府并给他颁发了一枚青天白日勋章。第109旅也扩编为132师，祖父升任师长。

“张北事件”强势对敌

1932年5月，祖父的第132师奉命调驻察哈尔省张北县二台子时，同日军的挑衅活动进行了针锋相对的斗争，并占领了沽原县。

1934年10月，日本天津驻屯军参谋川口健中佐和池田克已外务书记官等人，借游历为名从张家口去多伦途中，路经张北县，132师第217团城防卫兵要查看他们的证件。川口等人不仅蛮横拒绝而且侮辱卫兵。祖父获悉后，即令卫兵将日寇带到师司令部，由参谋长冯润昌、军法处长杨玉田讯问。可是，川口等人无理拒讯。为了杀其威风使其就范，祖父命特务营挑选100名高大健壮的战士，持步枪上刺刀，十人一班，五分钟一换，轮流刺向日军头部约一寸远的地方。敌人吓得魂飞魄散，跪在地上求饶，并立字据认错、赔礼道歉，保证今后不再侮辱中国士兵。这就是第一次“张北事件”。

1935年5月，4名日本特务机关人员，奉机关长盛岛南芳之命乘汽车由多伦出发到张家口，经过张北县又不服从祖父部队的卫兵检查。卫兵奉命将他们抓到师部拘留一夜(即第二次“张北事件”)。不久，日本驻丰宁县参事官一行多人进入祖父部队东面楂子防区，无理挑衅。祖父令守军自卫还击，日寇见无空可钻，只好狼狈逃窜。这次被称为“东楂子事件”。

这年年底，第132师移师关内，驻防河间南宫一带。祖父被提升为陆军中将，并兼任河北省政府委员。

1936年夏，第29军政治部主任宣介溪先生突然被日本人抓去。祖父与冯治安、刘汝明，经商讨后认为：日本鬼子竟敢擅自抓我们的高级将领，欺人太甚，不能示弱。于是将负责中日双方会话的陈觉生(亲日派)叫来，问明情况。陈说：“日本人说宣主任是中央派来的，是给中央打报告的……”冯治安反驳说：“宣介溪是中央派来的，我们哪一个不是中央派来的？他向中央打报告，我们不是也向中央打报告吗？竟敢擅自抓我们的高级将领，真是岂有此理！”祖父说：“限日本人两小时内，好好地把人送回。超过时限，我们就干啦！先把平津一带的日本人杀光再说！”说完，祖父和冯治安都气愤地拿起电话向部队发布命令，要求两小时以内完成作战准备，待命行动。刘汝明对陈觉生说:“你马上和日本人交涉!如不按时把人送回后果你们负。”不久日本方面将宣介溪送回,诡称此人抓人系“误会”。

卢沟桥抗敌殉国

1937年7月7日卢沟桥事变发生,日军增兵十余万人,对平津进行军事包围。7月26日,敌攻占了平津之间的要地廊坊后,向军长宋哲元提出最后通牒,限我第29军各部于28日中午以前从北平附近撤退完毕,同时积极准备向南苑进攻。

7月26日,祖父奉宋哲元之命到南苑,与佟麟阁副军长共同负责北平防务。祖父与佟麟阁将军决心死守阵地。佟说:“既然敌人找上门来,就要和它死拼,这是军人天职,没有什么可说的。”祖父也说:“在喜峰口那次决战中,我们还是把它打得落花流水了,等着瞧吧!”

次日,第132师指挥所到达南苑,祖父立即召开了军事会议,进行战斗部署。

28日凌晨,日军向宛平城、衙门口、八宝山及北苑中国军队发动进攻的同时,集中步兵三个联队、炮兵一个联队、飞机30余架,向南苑进攻。祖父和佟麟阁亲临前线指挥作战。当日寇攻到第132师阵前200米处时,祖父挥起大刀,亲率手枪旅、军训团向敌人冲杀过去。日军看到大刀闪亮,吓得魂不附体,向后溃逃一里多。这时,日军炮兵用猛烈的炮火阻止祖父部队的追击。为避免官兵的无谓牺牲,祖父遂下令退回原阵地。正当整队退回之际,敌飞机又来轰炸扫射,祖父见后退仍不能减少伤亡,又下令向日军进攻。敌步兵在飞机、大炮的配合下,又进行了反击,祖父部队由于伤亡过大,只好且战且退。不到六个小时,南苑大部分被日军占领。

战至中午时分,忽报大红门发现日寇。佟麟阁恐敌截断北路,乃分兵前往堵击,因寡不敌众,被日军四面包围。佟正指挥右翼部队突击时,被敌机枪射中腿部,后又遭敌飞机低空扫射,头部负重伤,而光荣牺牲。

佟麟阁殉职后,祖父奉宋哲元之命率部队向大红门集结,重整队伍,准备反击。当祖父乘坐的汽车行至大红门御河桥外,突遭埋伏在大红门两侧的日军袭击，身中数弹，血流不止。他从昏迷中苏醒过来时，对身边的传令兵说：“我不会好了，军人战死沙场原是本分，没什么值得悲伤的，只是老母年高，受不了惊慌，请你们替我安排一下，此外我也没别的心事了！”说罢，便停止了呼吸，时年 39 岁。同他一起牺牲的还有副官长赵国治、副官主任李先池、随从副官赵登高和司机等。

28 日下午 6 时，由冀察政务委员会和北平红十字会，将烈士们的忠骸掩埋。祖父部队全体官兵在烈士鲜血染红的阵地上痛哭宣誓：“我与日寇血战到底，保卫祖国土地。”

之后，国民政府于 7 月 31 日发布褒恤令，追赠佟麟阁和祖父为陆军上将。冯玉祥闻悉祖父、佟殉国噩耗，万分悲痛，写下了凭吊二人的诗文，以寄哀思。

毛泽东对于祖父、佟麟阁为国家民族的献身精神给予极高的评价，并表示要永远纪念他们。1938 年，宋哲元在湖南衡山，为祖父、佟麟阁两将军建立“双忠亭”，并写了悼词及碑铭。抗日战争胜利后，北平市政府又将西城区一条街道命名为“赵登禹路”。

新中国成立后，人民政府确认祖父为革命烈士。2009 年，祖父还被评选为“100 位为新中国成立作出突出贡献的英雄模范人物”之一。

血染的忻口

——记我的姥爷郑廷珍战斗和牺牲在忻口

◇温笑倩

郑廷珍【1883 ～ 1937】

郑廷珍，河南商丘市柘城县牛城乡郑楼村人。1917 年投军冯玉祥部，历任排长、连长、营长、团长、副师长和独立第 5 旅旅长等职，以其刚毅、勇敢、正直、廉洁和记忆力过人，深受冯玉祥器重。卢沟桥事变后，他亲赴南京请缨御寇，1937 年 10 月，在山西忻口战役争夺南怀化高地的战斗中，率部浴血奋战，后在激战中壮烈殉国。此役一同阵亡的还有郝梦龄将军和刘家淇将军，国民政府明令褒奖，追赠为“陆军中将”。1983 年 6 月，民政部追认其为革命烈士。

“西战场上三英雄，精忠报国郝刘郑”。忻口战役中，中国军队三位将军同日殉国，五万官兵惨重伤亡，又一次用自己的血肉之躯筑成了一道日军难以逾越的长城，其战斗之烈、赴义之壮，足以惊天地而泣鬼神。

2014 年 9 月 3 日，是中国人民抗日战争暨世界反法西斯战争胜利 69 周年纪念日，也是国家首个法定抗战胜利纪念日。党和国家领导人与首都各界代表一起，在北京卢沟桥抗战馆向抗战英烈敬献花篮，并亲切慰问抗战老战士代表和抗战英烈亲属代表，这是国家以最高规格纪念抗战胜利日。我作为抗战英烈亲属代表，有幸见证了这一历史时刻，心情久久不能平静。

当习总书记和各位常委与我们亲切握手时，当庄严的国歌和礼炮声响起时，当礼兵托举着花篮一步一步向前迈进时，我流泪了。我的眼前浮现出我的姥爷郑廷珍将军和无数中国军人冒着敌人的炮火冲锋陷阵的身影；我的耳畔仿佛听到无数前方将士与敌人浴血奋战的厮杀声。在这场中华民族最伟大的卫国战争中，他们用鲜血和生命保卫了国家的领土，捍卫了民族的尊严。今天，全中国、全世界的中华儿女都在向他们致敬——以国家的名义！

我的姥爷郑廷珍生于 1893 年 3 月 5 日，河南柘城县人。祖辈行医，后家道中落，以务农为生。1917 年 12 月，冯玉祥将军的部队来到当地招兵，为谋求生路，姥爷报名参了军，编入李鸣钟的第 16 混成旅第 3 团，从此开始戎马生涯。1920 年选入师学兵大队受训；1923 年毕业于北平南苑军事教导团第九期。姥爷正直、勇敢、勤奋、廉洁，深受冯玉祥将军爱国治军思想的影响，因战功从普通士兵逐级擢升，北伐时任团长，后任第 1 军第 2 师副师长、第 25 路军第 3 师师长、独立第 5 旅旅长，1928 年授少将衔。1930 年中原大战后，国民政府对各方面部队进行整编，姥爷任陆军独立第 5 旅少将旅长，归卫立煌将军节制。

1937年7月7日抗战全面爆发后，平津危急，华北危急。国难当头，姥爷数次请战，并代表独5旅亲赴南京请缨抗战。不久，日军大举进攻山西，独5旅划归卫立煌将军的第14集团军序列，奉令由安徽驻地开赴忻口前线。

姥爷在独5旅官兵上阵前的动员大会上说，"过去的内战都是自己人打自己人，胜不足武，败不足惜，今天才是打真正的敌人。保家卫国，是军人的天职，乃最光荣之事。我部官兵上阵后，一定要杀敌立功，即使拼光拼净也值得。不打败日本，一个也别回来！"全旅官兵热血沸腾，誓与日本侵略者血战到底。

部队北上途经河南老家时，姥爷打电报让家人到宁陵柳河车站见面。他伏地向年迈的老母三叩首，说"自古忠孝不能两全，现在国难当头，儿当尽忠报国，等打败了日本，再回来孝敬您老人家。"他与老母、妻儿诀别，毅然奔赴战场，写下他人生最后的篇章。

忻口位于晋北，是太原以北的重要关口，历来为兵家必争之地。卢沟桥事变爆发后，日军集结优势兵力第5师团、第109师团等部共五万余众，自

◇1937年10月至11月，中国军队与日军展开忻口、太原作战。图为山西战场的中国军队。

晋北、晋东北分兵南下，妄图一个月拿下太原，继而问鼎中原，配合其他部队迅速占领整个中国。

8、9两月，在板垣征四郎指挥下，日军兵分三路，向山西进犯。面对敌人的强大攻势，晋北战场频频告急。阎锡山枪毙了失守天镇的晋绥军第61军军长李服膺，督励所部拼死拒敌，并亲临前线太和岭指挥作战。但形势依然严峻，平型关、雁门关相继失守，晋北局面万分危急。保卫太原，仅剩忻口一道防线了。

阎锡山召开军事会议，决定将所有军队撤至忻口一线，与日军作最后决战。同时，请求蒋介石派中央军增援。蒋介石对此极为重视，特致电阎锡山："忻口会战，关系至大，望督励所部一举歼敌"。10月2日，蒋介石电令卫立煌，迅率第14军、第9军、第85师、独立第5旅由正太路移援晋北。

10月11日，忻口战役正式打响。此次战役由第二战区司令长官阎锡山、副司令长官卫立煌、黄绍竑、朱德指挥实施；正面战场总指挥由第14集团军总司令卫立煌将军担任，所部郝梦龄第9军、李默庵第14军、刘茂恩第15军、孙楚第33军、杨澄源第34军、傅作义第35军、陈长捷第61军和汤恩伯第13军、孙蔚如第38军各一部，川军第22集团军、陕军第41军第529旅、部分豫军、冀军，以及炮兵、骑兵和空军等，近百团18万之众，与板垣征四郎指挥的日军第5师团和第2、第3、第109师团、关东军等一部共14万余人，在宽广50余里的战线上，进行了长达23天的攻势防御作战。

由共产党领导的八路军，在朱德总司令、彭德怀副总司令指挥下，率林彪、聂荣臻所部115师，贺龙、关向应所部第120师和刘伯承、徐向前所部第129师，以机动灵活的游击战术，于敌后破坏、截断日军交通运输线，钳制敌方增援部队，并成功实施了平型关伏击战、雁门关伏击战、夜袭阳明堡机场等战斗，为配合忻口正面战场作战发挥了重要作用。

13日上午8时许，敌人集中5000余兵力，出动50余辆坦克、装甲车，40余门大炮，在20余架飞机的掩护下，集中兵力向中央兵团南怀化阵地发起猛攻，企图从中间突破，一举攻下忻口守军主阵地。大炮猛烈轰击，坦克纵横冲击，飞机轮番轰炸，战场硝烟四起，黄尘蔽日，血肉横飞。激战至10时许，南怀化阵地一部被摧毁，守军伤亡殆尽，日军乘机向纵深发展，攻占了1300

高地。

姥爷率独立第5旅入晋后，先是驻防于忻州城关附近，担任卫立煌总司令部警卫部队和总预备队。14日，忻口战况转紧。15日晚，卫立煌亲率独立第5旅驰赴忻口激励将士，以68师、独立第5旅增加中央兵团，责令攻夺南怀化阵地。

我的手上有一份《独立第五旅忻口附近战斗详报》，真实再现了姥爷最后的身影。"本旅于十月六日奉总司令卫命令，经太原向忻县前进，担任总司令部之警卫勤务。十四日，忻口战况转紧，旅奉命掩护炮兵增援忻口。十五日午后，奉命归第九军郝军长指挥，向占领忻口以西南怀化高地之敌板垣师团攻击。""晚十时顷，又奉总司令命令：以南怀化东北高地之敌企图侵入我1300高地直扑金山铺，断绝我军之归路，对我军威胁甚大，着我旅即将该处之敌击灭之。""三时少过，我攻击开始。敌凭借既设工事，发扬浓密枪炮火力，向我密注射击。我官兵英勇百倍，前仆后继，向敌阵猛攻，曾一度冲入敌阵，与敌肉搏。斯时，我官兵已伤亡过半，立足未定，为敌之逆袭部队所抵据，乃不得已仍退至原阵线。""略为整顿队势，于四时作第二次之进攻，一时引起敌方猛烈之炮火。我官兵咸报必死决心，冒锋镝向前冲杀，将敌阵地突破，在敌阵内发生恶剧之搏斗。""此时天将拂晓，本旅郑故旅长以时机紧迫，亲率两团作最后之猛攻。旅长率先领导，一般官兵均为感动，虽于极度疲乏之余，仍均攘臂直前，一时杀声震动天地，战况之烈空前未有。惟我旅长及614团团长李继程、615团副团长徐云峰均于进攻之际光荣殉国，中下级干部及兵士伤亡甚众……"

这场战斗打得异常惨烈。姥爷牺牲后，614团团长李继程接任代旅长，几小时后也壮烈牺牲；615团团长高增级再任代旅长，带领余部继续顽强抵抗。对于这次战役，高增级事后有过这样一段记述："没有比这样的场面更惊心动魄的了。日军板垣师团五万多人向忻口扑来，在距阵地还有两公里之外就架起野炮和山炮，用齐放排射的方式向我军阵地进行猛烈的射击，一些官兵还未见到日本兵的影子就已被炸牺牲了。两军阵地越来越近，双方的炮火基本派不上用场，整个阵地不分官兵，一个扭着一个，已不是争夺对方的阵地，而是和敌人拼命。我们的战士死后依然怒视敌人，数万的尸体铺陈在忻口起伏的山坡、河流之中。战斗之惨烈,无以复加,将士忠勇可歌可泣。”

同日,忻口战役中央兵团前敌总指挥、第九军军长郝梦龄将军、第54师师长刘家麒将军也因迫近敌阵指挥,先后中弹牺牲,壮烈殉国。团长以下官兵伤亡五六千人,战斗之烈、赴义之壮,足以惊天地而泣鬼神。

三位将军同日殉国。郝梦龄将军更是抗战全面爆发后中国军队牺牲的第一位军长,噩耗传来,举国震惊。蒋介石、毛泽东代表国共双方分别发表祭文,同声哀悼为国捐躯的郝梦龄、刘家麒、郑廷珍等两万余名阵亡将士。

忻口战役是抗战初期华北地区规模最大、历时最久、战斗最烈、对日本侵略者打击最重的一次战役,与淞沪会战、徐州会战、武汉会战并称抗战初期的四大战役。

战役历时23天,面对装备精良、气焰嚣张的日本侵略者,中国军队“将不畏死,士无贪生”,用自己的血肉之躯筑成了一道日军难以逾越的长城。战斗中,敌军坦克横冲直撞碾压过来,中国士兵无一退缩,坚守阵地,直至被压成肉饼,至死不让寸土。尤以204高地战斗最为惨烈,一昼夜间敌我互易阵地13次。最多的一天,我军损失了11个团。硝烟散去之后,从山顶到山底,双方尸横遍野,血肉模糊,敌我之间的深沟内,枪支和尸体层层叠叠,惨烈之状,目不忍睹。

中国军队最终以三位将军殉国、五万官兵伤亡的代价,歼灭日军两万余人,使其受到自开战以来最顽强的抵抗,极大地振奋了民族精神,激发了全国人民的抗战热情。英国记者贝特兰报道:“忻口战役是华北抗战高潮的标志,是指示抗战前途的一个很有意义的吉兆。”

战役结束后,国民政府明令褒扬,于1937年12月,国民政府追赠郝梦龄为陆军上将,追赠刘家麒、郑廷珍为陆军中将。“西战场上三英雄,精忠报国郝刘郑”,就是当年流传的一句话。中国共产党在海外办的巴黎《救国时报》,以《追悼抗战殉国的民族英雄郝梦龄、刘家麒、郑廷珍、姜玉贞诸将军》为题,报道说:“郝梦龄、刘家麒、郑廷珍、姜玉贞诸将军及其他许多死难将士,为了民族解放,贡献了他们最后一滴血。他们是中华民族的优秀子孙。他们战死疆场,为国殉难,是革命军人的无上光荣。他们的名字,将与我国历史上一切伟大的民族英雄、革命战士的英名同垂不朽，流芳千古。”

1983年6月，中华人民共和国民政部追认郑廷珍为革命烈士。

在过往的岁月里，忻口战役也曾蒙上尘埃，一度沉寂。但历史没有忘记，人民没有忘记。多年来，忻州各界人士不断呼吁为阵亡将士立碑。

当地干部群众说，他们是为国家为民族牺牲的，我们要为他们立碑，为他们歌功颂德。否则，我们这一代人愧对先烈、愧对历史、愧对民族、愧对后人啊！

现在，越来越多海峡两岸国共忻口抗战后人、各界人士怀着崇敬的心情来到这里，共同缅怀为国家为民族牺牲的英烈们；呼吁加强忻口战役遗址保护，强化国共携手抗日的共同记忆，为祖国和平统一大业作出积极贡献。

2014年9月1日，国家公布了第一批国家级抗战纪念设施、遗址和300名著名抗日英烈名录，忻口战役殉国的诸位将军英名在列，忻口抗战遗址被列为国家级抗战遗址。

忻口战役，是在中华民族生死存亡之际，国共两党两军默契配合、并肩作战、共御外侮的典型战例，在中国抗战史上具有重要的战略意义和深远的历史意义。它是整个中华民族血浓于水的骨肉亲情在民族大义面前最生动的体现，是国共精诚合作、创造了抗战期间华北战场最辉煌战绩的永远的历史丰碑！

『我爱你们，但更爱国家』

——缅怀父亲郝梦龄的抗战往事

◇郝慧英

郝梦龄【1898 ～ 1937】

郝梦龄，字锡九，河北藁城人。先后入陆军军官小学、保定军官学校学习。抗日战争时期，任卫立煌部中央兵团中将前线总指挥。1937 年 10 月 16 日，在山西大白水前线忻口会战中壮烈殉国。后被国民政府追认为陆军上将。为纪念郝梦龄的功勋，武汉的汉口北小路改名为“郝梦龄路”。1938 年 3 月 12 日，在延安召开的追悼抗敌阵亡将士大会上，中国共产党高度评价了郝梦龄抗日殉国的精神。2014 年 8 月，被列入民政部公布的第一批 300 名著名抗日英烈和英雄群体名录。

郝梦龄将军曾说，一个人要爱国家，爱百姓，要不爱财，不怕死！他还誓言，不惜一死以殉国，当以沙场为归宿。在忻口会战中，将军践行了自己的誓言，深入敌阵与日军厮杀，壮烈殉国。

抗日战争胜利已经70个春秋，为了赢得这场伟大的民族解放战争的胜利，父亲郝梦龄和千百万同胞先后在这场战争中为中华民族献出了宝贵的生命。

“一个人要爱国家，爱百姓，要不爱财，不怕死！”父亲的这句话虽历尽八十余载，依然字字清晰如昨。“我爱你们，但更爱国家。”1937年10月16日，父亲在忻口会战中壮烈殉国，他的光辉形象永远挺拔地活在我的心中。

慈父之情，刻骨铭心　洁身自好，不徇私情

在我的印象中，出生后一直在老家与母亲、祖父、外祖父生活在一起。记得有一天，村里来了一个高大魁梧的人，后面跟着几个随从，村里人招手叫我过去，指着那个大块头的人对我说：“小英子，你快过去，那个人是你父亲，你父亲回来了。”我一听便跑进自家堂屋，见有一个人坐在椅子上，就一下爬到他的膝上，搂住他的脖子。那人很高兴地搂着我问旁边的人：“这是哪家的孩子，长得蛮逗人疼的。”大家都笑了起来，说：“这真是大水冲了龙王庙，自家人不认得自家人，这是你的女儿小英子，出生这么大了还没有见过你呢。”我于是认真地看了一眼对方，小声地叫了一声“爸爸”。因为我是家中的第一个孩子，当父亲第一次听到有人叫“爸爸”，这个驰骋疆场的硬汉子，忍不住流下了眼泪，随即紧紧地把我搂在怀里。

在我的记忆里，父亲在家从来没有待到五天以上，每次打完仗后，但凡

稍有空隙,都是匆匆回家小住几日,便赶回部队。他与别的当官的不同,从来没有在乡亲们面前耀武扬威地摆架式,每回离村子还有十几里路,他就会脱下军装,换上便装,并命令勤务兵也换上便装。沿途不论遇到哪位乡亲,总以叔、伯、兄弟相称,十分亲热。有一次在回家探亲的路上,遇到一个捡粪的老人,老人见汽车开过来,一下摔倒了。我父亲连忙下车扶起老人,帮他拍去身上的土,老人一看说:"哎呀,是郝军长啊!"我父亲问:"您老不碍事吧?"老人连说:"没事没事,我是看见这个大东西(指汽车)心里一发慌摔倒的。"这件小事,父亲却很在意,回村后又专程带上食品去看望老人。老人以后逢人就提这件事,对我父亲不胜感激。而父亲从那以后,为了让乡亲们不害怕,回家小住时,再也没坐小汽车,而改为骑马了。

父亲和我们待在一起的时间,加起来恐怕不到一年,最长的一次是1930年,那时父亲在郑州当警备司令,由于相对平静,他便把一家人接到郑州,大约团聚了几个月时间,那是我童年最幸福的时光。父亲好像也格外珍惜这一段来之不易的和亲人团聚的日子,不管到哪里,只要可能,就尽量带上我,闲暇之时,他总是牵着我的手散步。一边散步一边给我讲故事,讲得最多的是岳母刺字和苏武牧羊,也讲文天祥、史可法等历史人物。那时的父亲,不再是一个威严的军人,而是一个慈祥的父亲。

父亲对我非常疼爱,尤其舍得给我买书。记得当时中华书局出版了一套影印《藏经》木刻本,全国只发行100套,价钱很贵,他毫不犹豫地给我买了一套。许多历史书籍,家中也都有。父亲自己也很爱看书,一本《孙子兵法》,被他数次圈点,密密麻麻,很多历史掌故他都能一一道来。父亲常教育我:"人生在世,计利当计天下利,求名应求万世名。"

父亲对家人的要求尤其严格,母亲多年来都带着家人随父亲辗转各地,靠租房过日子。在武汉居住时,母亲曾看中现在蔡锷路上一幢两层的小洋房,房主开价要一万块钱现洋。母亲向父亲开口要钱,却遭到父亲的强烈反对,父亲说:"军人应以四海为家,如果你们走到一处便购置一处房产,我贪恋小家,岂不是误了国家?!"就这样,最终未能购置一处房产。

一次,一位朋友送了母亲一副象牙麻将,母亲极为喜爱。父亲知道后,叫母亲立马物归原主,但母亲没有照办。一天,母亲正在家中与亲友玩这副麻将,被父亲碰到,他发了很大脾气,并当即送到厨房付之一炬。从那以后,母亲再也不敢收受别人的任何礼品了。

在父亲的部队里,纪律十分严明,一不准纳妾狎妓,二不准吸毒赌博,但不免还是有以身试法之人。有一个姓贾的旅长,就因抽大烟而被革职。我嫡亲的叔爷,当时任师部军械处处长,他竟敢偷偷地买了一个小老婆。父亲知道后,毫不留情地下令以军法治罪,开除军籍,永不录用。事后这位叔爷来家苦苦求情,我祖父和母亲看不过眼,都劝父亲看在亲属的面上放他一马,让他保证永不再犯就行了。但父亲坚决不允,他对叔爷说:“在家里你是我的叔叔,我以长辈待您;但在军队,您是我的部下,如果我今天放过了您,那我以后还怎么管理我的军队呢? 我不能徇私情啊!”就这样,父亲给了他一些钱,将他遣返回乡。

父亲对下级,对家乡是慷慨万分的。上级只要犒赏馈赠,他都按职按级论功行赏分给下级官兵,老家办学堂盖校舍,购书籍、器材他都慷慨解囊,让家乡的乡亲们念念不忘。1985 年我回家乡时,家乡人挖出了埋在地下的一尊郝将军的瓷像。他们对我说:“家乡人都忘不了郝军长,为此烧了这尊瓷像纪念他。‘文化大革命’时怕遭人破坏埋到地下,现在郝军长的后人回来了,我们就赠送给你们吧。”这尊瓷像现一直珍藏在我家中。

抗日决心,壮志凌云　忠魂永在,万古流芳

1937 年 7 月卢沟桥事变爆发时,时任国民革命军第九军军长的父亲正在应召去四川陆军大学学习的途中。得知消息,他立即自重庆返回部队,请求北上抗日。

他在报告中说:“我是军人,半生光打内战,对国家毫无利益。现在日寇要灭亡中国,我们国家已到生死存亡的最后关头。我们应该去抗战,应该去与敌人拼。”

经过再三上书请缨,国民政府批准他率部北上。

父亲在北上抗日出发之前,已下定以死报国的决心。“父亲经过武汉时,回来与家人告别。那天起床后,母亲告诉我:你爸爸一夜没睡,写了撕,撕了

又写,不知在写什么东西。我拉开抽屉,发现一封信,上面写着'留给慧英儿,二十七年拆阅'。"

我那时候年纪小,才15岁,不懂事。晚上父亲一回来,我就拿着信问他,为什么要到明年看?说着就要拆信。父亲不说话,一把夺过去,我和他抢来抢去,那封信最后被他撕掉,丢进痰盂里。

父亲出去后,我把痰盂抱进厕所,捞出那些纸片用水冲过后,拼出信上的内容:"此次北上抗日,吾已抱定牺牲。万一阵亡,你等要听母亲的调教,孝顺汝祖母。关于你等上学,我个人是没有钱,将来国家战胜,你等可进遗族学校……留于慧英、慧兰、荫槐、前楠、荫森五儿,父留于一九三七年九月十五日。"

这是一封遗嘱。我顿时泪如雨下。"全家人哭成一团,不想让他走。但父亲决心已定。"

父亲与家人告别,对儿女们说:"我爱你们,但更爱我们的国家。现在敌人天天在屠杀我们的同胞,大家都应该去杀敌人。如果国家亡了,你们也没有好日子过了。"

此时,平津失陷,日军先占领察哈尔后又夺河北中部,直逼山西。父亲接到第二战区司令长官阎锡山的军令后,一刻都不想耽误,星夜赶往山西前线,我送别父亲时的情景历历在目。

1937年9月17日下午,父亲前往火车站。我们家离车站很近,父亲前面走,我后面就跟着去了。他要走了,我想悄悄再看一看他。

我送父亲到火车站,那里全部都是兵,黑压压的一大片,我看了一眼父亲,心想父亲要走了,我要好好看看他。但是在父亲的脸上,我没有看出父亲有丝毫的犹豫或畏惧,我看到的是即将奔赴战场的军人所透露出的决心与气势。

忻口是日军从晋北通向太原的最后一道防线。1937年9月底,日军在平型关遭八路军115师重创后全线撤退,集结在代县附近,准备拿下忻口,直取太原。

1937年10月4日夜,父亲率部抵达忻口。当夜,他在布防前召集营以上军官讲话时说:"此次抗战是民族战争,胜则国存,败则国亡,所以只许胜,不

◇忻口战役中央兵团前敌总指挥、第9军军长郝梦龄将军指挥所“第九号窑洞”。

许败。军人的天职是保国卫民，现在民不聊生，国将不国，就是我辈军人没有尽到应有的责任，实感可耻……现在大敌当前，我决心与全体官兵同生死，共患难，并肩战斗。”

10月10日凌晨，中国军队在前沿阵地与敌人接火，守军击退了日军的装甲车、坦克，并烧毁了日军的汽车。

当日，39岁的父亲在忻口前线写下阵中日记：“今日为‘国庆’纪念日，回忆先烈缔造国家之艰难，到现在华北将沦落日人之手，我们太无出息，太不争气。”

10月11日拂晓，日军第5师团长板垣征四郎派5000步兵，以飞机、重炮、坦克作掩护，连续猛攻忻口西北侧南怀化阵地。当时援助忻口的军队大部还在途中，父亲即到前沿阵地指挥。

在敌人飞机、大炮轰炸时，父亲指挥部队躲入掩蔽处，待炮火一停，马上出击，用步兵武器狠狠打击日军。双方多次展开白刃肉搏，近距离互掷手榴弹。

面对强大的敌人，父亲带的都是临时集结的人马。而且有一些部队还未赶到。但父亲反复强调,"人人都应抱定有我无敌,有敌无我的决心与敌拼杀"。

10 月 12 日,南怀化被日军占领,敌我双方在忻口西北、南怀化东北高地展开激烈的争夺战。日军在我阵地进行肆无忌惮的狂轰滥炸,平均每日造成伤亡一千多人,最激烈时一天伤亡达数千人。但第 9 军官兵顽强阻击敌人,每天争夺战多达十几次。

父亲在当天的日记里写道:"往日见伤兵多爱惜,此次专为国牺牲,乃应当之事。此次战争为民族存亡之战争,只有牺牲。如再退却,到黄河边,兵即无存,哪有长官?此谓我死国活,我活国死。"

10 月 15 日,父亲早饭后仍在第一线督战。当天夜里,第二战区副司令长官卫立煌增派七个旅交父亲指挥,由正面袭击,左右两侧同时出击策应,以期夹击敌人。他最后一次写日记:"10 月 16 日凌晨两点,对南怀化之总攻打响。"

16 日凌晨,中国军队分数路扑向日军阵地。时任父亲参谋处长的李文沼回忆:这时敌已发现我军动向,机枪小炮一齐射来,我请他进指挥所洞内休息。郝军长说,"我在前线督战是自己的任务,是自己的本分,岂能畏缩不前?"

官兵们再三劝阻,父亲只是说:"瓦罐不离井口破,大将难免阵前亡。"

凌晨 5 时,父亲率领第 54 师师长刘家麒、独立 5 旅旅长郑廷珍等将领继续带兵前冲。日军溃退以猛烈火力掩护逃跑。此时父亲等将领已深入敌人散兵之前,终不幸腰部连中两弹殉国。

父亲年仅 39 岁的生命就此壮烈地定格。

父亲殉国后,士兵在其衣袋里,发现一封尚未发出的致友人信:"余受命北上抗敌,国既付以重任,视我实不薄,故余亦决不惜一死以殉国,以求民族生存。此次抗战,誓当以沙场为归宿。"

10 月 24 日,父亲的灵柩由太原运至武汉。1937 年 11 月 16 日武汉各界举行公祭,后以国葬仪式将父亲遗体安葬在武昌,一万多人参加了葬礼。

随同灵柩一同抵达武汉的还有父亲写的第二封遗书《与妻书》,这封装在小箱子里的遗书写于在忻口战役打响前一天。书中,父亲对我母亲剧纫秋说：“余自武汉出发时，留有遗嘱与诸子女等。此次抗战乃民族国家生存之最后关头，抱定牺牲决心，不能成功即成仁。为争取最后胜利，使中华民族永存世界上，故成功不必在我，我先牺牲。我即牺牲后，只要国家存在，诸子女教育当然不成问题。别无所念…… 倘吾牺牲后，望汝好好孝顺吾老母及教育子女，对于兄弟姐妹等亦要照抚。故余牺牲亦有荣。为军人者，对国际战亡，死可谓得其所矣！书与纫秋贤内助，拙夫龄字。双十节于忻口。”

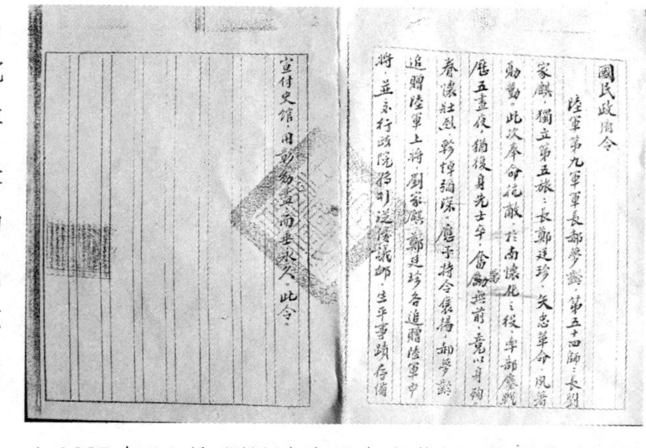

國民政府令

陸軍第九軍軍長郝夢齡・第五十四師師長劉家麒・獨立第五旅旅長鄭廷珍・矢忠革命・夙著勛勞。此次奉命抗敵・於南懷化之役・率部鏖戰・歷五晝夜・猶復身先士卒・奮勵無前・竟以身殉・眷懷壯烈・軫悼殊深・應予特令褒揚・郝夢齡追贈陸軍上將・劉家麒・鄭廷珍各追贈陸軍中將・並交行政院轉飭從優議卹・生平事蹟存備宣付史館・用彰勛藎・而垂永久。此令。

◇ 1937 年 12 月，国民政府明令褒奖忻口战役中为国捐躯的郝梦龄等将军。

1937 年 12 月 6 日，国民政府追赠父亲为陆军上将。

1938 年 3 月 12 日，毛泽东在延安追悼抗敌阵之将士大会上的讲话中，高度评价父亲“给了中国人民以崇高伟大的模范”。

父亲牺牲时年仅 39 岁，当时我还是一个初中学生。父亲离开我们已经 76 年了，但他的名字总被人们记起，他的形象更加伟岸挺拔。我深切地感受到，为民族解放捐躯者，人民永远怀念他们。父亲竭诚报国的诤诤誓言一直鼓舞着我们为祖国、为人民努力工作。

祖父张自忠的抗战与殉国

◇张纪祖

张自忠【1890 ～ 1940】

张自忠，字荩忱，汉族，山东临清唐园村人。1933 年长城抗战时，任前线总指挥。1937 年代理冀察政务委员会委员长兼北平市长。1938 年 3 月参加台儿庄战役。同年 10 月，任国民党第 33 集团军总司令兼第 5 战区右翼兵团总司令。1940 年 5 月 16 日在湖北省宜城亲率部队与日军作战时壮烈殉国，享年 49 岁。他是中国抗日战争时期在战场上最早牺牲的一位集团军总司令。后被国民政府追授为陆军二级上将军衔。国民政府在 1942 年 12 月 31 日，国民政府明令其入祀全国忠烈祠。1944 年 8 月，国民政府将宜城县改名自忠县，以资纪念。1946 年，获国民政府颁荣字第一号荣衰状。1947 年 3 月 13 日，北平市政府颁令将铁狮子胡同改为张自忠路。2009 年，张自忠将军被评为“100 位为新中国成立作出突出贡献的英雄模范人物”之一；2014 年 8 月，被列入民政部公布的第一批 300 名著名抗日英烈和英雄群体名录。

张自忠将军曾亲笔昭告部下:“为国家民族死之决心,海不清,石不烂,决不半点改变。”在奋力拼杀的最后时刻,仍不忘嘱咐:“我力战而死,自问对国家对民族可告无愧,你们应当努力杀敌,不能辜负我的志向。”将军以必胜的信念与敢死的决心血战到底,慷慨牺牲以身殉国。

我的祖父是抗战时为国捐躯的爱国将领张自忠将军。早在七七事变前,祖父在29军与宋哲元军长和冯治安、赵登禹将军等在长城喜峰口、罗文峪对日军展开夜袭,用大刀杀敌无数,从此《大刀进行曲》响遍全国,我的二哥适逢其时出生,小名就叫喜峰。

1937年年底,祖父被任命为59军军长,这是一个至为重要的转折。正是这个转折给他带来了展现他作为一个爱国将领谱写壮丽史诗的机会,从此祖父开始了他一生中璀璨辉煌壮怀激烈的时期。

抗战初期,日本的军事力量极为强大,在七七事变后一年多的抗战岁月里,中国军民虽奋勇杀敌,终因国力太弱,武器落后,以致华北、华东、华南先后陷落。

祖父统领59军仅两三个月后就爆发了台儿庄大战。祖父以劣势装备却一战于淝水、再战临沂、三战滁州、四战横川、五战随枣。最激烈的战斗是临沂保卫战。临沂是鲁南重镇,是日军西进台儿庄的必经之地,其得失对全局影响颇大,因此日军志在必得!进攻临沂的是日军王牌部队,原关东军参谋长板垣征四郎统领的日本第五师团。当时临沂守军告急,59军奉命增援,紧急行军,一日夜达90公里。在临沂与板垣师团激战七昼夜,硬是在临沂阻止板垣、矶谷师团在台儿庄的会合,致使矶谷师团孤军深入,从而为台儿庄大捷拉开序幕。在七天七夜的日子里,由于矶谷师团被围,日军参谋部严令板垣务必占领临沂。日军大炮猛轰,将临沂大半夷为平地;装备精良的日军像疯狗一般对临沂猛冲，当时我守军伤亡极为惨重，王秉璋部据守藤县，战至最后一兵一卒全部壮烈阵亡。面对日军优势的炮火及疯狂地进攻，59军司令部高级指挥官都主张撤退，战区参谋长徐祖诒也同意59军撤出战斗，转移郯城休整。可是祖父却瞪圆双眼，下令死守，绝不撤退。临沂之战称得上"尸山血海"，"鬼哭狼嚎"，打出了我国军民的志气，提振了中国军民抗战必胜的信心。临沂之战俘获大量战利品、弹药、衣服、食品、信件，还有板垣征四郎本人的呢子大衣及印章，可见这位日本"铁军"统帅仓皇逃跑时的狼狈不堪之状，如漏网之鱼、丧家之犬一般。没有在临沂顶住板垣部队的疯狂进攻，就绝不会有台儿庄的大捷。板垣兵败临沂大失颜面几次自杀未遂。就是这样的败军之将居然日后还升任日军总参谋长。后来板垣又两次和祖父交手。历史是最公正的，也是最无情的，板垣征四郎这个战犯，在1948年被东京国际法庭处于绞刑，结束了其罪恶的一生。

1938年3月下旬，临沂台儿庄大战奏捷，蒋介石欲扩大战果，从全国调集45万兵力聚集滁州地区，想和日军展开决战。但日军极其诡诈，立即调整战术，调集30万大军包抄徐州，形式对我极为不利。为保存实力减少伤亡，国民党部队全面后撤，此时第五战区司令长官李宗仁命令59军殿后，掩护大军撤退。为保护友军的安全撤退，祖父所率第59军在萧县、蚌埠与追来的日军整日苦战，保证大部队的成功突围。59军做出极大的牺牲，祖父也因此名声大振，受到国民政府的嘉奖。

◇张自忠在前线。

1939年4月中旬，日军在冈村宁次率领下，约10万兵力，欲将五战区主力歼灭。连日作战，日军连连突破防线，相继占领枣阳、高城等地。为振奋士气，祖父冒着大雨东渡襄河督战，全力挽救危局。在田家集，当日军耀武扬威向着板桥方向浩浩荡荡而来时，我军伏击部队一声令下全线开火，日军措手不及人仰马翻，哪有一点“皇军”的傲气。辎重团大部分被歼，失去辎重的日军渡襄河的计划未能得逞。祖父指挥的右翼兵团全力反击，日军补给发生困难，被迫停止北进，中国军队的被动局面明显缓解！

蒋介石在给李宗仁的电报中说，张自忠在襄河东岸指挥二神庙、丰乐河、陈家集、亭子山、方家集、峪山之线我军猛力侧击向北突击之敌，迭有斩获，战况顺利。由于中国各路友军的总反击，日军全线后退，我军相继收复枣阳、桐柏。至5月23日，随枣战役结束。

1940年5月，为了控制长江交通、切断通往重庆的运输线，日军集结30万人又对五战区发动进攻，史称“枣宜会战”。面对新的大战的来临，祖父亲笔告谕33集团军各师各团主管，激励他们奋勇杀敌。几经苦战，终因日军火力太猛，我军多次受挫，祖父不顾33集团军高级将领的劝阻，再次冒着极大的危险，东渡襄河督战，这是他第四次东渡襄河作战，经过二三天的努力逐步控制局势，河东广大将士得知张总司令亲临前线督战欢欣雀跃，士气振奋。但日军增援部队也在源源不断开赴战场。5月15日，祖父率领的特务营及440团共1500余人，被近6000名日军围困在十里长山的南瓜店的山坡上。日军在飞机大炮的掩护下，一昼夜发动9次冲锋。在援军未到的情况下，祖父率官兵仍浴血奋战，生还的希望越来越少，但仍派人护送苏联顾问安全撤离。16日，祖父自晨至午，一直奋力指挥作战。午时左臂中弹仍顽强坚持。至下午4时左右，祖父奋不顾身顽强抗敌终因身体多处受伤壮烈殉国！

祖父壮烈殉国的那年，我恰逢出生，顾取名纪祖。十年后，也就是1950年我家住上海陕西路华业大楼，对面住的是当时59军参谋长李文田先生。那年我十岁，李先生有一天告诉我，当年在南瓜店的山上，祖父身边跟着59军多名高级幕僚，其中包括李文田，并尚剩有400多名战士和机枪连，李文田裹着军大衣和十余名护卫从后山滚下山坡，得于保全性命。李文田说：“我多次死拉硬拽，你爷爷就是不走，他完全有机会逃生，却决一死战”。此话至今已近60年，是我亲耳听李文田参谋长讲的，应属无疑。祖父正是抱着必胜的信念与敢死的决心同侵略者血战到底，不惜慷慨牺牲以身殉国。

祖父殉国以后,国共两党均给予极高的评价。蒋介石的题词是“英烈千秋”,毛泽东的题词是“尽忠报国”!

国民政府曾为祖父颁发荣字第一号荣哀状。新中国成立后,民政部追认祖父为“革命烈士”。现在,北京、天津、上海、武汉等城市设有“张自忠路”、“自忠小学” 等,以纪念祖父张自忠将军。

2009 年新中国成立 60 周年之际,全国举行了“双百” 人物评选,祖父被评为“100 位为新中国成立作出突出贡献的英雄模范人物” 之一。我们深深怀念敬爱的祖父,也告慰祖父,您是民族的英雄,人们永远铭记着您。

戴安澜远征抗战血洒缅北

◇戴澄东

戴安澜【1904 ～ 1942】

戴安澜，安徽省无为县人。1925 年参加北伐战争。1932 年冬，任国民党第 25 师 145 团团长。七七事变爆发后，任国民党第 73 旅旅长，先后参加了保定、漕河、台儿庄、中条山等战役。1938 年，在台儿庄对日作战中，晋升为国民党第 89 师副师长，参加武汉会战。1939 年 1 月，升任中国第一支机械化部队——国民革命军第 5 军 200 师师长。同年 12 月奉命参加桂南昆仑关战役。1941 年赴缅甸作战。1942 年 5 月 26 日，在缅甸北部茅邦村壮烈殉国。1956 年 9 月 21 日，中华人民共和国中央人民政府内务部追认戴安澜将军为革命烈士，10月3日，毛泽东主席向戴安澜的遗属颁发了《革命牺牲军人家属光荣纪念证》。2009年，戴安澜将军被评为“100位为新中国成立作出突出贡献的英雄模范人物”之一；2014年8月，被列入民政部公布的第一批300名著名抗日英烈和英雄群体名录。

中国远征军出国作战是抗战史上传奇悲壮的一页。远征军第一次入缅作战，与日军交锋数十次，先后取得同古战役、仁安羌战役等重大胜利，给日军以重创，壮我军威，扬我国威。戴安澜作为第200师师长，率部参加了最为激烈的同古保卫战和棠吉攻击战等战斗，战功卓著，但身受重伤不治，血洒缅北丛林。

我的父亲戴安澜，幼时家境清贫，酷爱读书，1923年考入陶行知先生创办的安徽公学学习现代文化科学知识。1924年5月，在叔祖父戴端甫的召唤下，与同乡青年到广东，投考孙中山先生创办的陆军军官学校第一期，因体能不合格，遂入伍生队，同年12月入第三期。在校期间参加东征，毕业后参加北伐。

卢沟桥事变前后，父亲长年在华北抗战，参加了漳河、漕河阻击战及敌后游击战等诸多战役。1938年在台儿庄大战中因战功卓著父亲被晋升为国民党第89师副师长，后参加武汉会战。1939年1月，升任中国第一支机械化部队——第5军200师师长。同年12月奉命参加桂南昆仑关战役，与友军共同苦战一月，全歼日军第5师团第12旅团，击毙日军前线指挥官第5师团第12旅团旅团长中村正雄少将，写下了抗战史上辉煌的一页，各报记者在国内外报刊上报道大战经过，盛赞父亲颇具北宋大将军狄青的风度。

1941年12月，太平洋战争爆发后，应美国和英国的请求，1942年年初，中国组建了中国远征军开赴缅甸。父亲奉命率200师作为中国远征军的先头部队赴缅参战，“扬威国外，藉伸正义”。1942年3月8日，作为远征军先遣部队的第200师星夜赶到同古。这是一座位于缅南平原的小城，距缅甸首都仰光260公里，扼公路、铁路和水路要冲，战略地位十分突出。此时的英缅军，在日军凌厉攻势下，不断溃退。200师到达后，接防同古，掩护英军撤退。

◇1942年3月,中国远征军第200师与日军主力在缅甸同古及周围地区激战10日,重创日军。图为同古前线的中国炮兵。

19日,追击撤退英缅军至皮尤河西岸的日军,率先与防守同古的第200师先头部队接火,歼灭数十人,给日军一个下马威。

21日,同古城北的永克冈机场被日军占领,守城的200师后路被断。200师及时调整防守阵地,在色当河西,部队收缩,从同古城的北西南三个方向与日军对峙,师部在色当河东扼守撤退通道。此时后方援军迟迟不到,200师处于孤军奋战的态势。23日战斗更趋激烈,父亲决心与阵地共存亡,他在给母亲的遗书中写道:决以牺牲全部,以报国家养育!为国战死,事极光荣。同时父亲宣布:“各团营坚守阵地,如果师长战死,以副师长代之;副师长战死,参谋长代之;团长战死,以副团长代之:副团长战死,参谋长代之……以此类推,各级皆然。”

28日夜,日军派出一股部队突袭200师司令部,父亲手提一挺机枪,率部与日军作战,形势危急。后在同古城内二个连援兵的夹击下,师部才化险为夷。为避免全师被聚歼,30 日晚,在第 5 军军长杜聿明的命令下,同古守军主动战略撤退。同古一战,第 200 师以高昂的斗志与敌鏖战,仅 9000 人的队伍,竟抗击两万多日军达 12 天之久,以牺牲 800 人的代价,打退了日军 20 多次冲锋,歼敌 4000 多人,俘敌 400 多人,使日军遭受了南侵以来的第一次重大挫败。这也是远征军入缅作战的首次胜利,大长了中国军队的军威和国威。

4 月 7 日上午,时任盟军中国战区总司令的蒋介石乘飞机抵达缅甸眉苗,与中国战区参谋长兼中缅印战区美军司令史迪威将军一起,会见杜聿明、戴安澜等远征军将领,研究作战部署。在眉苗,蒋与远征军将领商定作战方案,父亲在会上报告同古作战经过,并提出要举行一场大会战,狠狠打击日寇,以扬我国威军威,他的意见得到了赞同,确在平蛮纳举行会战。会前,蒋召见我父亲,留宿住地,第二天会议结束后,留父亲共进午餐。

然而此时,英军已无斗志,作好了全面向印度撤退的打算,4 月中旬,在仁安羌英军一个师 7000 余人遭日军二个大队的包围,毫无斗志。孙立人师长的 38 师刘放吾团前去驱逐日军,英军得以安全。但英军对平蛮纳会战不但不予支持,反而向史迪威报告在乔克巴当发现 3000 日军,指明要 200 师前去打击。杜聿明认为当务之急要防守棠吉,以免远征军后路被截断,并认为此情报不真,因为乔克巴当在仁安羌以北,孙立人已将日军击退,在其后方出现这么多日军,他不会不知道。但史迪威坚信英军情报,并直接命令 200 师向与棠吉相反的西部攻击,经过二天行军,并未发现日军。200 师转向向东防守棠吉时,日军已攻下棠吉,主力继续向北,由下一部分兵力防守棠吉。200 师先西后东,但将士们不畏劳累,于 4 月 24 日一夜之间攻克棠吉,然而此时局部战斗的胜利,无法遏止整个缅甸战场上中英盟军疾速溃败的车轮。日军分兵已到达中国与缅甸边境的腊戍、密支那,将中国远征军的退路给截断了。这时中国远征军处于艰难的境地,史迪威将军决定带领他的参谋团向西往印度撤退,远征军的指挥交给罗卓英。无奈之下,杜聿明率 22 师、96 师向北进入野人山 —— 原始热带雨林,父亲率 200 师在东面,向北要经过 5 道封锁线才能回国。根据郑庭笈的回忆,5 月 18 日,第 200 师撤退通过最后一道封锁线西保到摩谷公路时,遇敌第 56 师团的两个大队兵力,父亲在混战中负伤,胸部和腹部各中一弹。第 599 团团长柳树人和第 600 团副团长刘杰阵亡,遗体都没有找到。后部队经过休整,从朗科突围。

当时缅甸已入雨季,父亲终日躺在担架上,雨淋日晒,又缺医少药,伤口已经化脓,到了 5 月 26 日下午 7 时,父亲在缅甸茅邦村殉国,年仅 38 岁。临终前,参谋长周之再、步兵指挥官郑庭芨问:师长,我们下一步怎么办?父亲此时已无力回答,示意他们拿出地图,在图上指出,在茅邦北莫洛过瑞丽江,在南坎、八莫间穿插回国,说完让士兵扶他起来,向北方祖国深情地一望。父亲没有提及过孩子、夫人,没有留下一句安排后事的话。200 师在父亲指出的路线下于 6 月初回到了国内。

父亲牺牲后,工兵赶制棺材,夜间将父亲遗体入殓。29 日,因天气炎热,父亲遗体流脓水发臭,师部研究决定火化,将火化后的遗骨用绸布包好,装在木箱里,送回国内。据第 200 师野战医院中校院长李颖回忆说,"在一个不知名的小山村,我和几名医护人员给戴将军换穿上干净的军衣。我们把砍伐的树木劈成段儿,堆积起四五尺高的柴垛,然后把将军的遗体放置其上。"

母亲王荷馨见到父亲的家书时,也见到了父亲的遗骨。这封家书中,父亲提到,"你们母子今后生活,当更痛苦。但东、靖、篱、澄四儿,俱极聪俊,将来必有大成。你只苦得几年,即可有福,自有出头之日矣,望勿以我为念。我要部署杀敌,时间太忙,望你自重,并爱护诸儿,侍奉老母。"

第 200 师回到云南保山后,师部派人打好棺木,重新装殓了父亲的遗骨,并派一个排的兵力,护送父亲的灵柩回昆明。灵车上,赫然竖起一根高高的竹竿,竿首高挑着父亲殉难时的血衣。

广西全州,当时是父亲所在第 5 军的驻地。1943 年 4 月 1 日,国民政府在广西全州举行全国公祭戴安澜大会,全国各地派代表前往祭奠,共有万余人参加。国共两党领导人、社会各界人士纷纷撰写挽联、挽诗、挽词。毛泽东题写挽词:"外侮需人御,将军赋采薇。师称机械化,勇夺虎罴威。浴血东瓜守,驱倭棠吉归。沙场竟殒命,壮志也无违。"周恩来题写了挽词:"黄埔之英,民族之雄。"蒋介石的挽词是:"虎头食肉负雄姿,看万里长征,与敌周旋欣不忝;马革裹尸酹壮志,惜大勋未集,虚予期望痛何如"。美国总统罗斯福也曾评价:“戴安澜将军于 1942 年同盟国缅甸战场协同援英抗日时期,作战英勇,指挥卓越,圆满完成所负任务,实为我同盟国军人之优良楷模。”

父亲一生为国,为人正气,作战有方,功勋卓著,他为什么会这样?杜聿明将军作为父亲的同僚,曾在抗战胜利后一篇纪念父亲文章中写过一段话,或许真切地道出了其中的原委。“然环观国内,其能戎务倥偬而犹予不释卷力求精进者都有几人?其能于练兵带兵之道悉心体贴而予改进者有几人?其能身先士卒冒险犯难公而忘私赴义恐后者更有几人?海鸥(注:父亲自号海鸥)之功勋事业,吾人仅见其始,而未得见其终,倘能永以天年,则其贡献于党国者为何如乎?海鸥之死自其个人言之,壮志未竟,愤恨以终;自国家民族言之,其损失之大决非吾人所能想其万一。”

张治中两次在沪抗击日军

◇张皓霆

张治中【1890 ～ 1969】

张治中，原名本尧，字文白。安徽省巢县人，著名爱国将领，黄埔系骨干将领，原国民党陆军二级上将。1932 年 1 月兼任第 5 军军长，率部参加上海“一·二八”之役，曾予日军以沉重打击。1937 年全国抗战爆发后，任第 9 集团军总司令兼左翼军总司令，参加上海“八一三”淞沪会战，取代何键担任湖南省主席。1949 年 4 月，任国民党政府和平谈判代表团首席代表，9 月参加中国人民政治协商会议第一届全体会议和开国大典，并促成了新疆和平解放。中华人民共和国成立后，历任西北军政委员会副主席、全国人民代表大会常务委员会副委员长、中华人民共和国国防委员会副主席、政协全国委员会委员、中国国民党革命委员会中央副主席等职，对促进民族团结和社会主义建设事业，做出了贡献。1969 年 4 月 6 日在北京逝世。

1932 年一·二八淞沪抗战，张治中率国民党第 5 军与第 19 路军共同抗敌。时隔五年之后，1937 年八一三事变之后淞沪会战，张治中又率第 9 集团军参战。两次在沪抗击日军，虽然惨烈，却都打出了中国军队的英勇无畏，打出了中国人的不屈不挠。

一·二八淞沪抗战主动请缨

1931 年 9 月，日本军国主义分子制造九一八事变，侵占中国东北地区。1932 年，日本关东军为掩护炮制伪“满洲国”傀儡政府的阴谋，在上海挑起事端。1 月 18 日在日本驻沪陆军武官田中隆吉、日本间谍川岛芳子的阴谋策划下，在上海引翔港(今双阳路)上海三友实业社门口发生了一起日本僧人遭殴打事件。19 日，日本驻沪总领事村井仓松向上海市政府提出严重抗议，并威胁要出动日本海军陆战队对付突发事件。20 日凌晨，一批日本浪人焚烧了上海三友实业社，并打死打伤前来阻止的公共租界华捕。26 日，日本政府增派“能登吕号”航空母舰等军舰抵沪。同日，日本驻沪总领事向上海市政府提出最后通牒，要求在 28 日下午 6 时之前必须给予满意答复，否则日本海军将自由行动。28 日午夜，日军 4000 余人以装甲车开道，分数路向闸北天通庵路、虬江路、横浜桥等地进攻。驻防于这些地区的第 19 路军奋起反击，一·二八淞沪抗日的战幕惨烈揭开。

而此时已经退职下野的蒋介石获知事变颇为意外，他在日记中也曾记载：“闻昨日对上海日领事要求已承认，彼已满足，且表示傍晚撤兵，何乃至午夜又冲突也。”同时，蒋介石判断“倭寇必欲再侵略我东南乎，我亦唯有与之决一死战而已。”由此看来蒋介石对上海局势也非常担心。于是在 2 月初，蒋介石在浦口会晤我的祖父张治中。

◇第5军军长张治中(右1)赴前线指挥作战。

祖父向蒋介石请战:"我们中央的部队必须参加淞沪战斗才好,如果现在没有别的人可以去,我愿意去。"

蒋介石回复:"很好。"

蒋介石马上让何应钦调动散驻在京沪杭的第87师、88师、中央教导团,合编为第五军,任命我的祖父为5军军长兼第87师师长,率部开沪参战。

在淞沪抗战第19天后,祖父带着部队走向抗日的战场。此时,我父亲张一纯刚出生只有两个月,祖父离别襁褓中的孩子和刚坐完月子的妻子,"决心战死沙场,以誓死的决心走上抗日前线"。祖父还说:"因为这是一次反抗强暴的民族战争,也是我生平对外作战的第一次,我必以誓死的决心,为保卫祖国而战。我知道:一个革命军人首先要具有牺牲精神,而牺牲精神又必须首先从高级将领做起。这一役牺牲是应该的,生还算是意外的了。"出发前,祖父写下了遗书交给挚友陆福廷。

祖父自2月18日率第五军进驻刘行镇,接替19路军部分防地开始,日军在吴淞、江湾、闸北发动全线进攻,中国军队奋力反击,连日激战。至月底,中国军队坚守防线。日军久攻未能得手,再次增兵和改换主帅。2月23日,日方决定重新编成上海派遣军,由前田中内阁陆相白川义则大将任上海派

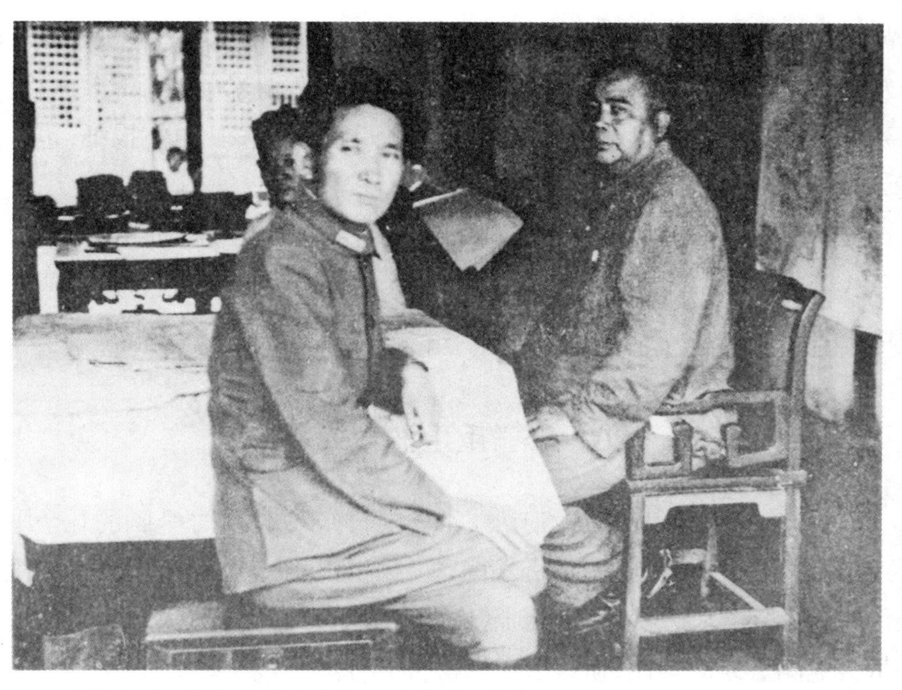

◇淞沪抗战前线指挥官张治中(右2)在前线指挥部队。

遣军司令官,并率第11师团、第14师团前往上海。2月28日,白川义则率援军四万到沪,日军在沪投入的总兵力近八万人,几乎是中国军队的2倍,其装备也远优于中国军队。3月1日,日军出动军舰20艘、飞机80多架、步兵万余人攻击中国守军防线侧背的浏河杨林口,并登陆成功。国军在苦战月余,后援不继,侧翼受攻的情况下,自吴淞、江湾、大场、庙行、闸北、真如全线后撤,退至嘉定、黄渡、太仓一带第二道防线。3月3日,国联决议要求中日双方停战。4日,日军向嘉定、太仓、黄渡进攻,被中国军队击退。6日,19路军通电遵国联决议停战。日本方面也因全面发动侵华战争的准备不足而表示停战。一·二八抗战的军事行动至此停止。

4月29日,侵华日军司令官白川义则在虹口公园被朝鲜志士炸伤,至5月26日死亡。5月5日,《上海停战协定》签字。一·二八淞沪抗战宣告结束。是役,19路军和第5军在人民支援下浴血奋战,经历了数十次大小战斗,人人视死如归,奋勇杀敌,其英勇壮烈的事迹,足以惊天地而泣鬼神。祖父也是亲自上阵,不避枪林弹雨,指挥广大官兵在庙行、浏河和葛隆镇等地浴血奋战，屡挫强敌。尤其在庙行一役，由于祖父指挥得当，并“亲率教导总队赴八十八师指挥策应”，结果将日军第9师团和久留米混成旅团的精锐歼灭殆尽，庙行、江湾间，敌尸堆积如山，达三四千具之多。中外报纸，也一致认为此役是沪战中我军战绩的最高峰。

淞沪抗战期间，中国军队屡挫强敌，迫使日军三易主帅，是侵华遭受九一八事变以来最沉重的打击。中国军队的英勇表现，给西方人和国际社会留下了深刻印象。

八·一三重上淞沪战场

1936年2月，南京国民政府为了准备对日作战，规划了全国的几个国防区，祖父奉命兼任京沪区的负责长官。设秘密机构于苏州留园，展开了国防工程的考察以及民众民团的组训。派出了一批又一批专业人员到淞沪钱澄一带实地测量绘制地图，侦察上海日寇的布防。

1937年7月，日军在大举进攻平津的同时，向上海方面集结兵力，战事有一触即发之势。七七事变以前，祖父正在青岛养病，忽闻卢沟桥战事起来，即于第二天拒绝医生的劝告，径返南京，接受京沪警备司令官的职务。8月1日，祖父以京沪警备司令官名义发布《告淞沪将士书》，略谓：自甲午以来，日军蹂躏我主权，占领我国土，荼毒我同胞，逞其淫威，肆无忌惮。九一八之血迹未干，一·二八之屠杀顿起，长城之役甫停，察绥之变旋作。近复驱师启衅，扰我平津，图占冀察，然后侵我中原。中华民族含垢忍辱，创巨痛深，几难终日。时至今日，非抗战无以图国家民族之生存。全面应战之烽火高燃，舍身报国之良机已至！雪恨歼仇，此其时日；本司令官誓以“我死国生”之决心，与同生死共患难之全体袍泽，枕戈待旦，磨砺以须，同仇敌忾，百折不回，投身于必获最后胜利之神圣抗战！

“这次在淞沪对日抗战，一定要争先一招”。这是祖父常和人谈起的观点。7月30日祖父也向南京政府郑重提出了这个意见。南京政府回复并且同意了“应由我先发制敌，但时机应待命令”。

8月9日，日本海军陆战队中尉大山勇夫率水兵一名，乘汽车要强行闯入上海虹桥军用机场，越过警戒线。中国守军命其停车，他们置之不理，并且开枪打死中国守军一人。中国守军开枪还击，将二人击毙。日方遂借口“事态恶化”，在黄浦江及长江下游浏河口以下各港口集合舰艇30多艘，并派遣海军陆战队3000多人登陆。同时，还无理要求中国方面撤退保安部队，拆除防御工事。

战事迫在眉睫。爷爷命令上海各部队作好战斗准备，自己亲率第87、88师于11日午夜由苏州、无锡急赴上海。八月十二日，南京统帅部命令以87、88、36、56、61、98、11等七个师组成第九集团军，爷爷为第九集团军总司令，负责淞沪战场左翼阵地；另以55师、57师和独20、45旅、炮2旅等部组成第8集团军，张发奎为集团军总司令，负责右翼阵地。

当时，爷爷攻击筹备工作已经就绪，准备于13日拂晓强袭日军阵地，歼其主力，控制上海。但却接到南京统帅部命令“不得进攻”。原来蒋介石仍对国际调停抱有幻想，以致坐失良机。13日下午，日军从容部署后，以租界为依托，向闸北发起猛攻，我军奋起抗击。14日，敌我双方在反复争夺沪江大学、八字桥、持志大学等据点和敌海军司令部的战斗中，伤亡惨重，我方旅长黄梅兴以下1000余人为国捐躯。但是，各师多有进展，战局对我有利。此时，又接蒋介石密令：“今晚不可进攻，另候命令。”17日拂晓，爷爷再次下达全线进攻命令，并亲往炮火纷飞的前线督战。正当进攻顺利发展的时刻，又接蒋介石第三次“停止攻击”的命令。这三次停攻命令，严重挫伤了军队的锐气，给日军以补充增援的机会。从22日深夜起，日军14个步兵旅团，分别在川沙口、吴淞口登陆，形势严峻。倘日军抄到自己的侧后方，形成包围之势，后果不堪设想。爷爷决心亲往前线指挥，挽救危局。23、24日两天里他冒着敌人猛烈炮火，日夜奔波，指挥作战。战争开始以来，他几天几夜未曾合眼，身体虚弱到走路都需人搀扶，仍坚持不下火线，终于使战局得以稳定。但是，蒋介石因打电话到第9集团军司令部找不到人，就大加训斥而且将其所辖的主要部队拨给别人指挥。他只好被迫辞职，怀着悲痛的心情离开上海。

离沪后，11月4日，日军从杭州湾登陆，使中国军队侧背受敌。蒋介石于11月12日仓促下令全线撤退，上海沦陷，历时三个月的八·一三淞沪抗战以失败而告终。但是，爷爷在这次战役中所作的贡献和他的功绩，将永载史册。

父亲程潜的抗日往事

◇程 瑜

程潜【1882 ～ 1968】

程潜，名月如，字颂云，湖南醴陵人。清末秀才。同盟会会员。1908 年年底，日本陆军士官学校第六期毕业。曾任湘军都督府参谋长、非常大总统府陆军总长、广东大本营军政部部长。1937 年 7 月，全面抗日战争爆发后，程潜以参谋总长名义担任平汉线方面指挥，坐镇邢台指挥。1938 年年底，改任天水行营主任，驻西安统一指挥西北战场。1949 年 8 月，在长沙宣布起义，同年 9 月出席中国人民政治协商会议第一届全体会议。1949 年加入民革，历任民革第二届中央常委，第三、四届中央副主席。中华人民共和国成立后,任中央人民政府委员,全国人民代表大会常务委员会副委员长,国防委员会副主席,湖南省省长,中国国民党革命委员会副主席等职,1968 年 4 月 9 日病逝北京,终年 87 岁。

程潜是民主革命的元老。在全国抗战中，他积极推动蒋介石抗日，亲上前线指挥作战，以民族大义化解张自忠与庞炳勋的私人恩怨、促其精诚协作抗敌，创办游击训练班培养抗战人才，始终坚持抗日民族统一战线，为全民族抗战做出了不可磨灭的贡献。

协蒋抗日　调解恩仇

我的父亲程潜在抗日战争之前的革命历程非比寻常。1905 年加入同盟会起，他一直追随孙中山、黄兴，参与了辛亥革命。袁世凯称帝后，他又投入了二次革命、护国护法之役。之后，孙中山在广东重组中华民国政府，他又成为其得力助手，协助孙中山组织北伐，统一两广，东征陈炯明。蒋介石发动四一二反革命政变时，他保护了一批共产党人。

1928 年 4 月，蒋利用李宗仁倒程。当他在武汉开会之际，李在会上以“莫须有”之罪名将我父亲拘禁。父亲在被解除拘禁后被送往上海。正值民族危亡之际，父亲在上海又耳闻目睹了九一八事变，他再也按捺不住激愤之情，毅然决定创办杂志社，用它作为抗日、反蒋、反汪的平台，鼓舞民众的抗日热情，揭露日本的侵华罪行。

1931 年蒋介石下野，父亲回归政界。1935 年时蒋介石已重登政坛。在内忧外患之时，他急需找一位资历高又能服众的人物来帮忙。在此民族危难之时，为了国家民族的生存，父亲决定出山，扶蒋抗日泯恩仇。12 月 8 日，国民政府正式任命父亲为参谋总长，免去蒋的参谋总长兼职。父亲在上任不久的翌年，亲自处理调停了“两广事变”，使蒋桂达成议和，使得抗日前线增加了力量。

自 1936 年春始，父亲就开始了对国防力量的考察工作，巡视了许多国防要地。他曾到过江阴、无锡、镇江、汤山、徐州、连云港、安阳、漳河、巩县、洛阳等地。作为参谋总长的他,亲自主持了“民国二十六年度国防作战计划”的制定。参谋本部于 1937 年 1 月拟定了“甲案”、“乙案”两份稿本,3 月修订完成。父亲全力投入了修订工作并亲自将其送往庐山,由军政部次长陈诚呈给蒋介石审阅批示。

七七事变发生后,国共两党都做出迅速反应。国民党决意与共产党合作,开始全面抗战和打持久战。紧接着八一三事变爆发,这更坚定了国民党的抗战决心,开始了全面抗击日本侵略者的行动。父亲以高级指挥官的身份,积极投入了这一伟大的全民族的抗日洪流。

◇第一战区司令程潜(中)与杨杰(右)等合影。

日军占领平、津后，形势异常严峻。国民政府军事委员会决定调整华北的作战指挥系统，划平汉线北段为第一战区，以父亲兼代第一战区司令长官（此前由蒋兼任）。受命后父亲疾驰邢台，坐阵指挥，未及部署完毕，日军土肥原率数万人的队伍向正定猛扑过来。平汉线卫立煌部已调去晋北增援，宋哲元部也调往津浦线方面作战。正定仅有商震军的一个师加一个旅防守。由于兵力悬殊，加上日军的机械化装备及飞机猛炸，正定及灵寿很快陷入敌手，旋即石家庄陷落。至此河北大平原已无险可守，而父亲所指挥的部队仅剩下三个半步兵师和一个步兵旅，兵力严重不足。于是父亲一面急电请增派援兵，一面将部队撤至彰德及漳河南岸一线布防，严阵以待。他此时已将生死置之度外，自己先预立遗嘱，抱着拼死疆场的决心，亲自上前线指挥作战，并鼓励身边的将士说："大敌当前，有进无退。中国虽大，也没有多少地方可退了。战死在阵地上是光荣的。"严令将士们坚守阵地，使其时的漳河之战得以与日军打成平手，形成对峙状态。

1937 年 12 月 13 日南京陷落后，翌年 1 月，蒋对各战区重新调整和部署。父亲不再任参谋总长，而是正式出任第一战区司令长官。这是全国对日作战中率先成立的战区。他统辖 30 多个师，数十万大军，驻扎郑州。1 月又兼任河南省主席，统一军政。

3 月，父亲指挥第一战区部队在外围策应第五战区的李宗仁部牵制敌军。由于配合默契，终使中国军队取得台儿庄大捷。此役共消灭日军一万余人，击毁坦克 30 余辆，缴获大炮 70 余门，矶谷师团主力被彻底消灭。台儿庄之役不仅是全民族抗战以来的空前伟大胜利，也是日军自新式陆军建立之后的第一次大惨败。捷报传开，全国热烈庆祝胜利，抗日精神为之一振，一扫笼罩全国的悲观气氛。

在鲁南军事重阵临沂告急之时，有过这样一段插曲：由庞炳勋率领的第三军团被困守在城内，而国民党除 59 军之外又无兵可调。无巧不成书，领兵的军长张自忠（抗日名将）与庞因历史原因而有极深的宿怨。张自忠调到第五战区增援时，表示任何战场皆可以死相拼，惟独不愿与庞炳勋在同一战场。正在张感到左右为难时，父亲因心知肚明，担心张对增援庞之事心存顾虑，故特约他面谈。我父亲对他推心置腹地说："你与庞炳勋的宿怨，纯系私仇。目前民族危亡，我们应该抛弃前嫌，共报国仇。为挽救民族于水火，即使牺牲个人生命，也在所不辞，何必计较个人恩怨。我与李宗仁将军也有个人私怨，他于 1928 年将我无理扣押，对我进行人身攻击。现在我们不也一起共同指挥抗日吗？”听了父亲的一席话，张深感茅塞顿开、疑虑尽释。他激动地说：“我绝对服从长官的命令，及时赴援！”由于张率部星夜兼程及时救援，经过浴血奋战，终于打了一个惊天动地的胜仗，使庞部免遭全军覆没之祸。自此之后，庞、张二人竟成为莫逆之交。

由庞、张二人携手的两次临沂保卫战的胜利，将日军板垣、矶谷两个师团企图在台儿庄会师的计划彻底粉碎，致使矶谷师团孤军深入台儿庄，为日后台儿庄歼敌奠定了胜利的基础。

创办游击干训班　坚持国共合作

在西安任职期间，创办了西北游击干部训练班。举办游击干部训练班是落实南岳军事会议精神，强调进入抗战相持阶段后，抗战要重视游击战和运动战，积小胜为大胜，甚至还提出了“游击战重于正规战”的口号。南岳游击干部培训班于 1939 年 2 月先开办，西北游干班要晚几个月。

父亲对西北游干班非常关心，曾给游干班亲笔题字：“一心一德”，并常为学员讲课。1940 年元旦，西北游干班第二期学员举办开学典礼，父亲亲临典礼并发表讲话，鼓励学员们努力学习，以完成新的使命。他给游干班学员提出了较高的要求和希望，并为此倾注了一定的心血。这在父亲的“养复国诗集”里写于 1940 年的“初春登翠华山——应游击干训班讲话”一诗中可以找到一点历史踪迹。

而今仅存的游击干部培训班遗迹就在西安郊外翠华山国家地质公园内。在其悬崖峭壁之上刻有“培养正气”，“生于理智”，“长于战斗”，“成于艰苦”，“终于道义”的摩崖石刻；还有被树枝遮掩的船形巨石一块，石上刻有“同舟共济”四个大字，以及九个游击干训班学员的姓名。看到这些珍贵的历史遗迹，70 年后的今天，更使人倍感世事的沧桑与历史的厚重。

在整个抗战时期，父亲都是国共合作的拥护者和执行人。无论在担任第一战区司令长官、河南省长，还是调任西安天水行营主任，他都积极帮助和支持进步人士、爱国学生的抗日行动。特别是在1939年冬至1940年春，蒋介石发动第一次反共高潮时，他正好在西安任职。当时蒋令胡宗南进攻陕甘宁边区。中共中央急调王震的359旅从晋察冀回援，父亲答应让"王旅长过河"（过黄河）。不仅如此，他还亲自出面制止反共行为。他曾向少将参议康问之说："…… 现在大敌当前，我们必须两党合作，共同抗战。十八集团军的官兵在前线浴血奋战，我们若在后方闹分裂，那如何成？"在国民党政策发生倒退，反共活动加紧时，父亲仍然尽可能地继续从事对抗日、对人民有益的工作。这在当时国民党高级军政要员中是不多见的。

1945年8月15日，日本宣布无条件投降。9月2日，日本代表在投降书上正式签字。这表示中国军民经历了八年的浴血奋战后终于战胜了日本。如果从九一八事变时算起的话则应该是十四年；日本侵略者的铁蹄几乎踏遍了半个中国。作为第一战区、天水行营主任、代总参谋长的父亲，在抗日战争中，无疑地做出了自己应有的贡献。

为庆祝胜利，父亲不仅写了一首诗，题记为"乙酉九日，与右任宴集同人于上清寺，为祝胜登高之会。得成字"。还写了一首用隶书书写的四言诗，其辞曰：振武攘夷，旷日受降。扬威荡寇，多难兴邦。祇奉宪典，天下为公。和会列国，海宇大同。

历史殷鉴不远，切记，切记！

覃异之亲历长城保卫战与长沙会战

◇覃 毅

覃异之【1907 ～ 1995】

覃异之，广西安定(今都安)人，祖籍广西宾阳。原名异存，因小时聪明过人，老师为其改名异知。早年就读于私塾和中学。1924年夏赴广州，入建国桂军军官学校第一期学习。1937年9月，奉命参加平汉路北段对日作战，在保定保卫战中负伤。1938年3月，任国民党第52军25师少将参谋长，参加台儿庄战役。同年4月，任该师第73旅旅长，7月参加了武汉会战。不久任第52军第195师中将师长。1943年4月，任第52军副军长。后任中国驻印度总指挥部战术学校副主任。

1944 年返国参加衡阳战役。1945 年初任青年军第 204 师师长。1949 年去香港。同年 8 月与黄绍竑等通电反蒋，宣布脱离中国国民党在香港起义，12 月回到北京。新中国成立后，历任水利部、水利电力部参事室主任，第二、三届国防委员会委员，民革中央常委，中国国民党革命委员会北京市委员会主任委员，北京市第九届人大常委会副主任，黄埔陆军军官学校同学会理事、黄埔陆军军官学校北京市同学会会长、黄埔同学会总会副会长。1995 年 9 月逝世，享年 88 岁。

覃异之的名字可能许多人并不熟悉。但在1939年9月至10月，他率195师参加第一次长沙会战，奋勇拼杀，重创日军，一战成名。巧的是，当时政府摄影队将这次会战专门拍成电影，覃异之在电影中讲话，一时间成了风云人物。

我的祖父覃异之，黄埔二期毕业，曾亲历了抗日战争期间多次重要战役。祖父在世时，常常给我们讲起抗日战争时期激烈的战斗往事。其中，祖父对参加的长城保卫战和第一次长沙会战，尤为记忆深刻。

古北口长城之战是祖父第一次参与的抗日战役。

1932年末，第4师独立旅关麟征部和补充第1团戴安澜部、补充第2团梁恺部合并编成第25师。关麟征升任师长，杜聿明任73旅旅长，辖145团（戴安澜）、146团（梁恺）；张耀明任75旅旅长，辖149团（王润波），150团（张汉初）；祖父由旅参谋主任升师部上校参谋处长，带领部队集中到徐州进行整训。

◇黄埔军校时期的覃异之将军。

1933年1月下旬，日寇侵犯长城，各口战局骤然紧张，25师奉命北上参加长城抗战，限3月5日到达通县集中。关麟征将所兼徐州警备司令，奉令交李延年（第九师）接替，并留祖父（及一个辎重兵营）在徐州交待防务。祖父于3月15日赶到北平，此时关麟征已负伤住院。祖父去医院看他，被授命到密云去接任伤亡很大的149团团长职务，因原团长王润波已经牺牲，并率领该团到北平黄寺营房补充休整。

1933年5月初，祖父率149团奉命开赴前线，为了保密和防空，部队以夜行军形式由北平出发。第一天夜里下雨路面湿滑,所以行军秩序不太好。在第二天出发前,祖父集合全体干部开会,严肃批评昨晚行军秩序不好的问题,并重新制定了当晚行军的纪律,即由各连、排、班长层层负责制。祖父要求大家宁可慢,但是不许拉长距离更不许掉队,指派了团附在队尾负责监督指挥行军,并亲自在队伍前后不断巡视。当晚,该团行军的秩序大为改观。

5月10日晚,祖父率149团开到潮河右岸,接替83师在小槽村等村庄的阵地。11日拂晓,日寇展开大举进攻,在战斗中149团先后三次打退敌人的冲锋,敌人遗尸数百具,我方亦有相当大的牺牲,很多将士壮烈殉国,但是我们保住了阵地。下午,我左翼第二师阵地被迫后撤,造成我团左翼空虚。此时149团正与敌激战,预备队大多已经投入到前线,只剩团部特务排及一个重机枪连、一个迫击炮连,祖父就把这些部队开到左翼潮河岸上布防。到了下午3时,发现敌百余骑兵渡河向我阵地逼近,祖父派遣重机枪六挺、迫击炮六门在敌半渡中,突然给敌军以猛烈射击,敌人纷纷落水,剩余敌匆匆逃跑。此时旅部命令149团向左移动,集中力量准备迎击由石匣镇方向进攻的敌人。

14日拂晓,敌人步、骑、炮联合二千余人,由潮河河滩向我军发起猛烈进攻。由于我军顽强抵抗,双方激战3个多小时后,敌军战败,被迫向石匣镇撤退。当夜,149团又奉命转移到石铁峪五座楼之线担任警戒任务。此后,敌军再未敢大举进攻。

5月20日前后,听闻我们部队要撤退,当地群众、驻地房东们纷纷流泪,不舍得我们。后来听说不撤退,大家又都转悲为喜。最后又听说“中日停战协定”签订,还是要撤退,群众又流泪了。他们说“政府不要我们了”,祖父也很伤心,这一幕悲剧,深深留在祖父的脑海里。他曾与团政工干部集体创作,编写了一个剧本《长城泪》,把这情景搬上了舞台。

1935年6月“何梅协定”规定中国军队撤离北平及河北省。当时关麟征曾给蒋介石去电:“如果不战而撤出北平及河北省,将会丧失民心,影响政府威信。”可惜,此电未被采纳。25师撤离时,部队在长辛店东站集中登车,北平教育界的一些朋友前来送行,挥泪话别。祖父当时赋诗一首:

又闻协定说班师，爱国儿郎涕泪时。

回首故都眦欲裂，横行无忌太阳族。

长城保卫战后，祖父作为师参谋长、旅长、军参谋长、师长，陆续参加了保定保卫战、台儿庄战役、武汉会战、第一次长沙会战，经历惨烈牺牲，也得尝胜利滋味。其中第一次长沙会战打击了日军嚣张气焰，大大地提振了中国军队的士气，进一步增强了抗战必胜的信心。

1938 年 10 月，日寇占领武汉后，锋芒同时直接指向湖南。但因为武汉会战消耗了巨大的力量，他们只好与我军在赣北、鄂南、湘北形成对峙。在赣北，日寇占领了南昌，达成了目的，而鄂南、湘北这一面却迟迟没有进展。但经过近一年准备，1939 年 9 月欧洲大战爆发，日本阿部内阁叫嚣："以战争彻底'解决中国事变'的时机已到了！"他下令第 11 军司令官冈村宁次屯驻湖北咸宁，指挥日寇第 3、6、13、33、101 和第 106 等六个师团主力和长江舰队的海军陆战队一个联队，合计约 18 万人，于 9 月 14 日从赣北、鄂南、湘北三个方面同时发动进攻，以求在"一个星期内占领长沙"。长沙情况紧急，危在旦夕。为了稳定湘北局面，保卫长沙，我军决定在长沙北郊与敌军进行决战。

1939 年 8 月中旬以前，日寇在岳阳、临湘、通城一带的兵力约一个师团，分散在岳阳、通城之间和铁路两侧，他们占领据点，构筑工事防守。当时祖父任 52 军 195 师师长、该师的部署是：将刘平的 565 旅放在左翼，并在新墙河北岸的笔架山构筑前进据点，以一个营的兵力防守；将刘一华的 566 旅放在右翼，并在新墙河北岸的草鞋岭构筑前进据点，也以一个营的兵力防守；补充团作预备队。

由于中国军队在新墙河北岸设防了草鞋岭和笔架山两大据点起到了掩护主阵地的重要作用，像钉子一样，成为敌人行动的障碍，这样一来，敌人便不得不另想办法来对付我军了。1939 年 9 月上旬，湘北正面日寇突然向中国军队新墙河阵地发动猛烈攻击，重点进攻指向我第 195 师，我军草鞋岭据点首当其冲，与日寇激战一天，将敌人打退。因我军笔架山据点左翼靠近铁

◇1939年9月，中国利用赣北、鄂南、湖北的有利地形，成功击退了日军对长沙的进攻，取得湘北会战的胜利。图为指挥草鞋岭歼灭战的第159师师长覃异之(右，黄埔二期生)与在前线采访的著名戏剧家田汉合影。

路，对敌威胁很大，所以敌人又转而攻我笔架山据点。

1939年9月中旬，在岳阳、通城一带的日寇，分三路向我军第15集团军进犯：一路由粤汉铁路正面继续向我军新墙河之线第52军阵地进攻；一路由湘鄂公路南下，向我军南江桥方面第79军阵地进攻；另一路则在海空军的掩护下，企图在湘江、汨罗河交汇处的三角洲营田附近强行登陆，以威胁我军侧背。

我第15集团军根据原定作战计划，决定在新墙河至南江桥一线给日寇迎头痛击，随即向汨罗河南岸逐步转移，诱敌至汨罗河南岸集中兵力歼灭。

日寇在猛攻第2师据守的荣家湾阵地时，也猛袭我第195师的杨林街北岸笔架山前沿据点，战况十分激烈，杨林街也受到炮击，但杨林街以东的第566旅阵地却只受到零星炮击，北岸也只有少数日军进行火力侦察。于是，我主动放弃草鞋岭据点，将全师主力迅速集中到金井附近，占领阵地，并将566旅摆在第一线，以565旅作为侧击的准备，追击进犯之敌。日寇在进攻中发现在此突然受阻，以为遇上我军主力部队，便停止前进，调过头来专门对付第195师，我便令军队从敌人的侧背面向正面铁路进犯的日寇予以还击，以力量压倒敌人，同时令笔架山据点继续与敌人保持接触。

当时战斗很激烈，一直持续到中午，第195师的队伍一直在战斗。这时，52军军长张耀明来电话告知，日寇已经在营田登陆，令祖父即刻率第195师主动由汨罗河上游紧靠幕阜山的浯口渡过汨罗河，转移到福临铺占领阵地，去阻击敌人。同时，第79军（附第82师）奉命在南江桥附近阵地给日寇以打击后，立即以一部在湘鄂公路方面继续阻止日寇前进，主力在靠近湘鄂公路的幕阜山一带占领侧面阵地，侧击敌人，以掩护第52军向汨罗河南岸转移。

祖父得到命令后，即刻命令副师长、师参谋长率领各团副团长，各营副营长等立刻动身，先到福临铺侦察地形，布置防御阵地。

9月20日凌晨，日寇又集中炮火猛烈轰击我第195师阵地，祖父率领部队进行了顽强的抵抗。就在我第195师在新墙河一线阵地临转移之前，笔架山战斗仍在继续，而且打得异常艰苦、惨烈。至9月22日黄昏，防守笔架山的史恩华营已伤亡过半，敌我双方已杀红了眼。史恩华率领全营勇敢地迎战日寇，在日寇兵、炮兵战车及飞机协同时猛烈进攻下，仍然打退了敌人一次又一次进攻。祖父打电话给史恩华，希望他能和主力一道行动并命令说："如无法支持，不得已时可向东靠，撤过新墙河。"但史恩华回答："军人没有不得已的时候。我已被团团围困，看来不好撤了，决心与敌人拼到底。师长，来生再见！"史恩华率部在飞机、大炮轮番轰炸之下，又激战五昼夜，全营阵亡，鲜血染红了草鞋岭，史恩华亦壮烈战死殉国。

9月23日，日寇突破新墙河防线，我军在湘北的守军已全部撤退。日寇便分三路从汨罗向长沙进犯。

当天，祖父在福星庙奉军部转来集团军总部的命令，令第195师在福临铺至上杉市之间，阻击日寇三天，争取时间，以掩护我集团军主力在长沙近郊布置决战阵地，准备与敌军决战。并要第195师完成任务后迅速转移到上杉市，利用幕阜山从侧背配合，歼灭进犯的日寇。

祖父按照第15集团军总部之命令，亲自带领两名旅长视察地形，决定以566旅和一个补充团为第一线，坚守福临铺，待两日后，向上杉市转移；以565旅为第二线，守上杉市，我自己坐镇福星庙师指挥所指挥战斗。

9月27日下午，日寇在炮火掩护下，以小部队形式对福临铺阵地实行火力侦察。9月28日中午日寇开到福临铺，开始大举对第195师566旅展开强烈攻势，我军坚守阵地，敌我双方发生激战，战斗异常惨烈。在彼此来回冲杀的过程中，和敌人形成犬牙交错的对峙态势。当天晚上，195师以预备队向敌人反攻，收复了原来的阵地。

第三天晚上，566旅奉令开始向上杉市转移。祖父在路上，布置便衣队掩护主力部队按原计划向上杉市转移。到了天亮，日寇在飞机的掩护下，以骑兵部队向上杉市搜索前进。沿途与我正在掩护部队撤退的便衣队突然遭遇，便衣队猝不及防，双方激战，便衣队几乎全军覆没，牺牲300多人，大队长金雄亦殉国。

在中午日寇已进到上杉市阵地前，我565旅已经在上杉市构筑好工事，严阵以待，于是双方在此展开了激烈的战斗，在我军严密的防守下，日寇无法前进。

第五天上午，日寇的主力并没有追击，而是仅派骑兵在飞机的掩护下向上杉市搜索，绕了一天后，便于当天晚上撤回到福临铺。第六天白天，我发现敌人的陆军在飞机、骑兵的掩护下，开始撤退了。

面对北逃的日寇，祖父当机立断，下达追击的命令，并于当天晚上迅速将部队带到福临铺，组成两个纵队，一路沿铁路，一路沿金井大道，同时向新墙河追击前进。日寇是白天在飞机、骑兵的掩护下撤退，祖父便在夜间追击，一直追击敌人，使敌人退于新墙河北岸。

10月3日，祖父在夜间追击日军，在马背上构思《第一次长沙大捷追击日寇夜行军偶成》一诗："马首悬新月，三军气若虹。夜寒茶当酒，星斗落杯中。"

我部队出击神速，追击敌人到福临铺后，紧接着追敌到汨罗的新市，继而到金井，10月6日这天追击敌军到达新墙河一线，从而将原来第52军阵地全部收复。

在此期间，第15集团军总部曾在9月27日下达命令至第37军，命其乘日军在福临铺与我第195师激战之际，以全力进攻营田的日寇，力求将之包围歼灭。10月初，为了配合营田日寇作战，汨罗河北岸之日寇一部沿铁路进攻汨罗，一部渡河强占新市。我第15集团军总部关麟征随即命令第73军、第52军一部立即向汨罗、新市附近的敌寇攻击。据守在营田的敌寇，在我军包围攻击下，死伤惨重，残余敌人乘夜逃上兵舰，向北逃窜。至此，集团军总部判断进犯湘北的日寇，经我军连续打击，已经开始溃败，于是便命令第37军由汨罗渡河，向铁路正面的敌寇反击；命令第52军进出平江附近向敌寇反击；命令第79军（附第82师）攻击湘鄂公路方面敌寇的侧背，协同第52军作战。

日寇全线败退，退守至原来的各据工事，敌我双方再度形成战前的对峙态势。

10月7日，第4军军长欧震奉令去接第52军新墙河阵地时，打电话问祖父："195师现在的位置在什么地方？"祖父回答："我现在已占据新墙河原阵地与你说话。"欧震根本不相信，祖父便将全部情况告诉了他，欧震才恍然大悟。祖父同时也电告总部，其他各军同样觉得很奇怪。其实日寇在向湘北进犯时，曾有一部分日寇向杨森集团军和王陵基集团军进犯，在湘北正面被我第15集团军击溃后，进犯的敌寇也向北退去。第52军、第37军亦恢复新墙河的阵地。

三天以后，欧震率部赶到。第195师把新墙河防务交由第4军接防，并奉令归还第52军建制，进行整理、补充。此次会战，从9月初开始到10月初日寇撤退，我军在长达一个月之久敌强我弱的"扫荡"与"反扫荡"的战斗中，艰苦奋战，粉碎了日军试图围歼我第九战区主力的战略目标，消耗了日军大量人员、装备。中国军队的士气得以提振，抗战必胜的信心进一步增强。

作为几次重要抗日战役的亲历者的后人，通过祖父向我们讲述的回忆，我深感日寇侵略给我们中华民族带来的巨大苦难，同时也强烈地感受到中华民族面对大敌当前所表现出的强大的民族气节。我们在缅怀先人的同时，更应该把这种民族气节传承下去。

黄维在淞沪会战和武汉会战中

◇黄慧南

黄维【1904 ～ 1989】

黄维，号培我。江西贵溪人。黄埔军校第一期、陆军大学特别班第一期。曾任国民党第 18 军第 11 师第 22 旅旅长、第 11 师副师长。1934 年 5 月，任第 11 师师长。1935 年 4 月，授陆军少将。1936 年赴德国学习军事。回国后，任第 18 军军长。1939 年 6 月，授陆军中将。1940 年 11 月，任第 54 军军长。1943 年调任国民政府军事委员会中将高级参谋、军委会督训处副处长。1945 年任青年军第 31 军军长。抗日战争胜利后，任青年军编练总监部副监。1948 年 9 月，调任第 12 兵团司令官，仍兼新制军官学校校长。1975年后，任全国政协文史专员，第五、六届全国政协常委，黄埔同学会理事。1989年3月20日卒于北京。

全国抗战爆发后，远在德国学习的黄维提前回国，迅速投入淞沪会战，奋勇克罗店，浴血苏州河，一战而成名。武汉会战中，他巧妙布局，灵活迎战，屡有斩获，再建殊勋。

我的父亲黄维1904年出生在江西贵溪的一户农家，1924年考入黄埔军校第一期，1928年考入陆军大学特别班第一期，1936年赴德国学习军事。赴德前，父亲已是少将师长。1937年7月7日，卢沟桥一声枪响，父亲便提前结束学业启程回国。一路历经艰辛，回国后立即投入抗战。

◇陆大特一班时的黄维(1931年)。

父亲亲临最前线指挥战斗。1937年9月在淞沪会战中，他亲率18军67师397团冲入罗店镇，指挥199旅在顾家角同日军天谷支队血战九天，率67师与11师一起血战20个日日夜夜。

"血肉磨坊"的淞沪抗战

父亲在《一寸山河一寸血的淞沪战争》一文中写道：

我到达上海前线才三四天，便接任第18军第67师师长职务。这时，该师已在罗店与日军进行拉锯战，坚持了大约近一月，伤亡惨重，特别是干部伤亡更大，已逐步后撤至接近罗店的金家宅既设阵地之线。与日军阵地对峙中,时有小规模的战斗,白天是日机在阵地上空盘旋侦察和小部队的进攻。我们的部队白天烧饭冒烟,便会招来敌机的扫射轰炸,由于制空权完全为敌方所掌握,所以我们很被动,但一到夜间,便是我军调动部队和向敌搜索骚扰的时候。而敌军一般都在夜间龟缩不动,这样比较沉寂的状况,大致延续了个把星期,我们预感到日军在向我正面增加兵力,将对我发起大规模的进攻。

当我接任第 67 师师长后,军长罗卓英转到太仓方面指挥。第 18 军的其他各师均调走了。仅第 67 师改归第 19 集团军总司令薛岳指挥,仍在原阵地与据守罗店的日军阵地相对峙,时有局部战斗。我回到师后的大约三四天吧,就在拂晓时,日军开始炮击,向我阵地发动全线进攻,其主攻的重点在我右翼的第 74 师方面。对我师的进攻并不猛烈,对我攻击之敌,被我火力所拒止,双方对战。此时,罗店全镇毁于炮火,成为一片焦土。我军经常趁敌机不能活动的晚间,发动夜战以夺回白天丧失的阵地,有时进行肉搏战,双方伤亡都很大,第 67 师伤亡过半。这时,我接到命令,上级指示于夜间主动后撤到南翔集结。我师在友军的掩护下,安全撤出阵地。这是我罗店方面作战部队的一次主动后撤行动。

11 月 5 日,我第 67 师奉令由南翔附近增援苏州河南岸的作战。当夜以第 402 团、第 401 团、第 399 团接替北新径方面厅头,我第 87 师(师长王敬久)及其以东第三师(师长李玉堂)的阵地。以第 398 团控制于八字桥为师预备队。师指挥所设地虹桥飞机场东北角独立家屋。我左翼的邻接部队为占领姚家宅阵地的第 46 师(师长戴嗣夏)。六日拂晓,日军把主攻指向我师,发动猛攻,用系留气球升高在我阵地上空,指导炮兵向我阵地射击,敌飞机助威滥炸,并以战车掩护步兵向我猛烈进攻。当时,我官兵沉着应战,双方伤亡惨重。

战斗的第三天,第 402 团仍坚守厅头,逐屋争夺,团长赵天民负伤,以后成残。中校团附叶迪负重伤,少校团附王家骏阵亡,营长连长基本上伤亡殆尽,士兵前赴后继,伤亡更为惨重。但到最后仍有部队死守厅头的一角,屹然不动,直到作战的第五夜,才把阵地移交给教导总队接替。

在八字桥之第 398 团团长曹振铎负伤后,仍带伤坚持指挥作战。第 401

团连接第402团右翼，受其影响，曾一度动摇。作战的第三天下午，一时电话中断，我很担心出问题，立即率工兵营向该团增援。当我们接近第401团阵地时，见到该团团长朱志席和零星部队向后转移。当他们看见我亲自率部到前线时，该团立即稳定下来，转危为安，继续激烈的战斗。我军官兵就是在这样的激烈战斗中坚持下来，使敌人的攻势徘徊不前，再衰三竭，这次战斗坚持了四天五夜，才由教导总队（总队长桂永清，这个总队比一个师的实力还强）接替我第67师的全部阵地，由他们继续阻击日军进攻。

9日夜间，第67师把阵地移交完毕后，于10日凌晨前开向七宝镇休整。部队开到七宝镇，只休息了一天，当夜接到薛岳的命令，限第67师务必于11日到达安亭车站附近，扼守苏州河泗江口公路大桥，掩护全军总退却。

我接到命令时，的确感到部队已经打得七零八落，精疲力尽，如何完成这一重大任务。当时为了应急，决心把四个团的战斗兵集中编到第398团和第399团，每团编足两个营，以便投入战斗，归第199旅旅长胡琏指挥。而把其余所有的勤杂人员，编为第401团和第402团两团的营底，归旅长杨勃率领，立即开赴后方接领新兵。

我率第199旅实则是四个营的兵力，于11日傍晚到达安亭火车站附近。在泗江口公路大桥的苏州河北岸占领掩护阵地。此时，公路大桥已由第19集团军的工兵部队装好炸药，只要一按电钮，便可将公路桥彻底炸毁。当时，安亭以西所有村落房舍，俱已有部队宿营，非常混乱。师部和旅部在一起，都在距离泗江口公路大桥以西相当远的小河边的村落宿营。入暮以后，由东而来，由南而来，向西退却的大军，漫山遍野，争先恐后，如潮涌一般向西急行，部队混乱不堪言状。

师部很快与在济公桥的第19集团军指挥所架通了电话。我与薛岳总司令通了话，我向薛总司令报告当面情况，告诉他，我师只有四个营的兵力，在这里掩护，我师以东以西都没有联系到掩护部队。薛总司令告诉我，他已命令巫剑雄师在我师右翼担任掩护。于是我派人四出寻找巫剑雄师部，最后，终于找到了，与巫剑雄取得了联系。但是，巫剑雄与所属部队失去了联络，对部队失去了掌握，无法将部队配置于掩护位置，以遂行任务。因而，误了大事。

◇ 1979 年黄维回罗店。

当日深夜，日军挺进队在泗江口以西十几里的地方，偷渡过苏州河，骚扰和袭击我退却部队，造成了我军更大的混乱，以致有自相践踏等现象。当夜，我正在电话中向薛岳总司令报告情况，突然在电话中听到了枪声，薛总司令在和我讲话时，惊惶失措地中断了电话。当时，我判断集团军总部可能遭到袭击。快天亮时，退却部队已通过完毕，公路大桥也已由负责的工兵部队炸毁。于是我指挥所部向北进入丘陵地带，经无锡、宜兴、广德、誓节渡、宁国达到皖南山区，进行保卫南京的外围作战。我师在宣城附近与日军相持。

1979 年 12 月，父亲随全国政协考察团到南方视察。到上海后，他执意要去罗店看看。那是他浴血抗日的第一个战场。他说："淞沪血战是抗击日本侵略者，我在那里负伤流血，我指挥的一个师伤亡过半，我忘不了那些长眠在上海郊区战场上的官兵，常常做梦重现那些壮烈的场景。"他在罗店见到了当年还是小孩子的乡亲们，他们陪他重游旧地，都对淞沪血战记忆犹新。一句"你们尽力了，不怪你们。那时的国力太弱了。"父亲动容了。

武汉会战中鏖战在九江

1938 年，父亲已是 18 军军长，参加了武汉会战，率部在德安一带抗击日寇。

6月13日，安庆、桐城失守时，父亲建议罗卓英将部队向马当、湖口靠拢，以备急需。

14日，军委会建立由陈诚任长官的九战区。20日，将原来归江防总司令刘兴管辖的湖口、马当两个要塞区，全部划归罗卓英指挥。罗卓英即偕黄维、刘多荃赶到马当、彭泽、湖口视察两天并做出部署。

29日，敌陷彭泽，其大部在画中夹口登陆后，对我77师和在龙潭山的26师76旅猛攻，王东原连电求援。父亲闻讯，来不及向罗卓英请示，果断决定：立令在倾盆大雨中赶到石门街的叶佩高率11师主力前往收复彭泽；令16师180旅前来接防后，全师赶赴流斯桥，救援77师和76旅。事后罗卓英对此评价说："黄维胸怀全局，先得我心。可嘉！"

7月2日凌晨，忽传77师和16师在西线遭敌猛攻，情况危急。他即亲自率11师主力西移，一战克复棠山，进击中夹口，77、16两师方转危为安。父亲见战况剧变，果敢决定：先夺龙潭山，阻敌西犯湖口。当电报罗卓英，请其令16、49军全力阻击彭、马之敌；即将77师后调整补充。陈诚、罗卓英立即复电同意。

4日拂晓，父亲亲率11、16师于一举攻克龙潭山、梅兰口，还击退由湖口城南三里店登陆之敌，接应被困在城内的我军近万人安全撤出，湖口遂陷。随后，18军曾对湖口展开反攻，虽予敌重创，但因日寇冈村宁次率兵来援，陈诚便令父亲停攻，全军移至南昌待命。

在仙女池、茨花山一带接防的王陵基第30集团军，从8月26日起遭到敌9师团在飞机、坦克、大炮支援下的猛攻，被迫一退再退，最后竟退到了吴奇伟集团军的西侧，导致吴集团军的侧背受到严重威胁。陈诚即令父亲率18军兼程赴援。父亲了解到全盘敌我态势后，发现敌后方北极峰、新圹埠甚空虚，即以擅长迂回包围、钻隙奇袭的11师攻取北极峰、新圹埠，断敌后方交通；以60师攻岷山脚下、小阳铺，解除了敌对吴奇伟集团军和74军的威胁。

9月3日至8日，18军一举夺回被30集团军丢弃的阵地，创造"三战二捷"的佳绩，还切断敌后方交通要地新圹埠，使敌18旅团长井出宣时少将指挥的二个联队遭到沉重打击，不得不向瑞昌西部转移，另以新编成的第27师团沿瑞(昌)武(宁)路南犯。黄维便受命指挥18军及配属该军的各师,担任瑞武路阻击敌的重任。敌27师团是由挑起七七事变的祸首、原日本驻屯旅团扩编而成,辖15个步兵营、9个炮兵营和装甲、战车各一队,共35000余人。而父亲只有六七个师归其指挥,不过20000多人,与敌对比显居劣势。父亲便采用奇袭、埋伏、侧击诸战术,逐次消耗敌军,诱其兵力分散,进入覆盆山我"袋阵"内,予以分割包围歼灭之。先后在大岭上、范家铺、冯家铺、横港和覆盆山、麒麟峰等处与敌血战,毙伤敌官兵6500余人之多,摧毁了敌要前去解救其106师团之企图,为我薛岳兵闭围歼敌106师团,取得"万家岭大捷"创造了极其有利的条件,功不可没。

10月4日,敌27师团由覆盆山、麒麟峰突围而逃,负创西窜,瑞武路之战遂胜利结束。父亲则率18军赶赴湘北,在汨罗江阻击日军。武汉会战就此结束。

我回过两次家乡,家乡的乡亲们带我去看了祖屋,还有祖屋前的大池塘,路口的双井,村后的山。他们告诉我,日本人进攻家乡,把贵溪城里的房子和盛源乡里的房子都烧了。杀了很多人,鲜血染红了池塘的水,水井里塞满了人头,惨不忍睹。老百姓都跑到山里去了。

后来,我看到我父亲生前写的一段文字,是这样的:"为什么烧杀的这么厉害?因为我和桂永清在国民党军队里都是高级将领,他是鹰潭的,我是贵溪城里的,日本人知道。再加上日本人来时,县里没有人打着日本旗去欢迎他们,日本人很恼火,认为这是个有敌意的地方。"

这就是父亲的抗战,八年里,他在前线浴血奋战,也为抗战培养输送人才。在那个兵荒马乱的年代,他的家庭和无数个中国家庭一样,共同经历着苦难与伤痛。

中国人是无比坚强,也是不可辱的。中华民族为了抵御外辱,经历了太多苦难,今天的幸福生活来之不易。

后　记

由34位抗战将领后人共同编写的《我的父辈在抗战中》经过大家的共同努力，终于出版了！这是一件可喜可贺的事情。

首先要感谢抗战将领的后代们，他们不顾年事已高，不顾体弱多病，亲自用朴实的语言撰写父辈的故事。每次收到他们撰写的文章时，我都非常感动。其次，感谢中国人民抗日战争纪念馆沈强馆长对该书的大力支持，并提供人力、物力等方面的支持。再次，感谢中国人民抗日战争纪念馆编辑研究部的同志，他们齐心协力安排出版倒排时间表，完成全书统筹、统改、编辑、校对。最后，特别感谢中共中央党史研究室王树林研究员、北京市委党史研究室周进研究员对全书的审定。

本书在出版过程中也得到了中共党史出版社的大力支持，感谢他们为书稿的审读、修改、编校等工作所付出的辛劳。同时，特别感谢著名画家董辰生先生专为本书做画。

尽管我们做了大量的努力，但是书中难免会有疏漏错讹之处，我们真诚地接受大家的批评指正，也衷心希望大家多提宝贵意见，以便我们在今后改进和提高。

王太和

2015年4月